TUTSAKLARA ÖZGÜRLÜK

EĞİTİM EL KİTABI

Övgüler olsun bizi onların ağzına yem etmeyen RAB'be!

Bir kuş gibi kurtuldu canımız avcının tuzağından,

Kırıldı tuzak, kurtulduk.

Yeri göğü yaratan RAB'bin adı yardımcımızdır.
Mezmur 124

MARK DURIE ve BENJAMIN HEGEMAN

db

DEROR BOOKS

Incorporating the Fourth Edition of *Liberty to the Captives.*

Tutsaklara Özgürlük: Eğitim el Kitabi

Deror Books, Melbourne Australia
www.derorbooks.com

ISBN 978-1-923067-05-9

Grup söyleşi ikonu, www.flaticon.com'dan Freepik tarafından yapılmıştır.

Mark Durie'nin kitapları ve yazıları hakkında daha fazla bilgi edinmek için markdurie.com'u ziyaret ediniz.

Farklı dillerde *Tutsaklara Özgürlük kaynakları için* luke4-18.com'u ziyaret ediniz.

İÇERİK

Önsöz

Önceden Müslüman olan sayısız insan, günümüzde İsa Mesih'i takip etme kararı veriyor. Ne yazık ki onların büyük bir kısmı, bu dünya tarafından reddedildikleri ve ezildikleri için büyük zorluklara göğüs geriyor. Bazı ulusal Hristiyan önderler, bu insanların yüzde 80'inin iki yıl içinde imandan uzaklaştığı haberini veriyor. Peki Tanrı bizden bu konuda ne yapmamızı istiyor?

Dr. Mark Durie, 2002 yılında zimmet hakkında ders vermeye, Hristiyanların İslamiyet ve Müslüman korkusundan nasıl özgür olabileceklerini öğretmeye başladı. Bu öğretişin ardından genellikle ruhsal hizmet zamanı yapılır ve insanlar dua almak için ön tarafa gelirlerdi. Bu öğretişlere katılanların büyük bir kısmı, daha sonra Tanrı'nın güçlü bir etkinliğine tanıklık etmişlerdir. Bunun kendilerini hizmet için özgür kıldığını ve güçlendirdiğini ifade etmişlerdir.

Daha sonra Dr. Durie, insanları İslamiyet'in ruhsal tutsaklığından özgür kılmak için öğretiş hazırlamaya koyuldu. Bu iki öğretiş, *Tutsaklara Özgürlük* kitabında birleştirildi.

Tutsaklara Özgürlük, dünya çapında müjde işçilerinin kullanımı için birçok dile çevrildi.

Tutsaklara Özgürlük 2010 yılında ilk yayınlandığı zaman, özellikle İslamiyet geçmişi olan Hristiyan kullanıcıların ihtiyaçlarına daha iyi hitap edebilmek için gözden geçirildi ve güncellendi.

Ayrıca bir eğitim programına ihtiyaç duyulduğu anlaşıldı. Önceleri kitabın mesajı, Salaam Hizmetleri tarafından hazırlanan PowerPoint slaytlarıyla destekleniyordu. Daha sonra bu videolar seslendirme ya da altyazı yoluyla diğer dillere aktarıldı.

Öğretiş formatı çeşitli ülkelerde kullanıldı ve yerel ortaklar onu kullanma üzerine eğitim aldılar. Bununla birlikte, Salaam direktörü Nelson Wolf, Benin'deki pastörleri eğitmek için bu yaklaşımı kullanmak için Dr. Benjamin Hegeman'a akıl danıştığında, Hegeman "İmkânsız!" dedi ve tamamen farklı bir yaklaşım önerdi. Benin'de onlarca yıllık öğretmenlik deneyimi olan Dr. Hegeman, *Tutsaklar için Özgürlük* için çalışma rehberine yer veren bir eğitim formatı geliştirdi. Tartışma grupları ile piyesler içeren ve bu kitapta kullandığımız bu format, Baatonu, Fransızca ve Hausa dillerini konuşan halklar tarafından denendi ve sevinçle benimsendi.

Bu eğitim yaklaşımı, belli bir eğitim düzeyi gerektirmeden geniş bir kitleye hitap edecek şekilde tasarlanmıştır. Ayrıca bu eğitimi tamamlamış olan bir önder, onu kendi ortamına götürüp aynı yaklaşımı kullanarak başkalarını eğitebilir.

Mesih'in sözleri kulaklarımızda çınlıyor: "Baba beni gönderdiği gibi, ben de sizi gönderiyorum." "Bütün ulusları öğrencilerim olarak yetiştirin!" İsa ne demek istedi? Ölmeden önceki gece, öğrencilerinin Tanrı'yı tanıdıklarını ve O'nunla bir olduklarını açıkladı. Öğrenciler, Mesih'in adında, gerçeğinde ve sevgisinde Tanrı'yla birdirler (Yuhanna 17). *Tutsaklara Özgürlük* kitabının, İslamiyet'ten gelenlerin İsa Mesih'te Tanrı'yla bir olarak kalmalarına yardımcı olması ve Müslümanlar arasında öğrenci yetiştirenlerin emeklerine destek olması için Ürünün Sahibi olan Rab'be dua ediyoruz.

Mark Durie'nin gözden geçirilen *Tutsaklara Özgürlük* öğretişini ve Benjamin Hegeman'ın esnek çalışma rehberini içeren bu kitabın, söz konusu ihtiyaçları karşılayacağını ve küresel kilise için bereket kaynağı olacağını umuyoruz.

Bu kitabı geliştirmemiz için bizlerle fikirlerini paylaşan birçok değerli kardeşimize içten şükranlarımızı borçluyuz. Bu projeye gösterdiğiniz heyecanı büyük takdirle karşılıyoruz. Ayrıca birçoklarının sunduğu dualar ve destekler için minnet duyuyoruz. Siz olmadan bu iş asla mümkün olamazdı.

Mark Durie, Benjamin Hegeman ve Nelson Wolf
Haziran 2022

Bu Kitap Nasıl Kullanılır

Tutsaklara Özgürlük Eğitim Rehberine hoş geldiniz. Bu rehber, Mark Durie'nin *Tutsaklara Özgürlük* kitabının altı ders içeren yeni bir baskısını ve iki ek dersi içeriyor.

Bu eğitim rehberi, Hristiyanlara yönelik yazılmıştır. Hristiyanların, *Tutsaklara Özgürlük* kitabındaki öğretişi uygulamalarına yardımcı olmak üzere geliştirilmiştir. Bizim duamız, hem sizin hem de başka birçoklarının Mesih'te özgürlüğe kavuşması ve özgür kalmasıdır.

Eğer bu eğitim rehberini kullanarak eğitici bir kurs düzenlemek isterseniz, öncelikle Önder Rehberini dikkatlice okuyun. Bu rehberi birinci dersten önce bulabilirsiniz.

Bu eğitime, imanlılardan oluşan bir grupla birlikte katılmanızı tavsiye ediyoruz. Gerçi konferans ortamında 3-5 gün içerisinde tamamlanmak üzere tasarlanmıştır ama haftalık küçük grup çalışmalarında da yapılması mümkündür.

Kur'an referanslarının kısaltması için "S" harfini kullanacağız. Örneğin S9:29, Tevbe Suresi'nin 29. ayeti anlamına gelir. Bu eğitimde esas kaynaklara dayalı olan İslamiyet öğretişlerini göreceksiniz. Referansların gerçek ve güvenilir İslami kaynaklara dayandığından emin olmak için her türlü gayret gösterilmiştir. Bu kaynakların çoğuyla ilgili ayrıntılı referanslar için lütfen Mark Durie'nin *Üçüncü Seçim'ine* bakın.

Bu kaynağı küresel kiliseye sunarken nefretin ve önyargının her türlüsüne karşı duruyoruz ama bütün dinlerin ve dünya görüşlerinin eleştirel düşünceyle değerlendirilmesi gerektiğine inanıyoruz. Hem Müslümanların hem de gayrimüslimlerin, İslamiyet'le ilgili kendi fikirlerine sahip olma, vicdanlarının ve bilgilerinin rehberliğinde İslamiyet'in öğretişlerine katılma ya da katılmama hakları vardır.

Bu eğitim rehberine ve *Tutsaklara Özgürlük* hakkındaki diğer kaynaklara luke4-18.com sitesinden erişmek mümkündür. Hristiyan hizmetler, luke4-18.com'daki kaynakları ihtiyaçları doğrultusunda indirebilir, basabilir ve paylaşabilirler.

Bu eğitimin insanlara nasıl yardımcı olduğuna dair tanıklıkları ve onu geliştirmeye yönelik tavsiyeleri her zaman minnetle kabul ederiz.

Önder Rehberi

Genel Ana hatlar

Bu eğitimin amacı, insanların İslamiyet'ten ruhsal özgürlüğe kavuşmalarına yardımcı olmaktır.

Eğer *Tutsaklara Özgürlük* eğitim kursu düzenlemeyi düşünüyorsanız, lütfen bu ana hatları dikkatlice inceleyin.

Bu eğitim rehberi, Hristiyanların üç farklı kesimine yardımcı olmak için yazılmıştır.

1. İslamiyet'ten gelip Mesih'e iman ederek O'ndaki özgürlüğe kavuşmayı seçen Hristiyanlar.
2. Kendileri ya da ataları Müslümanlarla birlikte olan veya Müslümanların hakimiyeti altında yaşamış veya hâlâ yaşamakta olan Hristiyanlar.
3. İsa Mesih'in mesajını Müslümanlarla paylaşmak isteyenler.

Bu üç kesimin ayrı ayrı ihtiyaçları vardır. Ancak biz herkese, (bütün Hristiyanlara) bu eğitimin esasını oluşturan 1-6 derslerini tamamlamalarını tavsiye ediyoruz.

İki ek ders daha var; 7. ve 8. dersler, özellikle önceden Müslüman olan ve sonra Mesih'i benimseyen kişiler için planlanmıştır. Bunlar yalnızca altı ana ders bittikten sonra yapılmalıdır.

- 7. ders, İslamiyet'ten özgürlüğün diğer önemli yönlerini ele almaktadır: yalan söylemek, sahte üstünlük ve beddua.
- 8. ders, Müslüman geçmişi olan insanlarla sağlıklı bir kilise oluşturmaya yönelik öğretişler içermektedir. Bu ders, Müslümanların arasında hizmet edenler için planlanmıştır.

Bu eğitim belli bir şekilde verilmek üzere planlanmıştır. Burada tanımladığımız yaklaşımı takip etmeniz tavsiye edilir. Çünkü bu yaklaşım, çeşitlilik içeren geniş bir öğrenci kitlesiyle denenmiştir ve işe yaramaktadır.

Bu eğitim 3 ile 5 gün içerisinde tamamlanmak üzere tasarlanmıştır. Ama haftalık bir küçük grup serisi olarak da düzenlenebilir.

Eğer eğitime önderlik ediyorsanız, katılan kişileri öğrendiklerini başkalarıyla paylaşmaları için teşvik edin. Bu eğitimi katılımcı olarak alan kişilerin, onu kendi ortamlarına taşıyarak eğitim konusunda başkalarına önderlik edeceklerini umuyoruz.

Eğitim Yöntemi

Bu eğitim küçük bir ev grubunda ya da yüzlerce kişilik geniş bir toplulukta verilebilir. Eğer eğitimi alanlar altı ya da yedi kişiden fazlaysa, dört ya da beş kişilik gruplara ayrılmaları gerekecektir. Bu gruplar eğitim süresince aynı kalmalı ve birlikte oturmalıdır.

Eğitime katılan herkesin elinde bu eğitim rehberi olsun. Her katılımcı, eğitimin başında isimlerini kendi rehberlerine yazsınlar. Rehberin onlara ait olduğunu söyleyerek sayfalara not almaları için herkesi teşvik edin. Sonra eğitim rehberini bütün katılımcılara açıklayın, dikkatlerini altı ana derse, her dersin başlığına, her dersin başındaki hedef listesine, sonundaki kaynaklara (söz dağarcığı, isimler, Kutsal Kitap ve Kur'an ayetleri), her dersin sonundaki sorulara ve eğitim rehberinin arkasında bulunan yanıtlara çekin.

Her eğitim gününün başında, her grup kendilerine bir başkan ve bir de sekreter atasınlar. Bu rolleri aralarında dönüşümlü olarak üstlenmeleri için grup üyelerini teşvik edin.

- Başkan küçük grup söyleşilerini yönetir ve gruptaki herkesi katkıda bulunmaları için teşvik eder. Yalnızca başkan, eğitim rehberinin arkasındaki yanıtlara başvurabilir.
- Sekreter, grubun durum çalışma sorusuna verdiği yanıtları ve dersin sonundaki soru/cevap kısmında sorulan soruları not alır. Ayrıca önder, bir soruyu cevaplamaları için grupları davet ettiği zaman sekreter grubun adına soruyu cevaplar.

Eğitim kursunun başlangıcında, önder katılımcılara dörtlü ya da beşli gruplara ayrılmalarını söyler. Küçük grupların nasıl işlev göreceğini açıklayıp her gün yeni bir başkan ve sekreter atamaları gerektiğini anlatır. Önder ayrıca küçük gruplara, yanıtlara *yalnızca başkanın* bakabileceğini açıklar.

Her eğitim gününün başlangıcında önder, "Bütün başkanlar ve sekreterler emekli olmuştur" diye duyuru yapar. Küçük gruplar o gün için yeni başkan ve sekreter atar (aşağıya bkz.)

Her dersin eğitim düzeni şöyledir:

- Önder bütün katılımcılara dersin başladığını bildirir, eğitim rehberinde dersin ilk sayfasını açmalarını ister. Bu sayfada tema resmi vardır.
- Aktörler bütün katılımcılara hedef dersi sunarlar.
- Önder, hedef ders üzerinde kısaca (bir ya da iki dakika) yorum yapar. Dersin başındaki tema resmine dikkat çekerek onu kısaca açıklar.
- Önder dersin başındaki öğrenim hedeflerini bütün katılımcılara sesli okur. Örneğin, "Bu dersin hedefi (x) no.lu sayfada yer alıyor. Bu hedefler şöyledir: ... (sesli okuma)"
- Daha sonra her dersin durum çalışması piyes olarak sunulur ama aynı zamanda herkese sesli okunması da mümkündür. Eğer siz çalışmayı piyes olarak sunacaksanız, senaryonun önceden provası yapılmalıdır. Senaryoları canlandırmaları için katılımcıları teşvik edin. Bu piyesten (ya da okumadan) sonra küçük gruplar durum çalışmasını tartışmak için bir araya gelebilir ve sonundaki soruyu cevaplayabilir: "Siz olsanız, nasıl karşılık verirdiniz?" Bundan sonra her grubun sekreteri, kendi grubunun soruyu nasıl cevapladığını büyük toplulukla paylaşır.
- Kısa ve tek bir oturumda bitirilebilecek olan birinci ders dışında, her dersin birkaç oturuma ayrılması gerekir.
- Bir dersin içindeki her oturum için katılımcılar, aşağıda yer alan 5 adımı takip ederler:

    1. Önder bu oturumda tartışılacak kısımları eğitim rehberindeki sayfa numaralarıyla birlikte bildirir (Önder her küçük grup toplantısında çalışmanın ne kadar süreceğini belirlemek için metindeki ayraçlara dikkat çekmek isteyebilir.)

2. Güzel okuma sesi olan bir kişi, tartışılacak kısımları sesli okur (Eğer eğitim, metin ayraçlarını dikkate alacaksa, okuma ayraca kadar sürer. Bu da 10-15 dakika alacaktır.)
3. Katılımcılar küçük gruplara ayrılır ve üzerinde çalıştıkları kısmın sorularına odaklanırlar. Sorular her dersin sonunda yer alır.
4. Gruplar söyleşir ve ardından söz konusu kısımda yer alan soruları cevaplandırırlar. Bu da soruların sayısına bağlı olarak 10-20 dakika sürer. Bu süre içerisinde önder, sürecin nasıl ilerlediğini gözlemlemek için gruplar arasında dolaşır.
5. Önder, gruplardan birinin çalışmayı tamamladığını gördüğü zaman diğer tüm gruplardan çalışmayı tamamlamalarını ister. Materyalle birlikte hareket edin, çalışmayı uzatanları beklemeyin.

   Dersin tümü tamamlanana kadar 5 adımı tekrarlayın.

- Her dersin sonunda bütün gruplar, ders hakkında soru/cevap kısmı için bir araya gelirler.

5, 6 ve 7. dersler duayla biter. Dua zamanlarını yönetmek için aşağıdaki tavsiyeleri dikkate alın.

Bu üç kişinin konuştuğunu gösteren tartışma ikonudur:

Bu ikon, grup oturumları için tavsiye edilen bir durma noktasını gösterir. Sadece bir tavsiyedir bu: Her önder katılımcılarının ihtiyaçlarına göre dersleri nasıl böleceğine kendisi karar vermelidir. Katılımcıların her seferinde ne kadar bilgiyi özümsedikleri, gruptan gruba değişiklik gösterir. Bu nedenle eğitim önderinin, her grup çalışması için ne kadar uzunlukta metnin uygun olduğuna karar vermesi gerekecektir.

Hedef dersler

Her dersi, piyesle canlandırılan bir hedef dersle başlatmanız tavsiye edilir. Eğer kullanmaya karar verirseniz, bütün eğitimi başlatan bir hedef dersi de vardır. Hedef derslerini önceden hazırlamalısınız. Aktörlerin hedef dersi yarım saat önceden prova etmeleri çoğunlukla yeterli olacaktır.

Bütün eğitimi başlatan hedef ders

Bir kişinin ayaklarını basarak üzerinde durmasına yetecek kadar güçlü olan sekiz iskemle bulun. İskemleleri sırayla yerleştirin, her birinin önünü diğer iskemlenin arkasına yanaştırın. Sonra genç bir katılımcıya, cep telefonuyla konuşur gibi yaparak iskemlelerin üzerinde yürümesini söyleyin. Sonra iskemlelerin arasını açarak bu yürüyüşü giderek daha çok zorlaştırın. En sonunda birisi, "REHBER" yazılı bir kâğıdı kaldırıp tutsun. Ardından iskemleden iskemleye adım atan katılımcının elini tutarak rehberin, kendi başınıza zor olan bir şeyi ne kadar kolaylaştırdığını göstersin.

Ders 1 için hedef ders

Bir adam "Özgürüm! Özgürüm!" diye bağırarak yürürken bir Hristiyan olarak ne kadar özgür olduğunu yüksek sesle ilan etmektedir. Ama bu arada ayaklarına bağlı olan keçileri görmezden gelmektedir (iki koyun, iki horoz ya da iki kedi gibi başka hayvanlar da olabilir.) Adam hayvanlar yüzünden düz yürümekte zorlanmaktadır. Her iki ayağı da farklı yönlere çekilmektedir. Adam varış noktasına ulaşmakta zorlanmakta ama keçileri görememektedir. Kendisinin özgür olduğunu sanmaktadır ama öyle değildir. Hiç değildir!

Eğer hayvan bulmak mümkün değilse, poster boyutunda büyük bir kâğıt bularak ayaklarına iki keçi bağlı olan bir adam çizin. Birisi ayağa kalkıp çizime işaret etsin, "Ben Müslüman geçmişi olan bir Mesihçi'yim! Özgürüm, özgürüm" desin. Adam bir dakika için sürekli özgürlüğünden söz etsin, ama keçileri görmezden gelsin ve onlardan hiç söz etmesin. Sonra bu adam çıksın, başka biri gelsin, keçilere işaret etsin ve soru sorar gibi ellerini kaldırsın.

Ders 2 için hedef dersi

Kalın bir maskeleme bandının üzerine uçlu bir kalemle "ZİMMİ" sözcüğünü yazın. Bandın üzerindeki sözcüğü seyircilere gösterin, sonra maskeyi iskemleye bağlı bir kişinin ağzına yapıştırın. 20 saniye bekledikten sonra, kişi iskemleden kalkmaya çalışsın. Bunu yapamayacaktır. Sonra başka bir yetişkin katılımcı, kalın harflerle "KURTARICI" yazan bir kâğıdı kaldırsın. Kurtarıcı, *zimmiyi* çözsün ve serbest kalan *zimmi* parlak ışığa doğru yürüsün (bu bir lamba ya da cep telefonunun ışığı dahi olabilir). Yürürken 23. mezmuru ezberden okusun.

Ders 3 için hedef ders

Eğer bir hayvan tuzağa düşerse yakalanır. Yemi bırakmadıkça özgür olamaz. Bir kişinin elini sokabileceği ama yumruk yaptığı taktirde elini çıkaramayacağı büyüklükte bir kavanoz bulun. "KELİME-İ ŞEHADET" yazan bir kâğıtla birlikte kavanozu havada tutun. Kavanozun içine kuruyemiş koyun. Kişi yemişleri almak için elini kavanoza soksun ama dışarı çıkaramasın. Kavanozla dolaşarak herkese sorunun ne olduğunu göstersin. Elinin serbest kalması için tek çare yemişleri bırakmaktır.

Ders 4 için hedef ders

Tesettürlü, sıkıntılı bir kadın ve başında namaz takkesi olan bir adam, gözleri bağlı olarak iki ayrı iskemlede otursun. İki kağıdın üzerine büyük harflerle "DİNDAR MÜSLÜMAN" ifadesini yazın. Sonra kâğıtları her birinin göğsüne yapıştırın ya da boyunlarının etrafına asın. Birkaç kişi içeri gelsin, iskemledekilerin etrafında yürüsün, sevinçli seslerle kendi aralarında konuşsunlar, birlikte bir övgü ilahisi söylesinler ama Müslümanlara doğrudan bir şey demesinler. Müslüman adam, yanlarından ne zaman biri geçse iskemlenin altındaki kılıcına uzansın (pala gibi başka bir silah da olabilir), alıp sallasın, insanlara sessiz olmalarını, kendisini şiddete teşvik etmemelerini söylesin. Yürüyenler çıksınlar. Sonra biri gelsin, iskemledekilerin bağlarını çözsün ve çifte etrafta kimsenin olmadığını göstersin. Sonra hepsi şaşkın şaşkın bakınarak dışarı çıksınlar.

Ders 5 için hedef ders

Bir kadın ya da erkek yere uzansın, tükenmiş ve yenik düşmüş gibi görünsün, savunma vaziyeti alacak şekilde kıvrılsın. Bir kâğıt parçasının üzerine “REDDEDİLMİŞ” sözcüğünü yazarak kişinin üzerine yapıştırın. Ayak bileğine uzun bir ip bağlayıp diğer ucunu sahneden dışarı uzatın. Adamın neye bağlı olduğu görünmesin: bir ağaca ya da başka bir şeye bağlı olduğu düşünülebilir. Kurtarıcı rolündeki bir kişi gelsin, ipi çözsün, kişiyi nazik bir şekilde kaldırıp iskemleye oturtsun, bir bardak su versin, içmesi bitene kadar seyredip beklesin, sonra bardağı alıp bir kenara koysun, “REDDEDİLMİŞ” etiketini çıkarsın. Sonra kurtarıcı, serbest kalan kişinin önünde diz çöksün, ayaklarını yıkasın ve kurulasın.

Ders 6 için hedef ders

Bir adam, Kutsal Kitap’ı tutarak bir masanın arkasındaki iskemleye otursun. Karısı da onun arkasında durarak ellerini onun omuzlarına koysun. İkisi de açık olan Kutsal Kitap’a sessizce baksınlar. Büyük bir maskeleme bandının üzerine kalın harflerle “ZİMMİ” yazıp seyircilere gösterin. Bandı iskemledeki adamın ağzına yapıştırın. Sonra Müslüman olduğu belli olan bir kişi içeri girsin, selam versin, sessizce oturan Hristiyan’la alay etsin. Onun sorduğu sorulara kadın cevap vermeye çalışsın. Müslüman onun yanıtlarını görmezden gelsin. Hristiyan Kutsal Kitap’ı iki eliyle tutmaya devam ederek başını olumlu anlamda sallamakla yetinsin. Sonra Müslüman kişi, gülerek oradan ayrılsın. Karısı adamın ağzındaki bandı çıkarsın, adam “O Müslüman geri gelsin!” desin. Kadın Müslüman’ın ardından koşsun. Sonra kocası, onun peşinden gitmeye karar verip Kutsal Kitap’ı tutarak “Geliyorum, geliyorum!” desin.

Ders 7 için hedef ders

Seyircilerin önüne sessizce üç iskemle koyun, biri bir yanda, ikisi diğer yanda olsun. Çift iskemlenin her birinde “ÖZGÜRLÜK” yazan bir kâğıt olsun. Diğer iskemlede “İSLAMİYET” yazılı bir kâğıt olsun. Bu tek iskemle, odada hareket etmesi mümkün olmayan bir eşyaya bağlı olsun. “İslamiyet” yazılı olan iskemlede oturan adamın ayağı, bir iple o iskemleye bağlı olsun. İp adamın “özgürlük” iskemlelerine ulaşmasına yetecek uzunlukta değildir ve “İslamiyet” iskemlesi de hareket etmeyen bir şeye bağlı olduğundan yerinden kıpırdayamaz. Bir kâğıda kalın harflerle “ESARET” yazın. Bir kişi kâğıdı seyircilere göstersin sonra “İslamiyet” iskemlesinde oturan adamın ayağındaki ipe assın. Başka bir kişi gelip “özgürlük” sandalyelerinden birine otursun, Kutsal Kitap okusun. Bu kişi, bağlı olan diğerini boştaki "özgürlük" iskemlesine oturmaya davet etsin. Diğeri iplerden ötürü hareket edemesin. "Özgürlük" iskemlesindeki kişi, "REDDET" yazılı bir işaret alarak seyircilere göstersin. Sonra "REDDET" işaretini, ikisi de görünecek şekilde "İSLAMİYET" yazısının üzerine assın. Ardından "İslamiyet" iskemlesine bağlı olan kişiyi çözsün. Artık iki kişi de "özgürlük" iskemlelerine oturabilirler. "Yüce Lütuf" ilahisinin (ya da Mesih'teki özgürlükten söz eden başka bir ilahinin veya ezginin) ilk dizesini birlikte söylesinler.

Ders 8 için hedef dersi

Bir kadın dindar bir Müslüman gibi giyinsin, gözleri bağlı bir şekilde gelip Müslüman görünümlü bir adam tarafından iskemleye oturtulsun. "UTANÇ" yazılı bir kâğıt, kadının üzerine yapıştırılsın. Adam kadına, "Ellerin ve ayakların kirli!" dedikten sonra uzaklaşsın. Kadın iskemlede oturmakta, seyirciler onun ellerinin ve ayaklarının çok kirli olduğunu görmektedirler. Kadın usul usul ağlasın. Sonra Hristiyan kadın gelsin. Elinde su dolu bir leğen ve havlu getirsin. İlk önce nazik bir şekilde kadının gözyaşlarını silsin ve yanaklarını kurulasın. Sonra kadının ellerini yıkasın ve ardından diz çökerek ayaklarını yıkasın. Ayaklar temizlendikten sonra, Hristiyan kadın nazik bir şekilde örtüyü kaldırsın ve diğer kadının kalkmasına yardımcı olsun. Hristiyan kadın leğeni, Müslüman kadın ise havluyu tutarak el ele yürüyerek uzaklaşsınlar.

Küçük grup başkanlarının rolü

Küçük grup başkanının rolü, grubunda tartışmayı teşvik etmektir.

Bir dersin soruları arasında bir sözcük kalın harflerle basılmışsa, o sözcük dersin yeni isimleri arasında ya da yeni söz dağarcığında geçmiş demektir. Bir grup bu sözcüklerden birine rastlarsa, başkan grubun dikkatini çekerek ismi geçen kişinin kim olduğunu ya da sözcüğün ne anlama geldiğini anlatır.

Başkan gruptaki herkesin tartışmaya katılımını teşvik eder.

Soruların amacı, herkesin öğretişi anlamasını sağlamaktır. Eğer grup üyeleri, kısım içerisindeki soruları daha çok tartışmak isterlerse, bu iyi bir şeydir.

Eğer bir grup konunun dışına çıkarsa, başkan herkesi söz konusu sorulara döndürmelidir.

Başkan ayrıca tartışmanın devam etmesini sağlamalıdır.

Eğitim rehberinin sonundaki cevaplara yalnızca küçük grup başkanı bakabilir.

5-7 derslerindeki duaları yönetmek

5-7 Derslerine konu olan *kelime-i şehadeti, zimmeti,* yalanları, üstünlüğü ve lanetleri reddeden duaları yönetmek için gereken anahatlar buradadır.

- Bu duaları ayrı ayrı küçük gruplarda değil, büyük topluluk içinde okuyun. Ancak herkesi bir araya toplamanız gerekmedikçe, katılımcılar gruplarından ayrılmak zorunda değildir.
- Dualar okunurken en iyisi, herkesin ayakta durmasıdır. Bu tür dua ilanları yapılırken uyanık, tedbirli ve ayakta olmalıyız.
- Her dua zamanından önce, Kutsal Kitap ayetleri soru/cevap biçiminde verilir. Önder önce soruları, sonra ayetleri ve (italik basılmış olan) yanıtları okur. Bundan sonra herkes ayağa kalkar ve duaları birlikte okurlar. 5. Dersin (*Kelime-i Şehadetten* özgürlük) ardından gelen 6. Dersten (*Zimmetten* özgürlük) sonra – 'gerçekle karşılaşma' ayetleri 5. Derste okunduğu için 6. Derste tekrarlanmaları gerekmez.
- 5. Derste, 'İsa Mesih'i Takip Etme Kararı ve Duası'ndan sonra yine 5. Derste bulunan *kelime'i şehadeti* reddetme duası gelir. İlkönce 'İsa Mesih'i Takip Etme Kararını ve Duasını' birlikte okuyun, sonra da özgürlük tanıklıklarını okuyun. Bundan sonra önder, 'gerçekle karşılaşma' ayetlerini sesli okuyacaktır. Ardından herkes birlikte, '*Kelime'i şehadeti* Reddetme İlanını ve Duasını Okuyup onun Gücünü Kıracaktır.'
- Bu dualar birkaç farklı şekilde okunabilir:
    - İnsanlar doğrudan bu eğitim rehberinden birlikte okuyabilirler.
    - Eğer projektör kullanılıyorsa, ekrandan okuyabilirler.

- Genellikle en iyi usul, 'benden sonra tekrarla' usulüdür. Önder bir ifadeyi okur, diğerleri tekrarlar. Katılımcıların metni birlikte sesli olarak okumaya alışkın olmadıkları bir ortamda 'benden sonra tekrarla' usulü yararlı olabilir. Bu yöntem insanlara, düşünmek ve duanın sözlerini özümsemek için daha fazla zaman tanır. Ayrıca grubun birlik hissini geliştirir.

• İnsanlar bu duaları tekrarladıktan sonra önderin, lanetleri kaldırmak ve bereketlerle değiştirmek için bütün katılımcılar adına dua etmesi önemlidir. Önderin ettiği bu tamamlayıcı duaların aşağıdaki unsurları içermesi önemlidir:

- Önder reddedilen şeylerle ilgili bütün lanetlerin kaldırıldığını güvenle ilan etmelidir. Bu ilan katılımcıların adına yapılabilir ya da önder onların bizzat kendileri için ilan etmelerini sağlayabilir. Örneğin, *kelime-i şehadeti* reddetme duasının ardından önder şöyle diyebilir: "İslamiyet'in getirdiği tüm lanetlerin gücünü hayatınızdan kaldırıyorum. İslamiyet'in bütün ruhsal güçlerini hayatınızdan kovuyorum." İnsanlar bu ilanları 'benden sonra tekrarla' usulüyle de yapabilirler. "İslamiyet'in hayatıma getirdiği bütün lanetleri kaldırıyorum. İslamiyet'in hayatımdaki bütün ruhsal güçlerini kovuyorum."

- Aynı şekilde önder, cinleri kovarak gitmelerini buyurabilir ya da insanların bunu bizzat kendileri için yapmalarını söyleyebilir: "Rab İsa Mesih'in adında bütün cinlere İsa'ya teslim olmalarını ve buradan gitmelerini buyuruyorum" (ya da 'benden sonra tekrarla usulüyle', "benden çıkıp gitmelerini buyuruyorum").

- Bundan sonra önder, duaları eden insanları kutsar, 2. derste açıklandığı gibi, reddedilen her şeyin tersi olan bereketleri adlandırır. Örneğin, *zimmet*i reddeden duanın ardından önder, gerçeği cesaretle söylemeleri için insanların dudaklarını yaşam sözleriyle kutsayabilir. *Kelime-i şehadeti* reddeden duanın ardından önder, insanları yaşam, umut, cesaret ve Tanrı'nın sevgisiyle kutsayabilir.

- Bunlara ek olarak, dualar birlikte okunduktan sonra, insanlar için dua etmeye devam edecek bir dua takımının hazırda beklemesi iyi olur. Bunu yapmanın bir yolu, meshetme sırası oluşturmaktır. Duaları okuyan insanlar, ön tarafa gelerek yağla meshedilmek ve dua takımının dualarını almak için öne davet edilebilirler. Dua takımınızı önceden eğitmeniz, onlardan ne beklenildiğini bilmeleri açısından iyi olur.

Vaftiz

İslamiyet'ten ayrılarak Mesih'i takip eden herkesin, vaftiz olmadan önce 5. Dersteki duaları usulen okumalarını ciddiyetle tavsiye ediyoruz: Bu duaların başlıkları şöyledir: "İsa Mesih'i Takip Etme İlanı ve Duası", "*Kelime'i Şehadeti* Reddetme ve Gücünü Kırma İlanı ve Duası". Bu dualar okunmadan önce ne anlama geldikleri net bir şekilde açıklanmalı, insanların ne amaçla dua ettiklerini anlamaları ve kendilerini o amaca tam olarak vermeleri sağlanmalıdır. Bu ilanların, vaftize hazırlık sürecinin bir parçası olarak yapılması tavsiye edilir.

Belirtiler

İnsanlar bu duaları ederken cinler kendilerini belli edebilir. Bazı kişiler çığlık atarken diğerleri yere yıkılabilir ya da sarsılmaya başlayabilir. Bu nedenle, özellikle grupta dualar okunurken hazırlıklı olmak iyi olur. Rahatsız olan kişileri dikkatlice kenara alacak, onları teşvik edecek, kararlı ama sakin bir şekilde cinleri kovacak bir ya da birkaç takım hazırda bulunsun. Ayrıca bir ya da birkaç önderin, tedbirli davranarak dualar sırasında herkese göz kulak olmaları iyi olur.

1

İslamiyet'i Reddetmenin Gerekliliği

"Mesih bizi özgür olalım diye özgür kıldı."
Galatyalılar 5:1

Ders hedefleri

a. İslamiyet'teki antlaşmaya dayalı güçleri reddetmenin kritik gerekliliğini kavramak.

b. İslamiyet'in, Müslümanlar ve gayrimüslimler üzerindeki ruhsal hâkimiyetini anlamak.

c. Şeytan'ın gücünden kurtularak İsa Mesih'in egemenliğine aktarılma düşüncesini kavramak.

d. İslami cihat karşısında son çarenin kuvvet kullanmak olduğunu reddetmek.

e. Daniel'in görümündeki 'sert yüzlü kralın', Muhammed'e olan benzerliğini düşünmek ve bu kralın neticede yenildiğini fakat bunun "insan eli değmeden" gerçekleştiğini anlamak.

Durum çalışması: Siz olsaydınız, ne yapardınız?

Mark Durie'nin bu kitabını okurken, amcanızın küçük bir araba kazası geçirdiğini ve size çok yakın bir hastanede yattığını varsayın. Onu ziyarete gittiğiniz zaman son derece dindar, Şii bir Müslüman olan Ali'yle aynı odayı paylaştığını görüyorsunuz. Siz amcanız için dua ettikten sonra Ali sizinle konuşmaya can atıyor ve şöyle diyor: "Sizden çok iyi bir Müslüman olur, siz bize çok yakınsınız. Hz. Muhammed'in harika hayatını bir öğrenseniz, O'nun gelişinin Hz. İsa tarafından müjdelendiğini göreceksiniz. Büyük peygamberimiz, dünyaya gelen en merhametli, en sevgiyle dolu, en barışsever insandı. Ben sizi Allah'ın gerçek yoluna girmeye davet ediyorum."

Buna nasıl karşılık verirsiniz? Ne yaparsınız?

Acil bir ihtiyaç

Hristiyan inancını benimseyen ve İslamiyet'i reddedince büyük bir özgürlüğe kavuşan eski bir Müslümanın tanıklığı şöyledir:

> Ben Batı'da Müslüman bir ailede yetiştim. Camiye gider, dualarımızı Arapça ederdik. Bunun ötesinde yetişme sürecinde fazla dindar sayılmazdım. Üniversitede olduğum günlerde bir arayış içerisindeyken bazı şeyler değişti. Bu arayışın sonunda İsa Mesih'in gerçekten kim olduğunu keşfettim ve O benim canımı kurtardı.
>
> Üniversite kampüsünde, öğrencilerden oluşan Hristiyan bir gruba katıldım. Her hafta başka bir öğrenci, Kutsal Kitap'tan bir mesaj paylaşırdı. Ben henüz bir yıllık bir Hristiyan bile sayılmazdım ama benden de bir mesaj paylaşmamı rica ettiler. Paylaşım yapacağım akşam, dua etmek amacıyla kampüsteki kütüphanelerden birine girdim. Benim hazırladığım mesaj şuydu: "İsa Mesih benim için öldü; ben de O'nun için ölür müyüm?"
>
> Duaya başladığım zaman tuhaf bir şey oldu. Sanki boğuluyormuşum ya da gırtlağım sıkılıyormuş gibi bir hisse kapıldım. Bu his güçlenirken ve yoğunlaşırken paniğe kapıldım. Sonra bir sesin bana, "İslamiyet'i Reddet! İslamiyet'i Reddet!" dediğini hissettim. Bunun Rab'den geldiğine inanıyorum. Bu olaya akılcı bir karşılık vermeye çalıştım: "Ya Rab, ben zaten İslamiyet'in gereklerini epeydir yerine getirmiyorum."
>
> Ancak boğulma hissi devam ediyordu. Bunun üzerine ben, "İsa Mesih'in adında, İslamiyet'i reddediyorum" dedim. Kütüphanede olduğum için bunu kısık sesle yaptım. Boğazımdaki baskı hemen son buldu. Üzerime büyük bir rahatlama geldi! Duaya ve hazırlıklarıma döndüm. Rab, o toplantıda gücünü gerçekten gösterdi. Öğrencilerin diz çöktüklerini, Rab'be feryat ettiklerini ve O'na teslim olduklarını hatırlıyorum.

Günümüz dünyasında birçok kişinin en acil ihtiyaçlarından biri, İslamiyet'i reddetmektir. Bu kitap, bunun neden gerekli olduğunu ve nasıl yapılacağını açıklıyor. Hristiyanların, İslamiyet'in kontrolcü ruhsal etkisinden özgür olmaları için bilgiler ve dualar sunuyor.

Bu kitabın ana fikri, İslamiyet'in ruhsal gücünün iki antlaşma (ya da ahit) aracılığıyla etkin olduğunu ortaya koyar. Bunlar *kelime-i şehadet* ve *zimmettir. Şehadet* Müslümanları, *zimmet* ise gayrimüslimleri İslami şeriatın belirlediği şartlara bağlar.

Şunları bilmek önemlidir:

- Önceden Müslüman olan ama İsa Mesih'i takip etme kararı veren bir kişi, *kelime-i şehadeti* reddederek şehadetle arasındaki antlaşma bağından ve bunun içerdiği her şeyden nasıl özgür olabileceğini bilmelidir.
- Bir Hristiyan, İslami şeriatın *zimmet* aracılığıyla gayrimüslimlere tatbik ettiği aşağılamadan nasıl özgür olabileceğini bilmeli ve özgürlüğünü talep etmelidir. (Bu amaçla, bu kitabın ilerleyen bölümlerinde İslamiyet'i reddetme dualarına yer verilecektir.)

İki Antlaşma

Arapça *İslamiyet* sözcüğü, 'teslimiyet' ya da 'teslim olma' anlamına gelir. Muhammed'in inancı, dünyaya iki tür teslimiyet sunmaktadır. Birincisi, İslamiyet dinini benimseyen kişinin teslimiyetidir. Diğeri ise İslamiyet'i benimsemeden İslami hâkimiyete tabi olan gayrimüslimin teslimiyetidir.

İslamiyet'i benimseyen kişinin antlaşması, Müslüman amentüsü olan *kelime'i şehadettir.* Bu amentü, Allah'ın tevhidine (birliğine), Muhammed'in peygamberliğine ve bunların kapsadığı inançlara bağlılıktır.

İslamiyet'in siyasal hâkimiyetine teslim olan gayrimüslimin antlaşması ise *zimmettir.* Zimmet, Hristiyanların ve İslamiyet'i benimsemeyen ama hâkimiyeti altında yaşamak zorunda olan insanların statüsünü belirleyen İslami şeriattır.

İnsanların *kelime-i şehadet* getirerek ya da *zimmeti* kabul ederek teslim olmalarına yönelik İslami talebe karşı koymamız gerekir.

Birçok Hristiyan, Müslümanlığı bırakarak Mesih'i takip eden bir kişinin İslamiyet'i reddetmesi gerektiğini anlayabilir. Bununla birlikte Hristiyanların, Müslüman olmadıkları halde İslami hâkimiyetin ruhsal etkisi altına girebileceklerini öğrenen birçok Hristiyan hayrete düşer. Buna karşı koymak için *zimmet* antlaşmasının taleplerine karşı kişisel bir duruş sergilemeleri, İslamiyet'in gayrimüslimler olarak kendileri üzerinde kurmayı amaçladığı korkuyu ve aşağılamayı reddetmeleri gerekir.

İki hâkimiyet antlaşmasının - *kelime-i şehadet ve zimmet-* ardındaki ilkeleri incelemeniz, İsa Mesih'i, O'nun hayatının gücünü ve çarmıh aracılığıyla sunduğu ruhsal özgürlük kaynaklarını düşünmeniz için sizi davet edeceğiz. Sizinle Kutsal Kitap ilkelerini paylaşarak ve dualar sunarak İsa Mesih'in size bağışlamış olduğu özgürlüğü kendinize tatbik etmenizi sağlayacağız.

Hâkimiyet aktarımı

Birçok İslami öğretmen, hâkimiyetin yalnızca Allah'ın olduğunu vurgular. Bunu söylerken asıl kastettikleri, şeriatın adalet ve yetkiyle ilgili tüm ilkelere hükmetmesi gerektiğidir.

Bu kitabın esas fikri şudur: Mesih'in takipçilerinin, tüm diğer ruhsal hâkimiyet biçimlerini reddetme hakları ve hatta görevleri vardır.

Hristiyan anlayışına göre Mesih'e dönmek demek, canımız üzerinde Mesih haricindeki bütün ruhsal talepleri reddetmemiz ve terk etmemiz demektir. Elçi Pavlus, Koloselilere yazdığı mektupta, Mesih'e iman eden kişinin, bir hükümranlıktan diğerine aktarıldığını ifade eder.

> O bizi karanlığın hükümranlığından kurtarıp sevgili Oğlu'nun egemenliğine aktardı. O'nda kurtuluşa, günahlarımızın bağışına sahibiz. (Koloseliler 1:13-14).

Bu kitabın öne sürdüğü ruhsal strateji, bir hükümranlıktan diğerine aktarılma ilkesinin uygulanmasıdır. Mesih'e iman eden kişi, kurtuluşa kavuşarak Mesih'in hakimiyeti altına girer. Böyle bir kişi, "karanlığın hükümranlığına" ait ilkelere artık tabi değildir.

İmanlıların ruhsal doğum hakları, bu özgürlüğü talep ederek sahiplenmektir. İslamiyet'in talepleri karşısında, *nereden nereye* aktarıldıklarını anlamaları gerekir. Bu kitap bu bilgiyi sunmakta ve uygulama kaynaklarını sağlamaktadır.

Kılıç cevap değildir

İslamiyet'in hâkimiyet iradesine karşı koymanın birçok yolu vardır. Bunlar siyasal ve toplumsal eylem, insan hakları savunuculuğu, akademik araştırmalar ve gerçeği iletmek için medyanın kullanımı gibi birçok etkinliği içerir. Bazı toplumlar ve uluslar, zaman zaman askeri tepkiyi gerekli görebilir ama İslami *cihat* karşısında kılıç son çare olamaz.

Muhammed, inancını dünyaya yayma görevini takipçilerine verdiğinde, gayrimüslimlere üç seçenek sunulmasını buyurdu. Bunların ilki, İslamiyet'i kabul etmeleri (*kelime-i şehadet*), diğeri siyasal teslimiyet (*zimmet*), üçüncüsü ise kılıçtır. Kur'an'ın öğrettiği gibi canları için savaşmaları, öldürmeleri ve öldürülmeleri gereklidir (S9:111; ayrıca bkz. S2:190-193, 216-217; S9:5,29).

Cihada karşı askeri direniş yolu, yenilme ihtimalinin yanı sıra ruhsal tehlikeler doğurur. Avrupalı Hristiyanlar, İslami istilaya karşı savunma direnişi oluşturdukları zaman bin yıl süresince kılıca sarılmak zorunda kaldılar. İberya yarımadasını özgür kılma hareketi olan Reconquista, neredeyse 800 yıl sürdü. Araplar'ın Roma'yı İ.S. 846 yılında yağmalamalarının ve Müslümanların Endülüs'ü (İberya Yarımadası) istila ve işgalinin ardından, Papa Leo IV, İ.S. 853'te kiliseleri ve şehirleri *cihada* karşı korumak için hayatlarını verenlere cenneti vaat etti.

Ne var ki bu, İslamiyet'le savaşırken onun taktiklerini kullanmak demektir, çünkü savaşta ölenlere cenneti vaat eden İsa Mesih değil, Muhammed'di.

Ne var ki İslamiyet'in gücünün kökü askeri ya da siyasal değil, ruhsaldır. İslamiyet, istilaları sırasında esasen *ruhsal* olan taleplerde bulunmuştur. Bu talepler, *kelime-i şehadet* ve *zimmet* esasları aracılığıyla şeriat hükümlerinde ifade edilmekte ve askeri kuvvet ile uygulanmaktadır. Dolayısıyla bu kitapta İslamiyet'e karşı direnmek ve ondan özgür olmak için insanlara sunulan kaynaklar ruhsaldır. Kutsal Kitap'a dayalı çarmıh anlayışının Hristiyanlar tarafından kullanılması ve böylelikle insanların özgürlüğe kavuşturulmaları amaçlanmaktadır.

"İnsan gücüyle değil"

Daniel kitabında, Mesih'in gelişinden altı yüzyıl kadar önce vahiy edilmiş olan etkileyici bir peygamberlik görümü vardır. Büyük İskender'in imparatorluğunun ardından gelecek olan krallıklardan bir yönetici ortaya çıkacaktır:

> "Bu dört krallığın sonu yaklaşıp yapılan kötülükler doruğa varınca, sert yüzlü ve aldatmada usta bir kral ortaya çıkacak. Kendisinden gelmeyen büyük bir güce kavuşacak. Şaşırtıcı yıkımlar yapacak, el attığı her işte başarılı olacak. Güçlüleri ve kutsal halkı yok edecek. Yapacağı işleri aldatarak başaracak, kendisini yükseltecek. Güvenlikte olan birçoklarını yok edecek, Önderler Önderi'ne karşı duracak. Ama kendisi insan eli değmeden yok edilecek. (Daniel 8:23-25)

Bu yöneticinin vasıfları ve yarattığı tesir, Muhammed'e ve O'nun mirasına şaşırtıcı derecede benzemektedir. İslamiyet'in üstünlük iddiası, başarı ihtirası, hileye başvurması, başkalarının kuvvetini ve zenginliğini gasp ederek güç kazanmak için kullanması, güvende olduklarını sanan halkları tekrar ve tekrar alt etmesi, çarmıha gerilmiş olan Tanrı'nın Oğlu Rab İsa Mesih'e yönelik düşmanlığı, Hristiyan ve Yahudi toplumlarını mahvetmesi bu tesirin örnekleridir.

Bu peygamberlik Muhammed'den, O'nun hayatının ve mirasının ahlaksal ve ruhsal enkazından doğan İslamiyet dininden söz ediyor olabilir mi? Eğer Muhammed'den söz ediyorsa, o zaman Daniel'in peygamberliği bu "kralın" gücü üzerinde nihai bir zafer kazanılacağına dair bir umut ama bu zaferin "insan eli değmeden" gerçekleşeceğine dair bir de uyarı içermektedir. Bu "sert yüzlü kralın" üstesinden gelmek için sadece siyasal, askeri ya da ekonomik yollarla özgürlüğe kavuşmak mümkün olmayacaktır.

Bu uyarı muhakkak İslamiyet'in, insanlara hâkim olma iddiası için geçerlidir. Bu iddianın arkasındaki güç ruhsaldır ve kalıcı özgürlüğe götüren etkili direniş de yalnızca ruhsal yolla başarıya ulaşabilir. Askeri kuvvet de dâhil olmak üzere diğer direniş biçimleri, İslamiyet'in hâkimiyet iradesinin belirtileriyle baş etmek için gerekli olabilir ama sorunun kökenine çözüm getirmekten uzaktır.

İslamiyet'in aşağılayıcı taleplerinden nihai özgürlüğün tek anahtarı, İsa Mesih'in ve çarmıhının gücüdür. Bu kitap bu kanaatle kaleme alınmıştır. Kitabın amacı imanlıları, İslamiyet'in insan canına hâkim olma stratejisinin iki yönünden özgür kılmak için donatmaktır.

Çalışma Rehberi

Ders 1

Söz Dağarcığı

antlaşma	*şeriat*	*İberya Yarımadası*
kelime'i şehadet	*cihat*	*Endülüs*
zimmet	*Reconquista*	

Yeni isimler

- Papa Leo IV (İ.S. 847–855 tarihleri arasında görevdeydi)
- Büyük İskender (İ.Ö. 356–323)

Bu derste Kutsal Kitap

Koloseliler 1:13-14 Daniel 8:23-25

Bu derste Kur'an

S2:190, 193, 217 S9:29, 111

Ders 1 soruları

- Küçük grup üyeleri kendilerini tanıtırlar, grup başkanını ve sekreterini seçerler.
- Durum çalışması üzerinde söyleşirler.

Acil bir ihtiyaç

1. Kutsal Ruh geçmişte Müslüman olan kişinin, mesajını Hristiyanlara sunmadan önce ne yapması gerektiğini söyledi?

2. Durie'ye göre, birçok kişinin en acil ihtiyaçlarından biri nedir?

3. İslamiyet'in iki ruhsal antlaşmasının Arapça isimleri nelerdir?

4. Hangi insanların özgür kılınmaları ve ***kelime-i şehadeti*** reddetmeleri gerekir?

5. Hangi insanların İslami ***şeriatın*** dayattığı aşağılamadan özgür kılınmaları gerekir?

İki antlaşma

6. Muhammed'in inancı için gerekli olan iki teslimiyet türü hangileridir?

7. ***Kelime-i şehadetin*** okunması ne anlama gelir?

8. ***Zimmet*** antlaşması nedir?

9. İslami hâkimiyetin ruhsal etkisiyle ilgili olarak Hristiyanların çoğunu şaşırtacak şey nedir?

Hâkimiyet aktarımı

10. Müslüman hocalar, "hâkimiyet yalnızca Allah'ındır" derken ne demek isterler?

11. İsa Mesih'i kabul eden her Hristiyan'ın reddetmesi ve terk etmesi gereken şey nedir?

12. Hristiyanlar nereden nereye aktarılmışlardır?

Kılıç cevap değildir

13. İslamiyet'e direnmek için Durie'nin Hristiyanlara önerdiği eylemler nelerdir?

14. Muhammed'in, zapt edilen gayrimüslimlere sunmaları için takipçilerine buyurduğu üç seçenek neydi?

15. Hristiyan ülkeler işgal edildikten sonra Hristiyanlar, İslami kuvvetlerle ne kadar savaştılar ve **İberya Yarımadasını** geri almak için ***Reconquista*** adı verilen Hristiyan mücadelesi ne kadar sürdü?

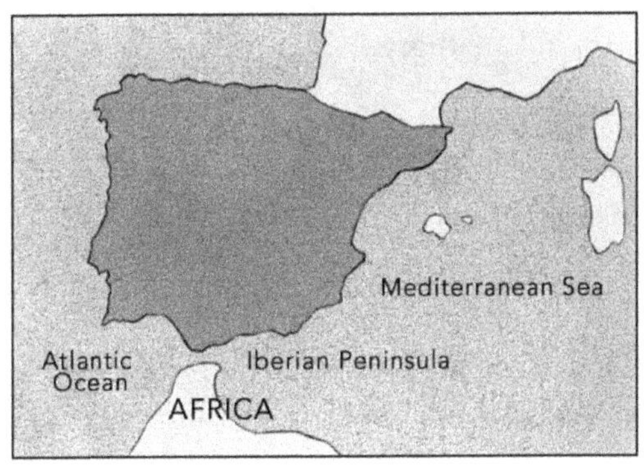

16. Müslümanlar İ.S. 846 yılında Roma'yı yağmaladıktan sonra **Papa IV. Leo**, İ.S. 853 yılında Arap işgalcilerle savaşan Hristiyan askerlere hangi vaadi verdi?

17. Durie'ye göre, İslamiyet'in gücünün kökü nedir?

"İnsan eli değimeden"

18. Durie'ye göre, Muhammed'in bıraktığı mirasa bakılarak, kiminle dikkat çekici bir benzerliği olduğu söylenebilir?

19. İslamiyet'in, Daniel Kitabındaki acımasız krala benzer olan çeşitli yönlerine dikkat edin (her ifadeyi tamamlayın):

- İslamiyet'in iddiası ...
- İslamiyet'in ihtirası ...
- İslamiyet'in kullanımı ...
- İslamiyet'in kuvvet ve zenginliği gasp ederek kullanması...

- İslamiyet'in ulusları alt etmesi …
- İslamiyet'in karşıtlığı ...
- İslamiyet'in geçmişi ...

20. Zafer en sonunda nasıl gerçekleşecektir?

21. İslamiyet'in aşağılayıcı taleplerinden özgür olmanın tek yolunu oluşturan iki anahtar nelerdir?

2

Çarmıh aracılığıyla Özgürlük

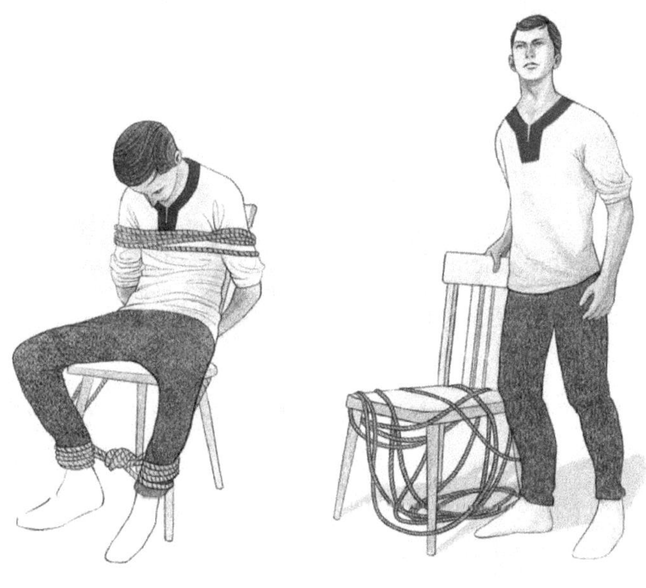

"Tutsaklara serbest bırakılacaklarını ilan etmek için beni gönderdi."
Luka 4:18

Ders hedefleri

a. İsa Mesih'in insanlara özgürlük vaat ettiğini anlamak.

b. Özgürlüğümüzü talep edebileceğimizi anlamak.

c. Şeytan'ın Kutsal Kitap'taki unvanlarını tespit etmek ve ne anlama geldiklerini anlamak.

d. Şeytan'ın gücünün çarmıh aracılığıyla kırıldığını ve O'nun kontrolünden kurtarıldığımızı kavramak.

e. Kötü güçlerle savaş içinde olduğumuzu anlamak.

f. Şeytan'ın bizi suçlamak için kullandığı altı stratejiyi ve bunlara karşı nasıl uyanık olabileceğimizi tespit etmek.

g. Şeytan'ın insan hayatındaki açık kapıları ve dayanakları nasıl kullandığını kavramak.

h. Şeytan'ın bize karşı kullandığı kapıları kapatma ve dayanakları kaldırma stratejilerini tanımlamak.

i. İsa Mesih'in, öğrencilerine verdiği ruhsal yetkiyi ve insanları özgür kılmak için bu yetkinin nasıl kullanılacağını anlamak.

j. 'Belirlilik ilkesini' ve özgürlüğümüzü talep ederken bunun neden önemli olduğunu anlamak.

k. İnsanların özgür olmasına yardım etmenin beş adımını dikkate almak.

Durum çalışması: Siz olsaydınız, ne yapardınız?

Kilisede bir gençlik görevlisi olduğunuzu düşünün. Müslüman geçmişi olan tanınmış bazı imanlıların da katılacağı ulusal bir gençlik konferansına katılmaya davet edildiniz. Her odada dört yatağın bulunduğu güzel bir okul kampüsünde konaklıyorsunuz. Oda arkadaşlarınız, Müslüman geçmişi olan Hasan ve Hüseyin isimli iki Hristiyan kardeştir. Yatmadan önce yaşça büyük olan Patrick isimli gençlik önderi sizi ve ikizleri duaya davet ediyor. Hepiniz memnuniyetle kabul ediyorsunuz. Patrick o gece için ruhsal koruma duası ediyor. Sabaha karşı saat 4'te, ruhsal bir çalkantı yaşadığı belli olan Hasan bağırmaya başlıyor. Patrick dua ederken Hasan daha da dehşete kapılıyor.

Patrick, Hüseyin'e şöyle diyor: "Sen İslamiyet'ten geldiğin için, geçmişine ait ahitleri, yeminleri ve anlaşmaları reddettin mi?"

Hüseyin şaşkına dönüyor ve şöyle diyor: "Bu çılgınlık. Biz İslamiyet'te hiç öyle şeyler yapmadık. Sadece camiye gidip gelirdik ve şimdi zaten Hristiyanız. Kardeşim Hasan, sadece diğer insanlar gibi bir bunalım geçiriyor. Bunun dinle bir ilgisi yok." Sonra Hüseyin size bakıyor ve soruyor, "Sence reddetmemiz gereken bir şey var mı? Sence bizim geçmişimizde bir cin falan olabilir mi?"

Siz ne cevap verirsiniz?

Rıza, İslamiyet'i terk edip İsa Mesih'i takip etmeye karar vermiş genç bir adamdı. Bir akşam bir toplantıda, İslamiyet'i reddetme duasını okuma görevi ona verildi. Genç adam gönüllü olarak bunu yapmaya başladı. Ancak dua sırasında, "Muhammed'in yolunu reddediyorum" sözlerine geldiği zaman, "Muhammed" sözcüğünü söyleyemediğini fark edince hayretler içinde kaldı. Müslüman bir ailede yetişmiş olduğu halde, İslamiyet'i hiç sevmemiş ve uzun süre gereklerini yerine getirmemişti. Bu yüzden bunu yapamamak onu şaşkına çevirmişti. Hristiyan arkadaşları, genç adamın etrafında toplandılar ve İsa Mesih'teki yetkisini hatırlatan sözlerle onu teşvik ettiler. Bunun ardından, Muhammed'in yolunu reddetmekle ilgili sözcükleri söyleyerek duayı tamamlayabildi.

O akşamdan sonra Rıza'nın hayatında değişen iki şey oldu. Birincisi, hayat boyu süren insanlara öfkelenme huyundan kurtuldu. Müjdeleme etkinliğinde ve İslamiyet'ten ayrılanları öğrenci olarak yetiştirme hizmetinde daha etkili oldu. O gece Rıza, İslamiyet'i reddedince, müjdelemek ve öğrenci yetiştirmek için güçle meshedildi. Müjde'ye hizmet etmek için özgür oldu.

Bu bölüm Şeytan'ın gücünden nasıl özgür olacağımızla ilgilidir. Böylece İslami tutsaklıklara odaklanan sonraki bölümler için hazırlık yapmış olacaksınız.

Bu bölümde uygulanan ilkeleri, sadece İslamiyet'e değil birçok farklı duruma uygulamak mümkündür.

İsa Mesih öğretmeye başlıyor

Elçi Pavlus, Romalılar mektubunda "Tanrı çocuklarının yüce özgürlüğünden" söz ediyor (Romalılar 8:21). Bu "yüce özgürlük", her Hristiyan'ın doğum hakkıdır. İsa Mesih'e güvenen ve O'nu takip eden herkese Tanrı'nın vermek istediği değerli bir miras, harika bir armağandır.

İsa Mesih, öğretiş hizmetine başladığı zaman, halka verdiği ilk öğretiş özgürlük hakkındaydı. İsa Mesih, Şeytan tarafından çölde sınandıktan ve Vaftizci Yahya tarafından vaftiz edildikten hemen sonra bu hizmete başladı. İsa çölden gelir gelmez müjdeyi duyurmaya başladı. Bunu nasıl yapıyordu? Kendisinin kim olduğunu tanıtarak yapıyordu. Luka'da, İsa Mesih'in kendi köyü olan Nasıra'daki havrada ayağa kalkıp Yeşaya Kitabının 61. bölümünü okumaya başladığını görüyoruz.

> "Rab'bin Ruhu üzerimdedir. Çünkü O beni yoksullara Müjde'yi iletmek için meshetti. Tutsaklara serbest bırakılacaklarını, körlere gözlerinin açılacağını duyurmak için, ezilenleri özgürlüğe kavuşturmak ve Rab'bin lütuf yılını ilan etmek için beni gönderdi."
>
> Sonra kitabı kapattı, görevliye geri verip oturdu. Havradakilerin hepsi dikkatle O'na bakıyordu.

İsa, "Dinlediğiniz bu Yazı bugün yerine gelmiştir" diye konuşmaya başladı.

(Luka 4:18-21)

İsa Mesih, insanları özgür kılmak için geldiğini söylüyordu. Yeşaya peygambere verilen özgürlük vaadinin "bugün" gerçekleştiğini dile getiriyordu. Nasıra halkının karşısında, tutsaklara özgürlük getiren Kişi duruyordu. İsa onlara kendisinin Kutsal Ruh'la meshedildiğini, bizzat Mesih olduğunu, Tanrı'nın seçtiği Kral olduğunu, onlara vaat edilmiş Kurtarıcı olduğunu anlatıyordu.

İsa insanları özgürlüğü seçmeye davet ediyordu. Bizzat kendisi müjde veriyordu: yoksullar için umut, tutsaklara serbestlik, körler için şifa ve ezilenler için özgürlük getirmişti.

İsa Mesih nereye gitse, orada insanları özgür kıldı. Onları birçok farklı alanda gerçek özgürlüğe kavuşturdu. Müjde kitaplarını okuduğumuz zaman, İsa Mesih'in çok sayıda kişiye iyilik yaptığını, umutsuzlara umut verdiğini, açları doyurduğunu, insanları cinlerin gücünden özgür kıldığını ve hastaları iyileştirdiğini görüyoruz.

İsa Mesih bugün de insanlara özgürlük vermeye devam ediyor. İsa Mesih tarafından çağrılan her Hristiyan, O'nun sağladığı bu özgürlüğe kavuşabilir.

İsa havrada, "Rab'bin lütuf yılını" ilan ettiği zaman, Tanrı'nın insanlara özel olarak lütfettiği günün geldiğini ilan ediyordu. İsa insanlara, Tanrı'nın güçle ve sevgiyle halkını özgür kılmak için geldiğini ve onların da özgür olabileceğini söylüyordu.

Bu kitabı okumanın, Tanrı'nın lütfuna ve özgürlüğüne kavuşabilmeniz için size özel bir zaman olabileceğine inanıp umut edebilir misiniz?

Seçme zamanı

Bir kafese tıkıldığınızı ve kafesin kapısının kilitli olduğunuzu hayal edin. Her gün size kafeste yemek ve su getiriliyor. Orada yaşamaya devam ediyorsunuz ama siz bir tutsaksınız. Sonra birisi geliyor ve kafesin kapısını açıyor. Şimdi önünüzde bir seçim var. Kafeste yaşamaya devam edebilir ya da oradan çıkıp kafesin dışındaki hayatı keşfedebilirsiniz. Kafes kapısının açık olması yeterli değildir. Kafesten dışarı çıkmayı seçmeniz gerekir. Eğer özgürlüğü seçmezseniz, kapı hâlâ kilitliymiş gibi tutsak kalırsınız.

Elçi Pavlus, Galatyalılara yazarken şöyle dedi: "Mesih bizi özgür olalım diye özgür kıldı. Bunun için dayanın. Bir daha kölelik boyunduruğuna girmeyin" (Galatyalılar 5:1). İsa Mesih insanları özgür kılmak için geldi ve O'nun getirdiği özgürlüğü öğrendiğimiz zaman yapmamız gereken bir seçim vardır. Özgür insanlar olarak yaşamayı seçecek miyiz?

Elçi Pavlus, özgürlüğümüzü talep etmek için uyanık ve tetikte olmamız gerektiğini söylüyor. Özgür yaşamak için özgür olmanın ne anlama geldiğini kavramalı, sonra özgürlüğümüzü talep etmeli ve özgürce yaşamalıyız. İsa Mesih'i takip ederken dayanmayı ve kölelik boyunduruğunu reddetmeyi öğrenmemiz gerekir.

Bu öğretiş, özgür olmayı ve sonra özgür kalmayı seçen herkese yardımcı olmak amacıyla tasarlanmıştır.

Sonraki birkaç kısımda Şeytan'ın rolünü, O'nun hâkimiyetinden Tanrı'nın Krallığına nasıl aktarıldığımızı ve içinde bulunduğumuz ruhsal savaşı öğreneceğiz.

Şeytan ve hükümranlığı

Kutsal Kitap bizi yok etmek isteyen bir düşmandan söz eder. Bu düşman, Şeytan'dır. O'nun çok sayıda yardımcıları vardır. Bu yardımcıların bazıları cinlerdir.

İsa Mesih, Yuhanna 10:10'da Şeytan'ın insanlara nasıl yaklaştığını tanımlarken ona "hırsız" der: "Hırsız ancak çalıp öldürmek ve yok etmek için gelir. Bense insanlar yaşama, bol yaşama sahip olsunlar diye geldim." Ne müthiş bir zıtlık! İsa Mesih yaşam getiriyor - bol yaşam getiriyor. Şeytan ise kayboluş, yıkım ve ölüm getiriyor. İsa Mesih ayrıca Şeytan'ın başlangıçtan beri katil olduğunu söylüyor (Yuhanna 8:44).

Müjde kitaplarına ve İncil'in mektuplarına göre, Şeytan'ın bu dünya üzerinde hakiki ama sınırlı bir gücü ve egemenliği vardır. O'nun egemenliği, "karanlığın hükümranlığıdır" (Koloseliler 1:13).

Şeytan:

- "bu dünyanın egemenidir" (Yuhanna 12:31)
- "bu çağın ilahıdır" (2. Korintliler 4:4)
- "havadaki hükümranlığın egemenidir" (Efesliler 2:2)
- "söz dinlemeyen insanlarda şimdi etkin olan ruhtur" (Efesliler 2:2).

Elçi Yuhanna, bütün dünyanın Şeytan'ın denetiminde olduğunu dahi ortaya koyar: "Biliyoruz ki, biz Tanrı'danız, bütün dünya ise kötü olanın denetimindedir" (1. Yuhanna 5:19)

Eğer "bütün dünyanın kötü olanın denetiminde olduğunu" anlıyorsak, Şeytan'ın yaptıklarının kanıtlarını dünyanın bütün kültürlerinde, ideolojilerinde ve dinlerinde görünce şaşırmamalıyız. Şeytan kilisede bile etkindir.

Bu nedenle, kötülüğün etkilerinin İslamiyet'te, onun dünya görüşünde ve ruhsal gücünde de faal olduğunu göz önünde bulundurmalıyız ama öncelikle kötülükten nasıl özgür kılınacağımıza dair genel ilkeleri ele alalım.

Büyük aktarım

Oxford'daki Trinity Üniversitesinden J. L. Houlden, Elçi Pavlus'un ilahiyata dayalı dünya görüşü hakkında bir inceleme yazdı ve şöyle dedi:

> "Pavlus'un insanlıkla ilgili kanaatleri vardı. İnsanlar yalnızca günahkâr ve Tanrı'dan uzak olmakla kalmayıp... aynı zamanda evrende sinsice avlanan cin kaynaklı güçlere tutsaktırlar. Bu güçler Kutsal Yasa'yı, insanın Tanrı'ya itaatinin bir aracı olarak değil, kendi zulümlerinin bir aracı olarak kullanmaktadırlar. İnsanların Tanrı'dan uzakta olması, sadece Yahudilere ya da diğer uluslara özgü olmakla kalmayıp bütün insanlık için geçerlidir. Adem'in çocukları olarak insanların hali budur."[1]

Elçi Pavlus'un dünya görüşünde insanların bu tutsaklıktan kurtarılmaları gerekmektedir: "Cin kaynaklı güçlere gelince, insanın ihtiyacı onların kontrolünden kurtarılmaktır." Bu kurtuluşun

---

1. J. L. Houlden, *Paul's Letters from Prison*, syf. 18.

anahtarı, İsa Mesih'in çarmıhtaki ölümü ve ölümden dirilişidir. İnsanlara hâkim olan günah ve onları tutsak alan cin kaynaklı kötü güçler üzerinde bize zafer kazandıran budur."

Hristiyanlar olarak hâlâ "bu karanlık dünyada" yaşıyoruz (Efesliler 6:12; Filipililer 2:15 ile karşılaştırın) ama Şeytan'ın gücü ve kontrolü altına girebilir miyiz? Hayır! Çünkü bizler İsa Mesih'in egemenliğine aktarıldık.

İsa Mesih bir görümde kendisini Pavlus'a gösterdiği ve diğer uluslara gitmesi için onu görevlendirdiği zaman elçiye şöyle dedi: "Seni, ulusların gözlerini açmak ve onları karanlıktan ışığa, Şeytan'ın hükümranlığından Tanrı'ya döndürmek için gönderiyorum" (Elç.26:18). Bu sözcükler, insanların Mesih tarafından kurtarılmadan önce Şeytan'ın gücü altında olduklarını ama Mesih aracılığıyla kötülüğün gücünden özgür kılınıp karanlığın hükümranlığından Tanrı'nın Egemenliğine aktarıldıklarını ortaya koyar.

Elçi Pavlus, Koloseliler için nasıl dua ettiğini mektubunda açıklıyor:

> Bizi kutsalların ışıktaki mirasına ortak olmaya yeterli kılan Baba'ya şükretmeniz için dua ediyoruz. O bizi karanlığın hükümranlığından kurtarıp sevgili Oğlu'nun egemenliğine aktardı. (Koloseliler 1:12-13)

Bir kişi başka bir ülkeye göç ettiği zaman yeni ülkede vatandaşlık almak için başvuruda bulunur ama bunu yapmak için önceki ülkenin vatandaşlığını terk etmelidir. Mesih'teki kurtuluş işte böyledir: Tanrı'nın Egemenliğine girdiğiniz zaman yeni bir vatandaşlığa geçiyorsunuz ve eski vatandaşlığınızı geride bırakıyorsunuz.

Aynı şekilde siz de bağlılığınızı kasten İsa Mesih'e aktarmalısınız. Bu aktarım aşağıdaki unsurları içermelidir:

- Şeytan'ı ve her türlü kötülüğü reddetmek.
- Üzerinizde Tanrı yoluna uygun bir yetki kullanmayan tüm insanlarla yanlış bağlarınızı koparmak.
- Sizin adınıza atalarınız tarafından yapılmış olan ya da sizi herhangi bir şekilde etkisi altına almış olan Tanrı yoluna aykırı bütün antlaşmaları reddetmek ve iptal etmek.
- Tanrı yoluna aykırı bağlılıklar aracılığıyla gelen bütün ruhsal yetenekleri terk etmek.

- Hayatınızın bütün haklarını İsa Mesih'e teslim etmek, bugünden başlayarak yüreğinize Rab olarak hâkim olması için O'nu davet etmek.

Savaş

Takım değiştiren bir futbol oyuncusu, yeni takımı için oynamalıdır. Artık eski takımı için oynayamaz. Tanrı'nın Egemenliğine aktarıldığımız zaman bu böyledir: İsa Mesih'in takımı için oynamalı, Şeytan'ın takımı için oynamayı bırakmalıyız.

Kutsal Kitap'a göre, Tanrı ile Şeytan arasında ruhsal bir çatışma var. Bu durum, Tanrı'nın Egemenliğine karşı evrensel bir sivil isyandır (Markos 1:15; Luka 10:18; Efesliler 6:12). İki hükümranlık arasında öyle şiddetli bir savaş var ki, saklanacak tarafsız bir bölge yoktur. Hristiyanlar galibiyet muharebesi kazanılmış, sonucu mutlak bir şekilde belli olan uzatmalı bir savaşın içindeler. Zaferi İsa Mesih kazanmıştır ve kazanacaktır.

İsa Mesih'i takip edenler, Mesih'in görevlileridir ve şu anda bu karanlık çağın güçlerine karşı günlük bir savaşın içindedirler. Mesih'in ölümü ve dirilişi, bu karanlığa karşı tek yetkimiz ve ona direnebilmek için tek gücümüzdür. Bu ruhsal savaşın gerçekleştiği alan insanlar, toplumlar ve uluslardır.

Bu savaşta kilise bile bir savaş alanı olabilir ve kaynakları kötü amaçlarla sömürülebilir.

Bu konu çok ciddi ve önemlidir. Ancak Elçi Pavlus, çarmıh ve günahların affı aracılığıyla bu karanlık çağın güçlerinin silahlarının ellerinden alındığını, açıkça yenik düştüklerini yazarak mutlak zaferi tanımlar:

> Sizler suçlarınız ve benliğinizin sünnetsizliği yüzünden ölüyken, Tanrı sizi Mesih'le birlikte yaşama kavuşturdu. Bütün suçlarımızı O bağışladı. Kurallarıyla bize karşı ve aleyhimizde olan yazılı antlaşmayı sildi, onu çarmıha çakarak ortadan kaldırdı. Yönetimlerin ve hükümranlıkların elindeki silahları alıp onları çarmıhta yenerek açıkça gözler önüne serdi. (Koloseliler 2:13-15)

Bu metin, "galibiyet" adı verilen Roma zafer marşının temsilini kullanmaktadır. Galip gelen bir general, düşmanı yendikten sonra ordusuyla birlikte Roma şehrine dönerdi. General zaferi kutlamak için büyük bir alaya öncülük ederdi. Yenilen düşmanlar, silahları ve zırhları ellerinden alınmış bir şekilde şehir sokaklarında zincirlerle zorla yürütülürdü. Roma halkı alayı seyreder, galipleri kutlar ve yenilen düşmanları yuhalardı.

Elçi Pavlus çarmıhın anlamını açıklamak için Roma zafer marşına işaret ediyor. İsa Mesih bizim yerimize öldüğü zaman günahın gücünü ortadan kaldırdı. Bize yönelik suçlamalar çarmıha çakıldı. Karanlığın bütün güçleri suçlamaların iptal olduğunu gördü. Bundan ötürü, bizi yok etmeyi planlayan Şeytan ve cinler, bizim üzerimizdeki güçlerini kaybettiler; çünkü bize karşı yöneltecekleri hiçbir suçlama kalmadı. Onlar adeta Roma zafer alayındaki düşmanlara döndüler: yenildiler, silahları ellerinden alındı ve açıkça gözler önüne serildiler.

Bu karanlık çağın güçleri ve hükümranları üzerinde zafer kazanılmıştır. Bu zafer kötü güçleri yağmalamış, onların egemenlik haklarını ellerinden almıştır. İnsanların kasıtlı ya da kasıtsız, bilerek ya da bilmeden bu güçlerle yaptıkları antlaşmalar da bu zafere dâhildir.

Çok güçlü bir ilkedir bu; çünkü Çarmıh, Şeytan'ın bize karşı kullandığı her taktik ve her suçlama karşısında zaferin ve özgürlüğün anahtarını sağlar.

Gelecek kısımda Şeytan'ın suçlayıcı olarak rolünü ve insanlara karşı kullandığı stratejileri inceleyeceğiz. Bundan sonra Şeytan'ın, insanları bağlamak için başvurduğu altı yolu ele alacağız. Bunlar günah, bağışlamama, sözler, can yaraları, yalanlar (Tanrı yoluna aykırı inançlar), soyağacından gelen günahlar ve lanetlerdir. Şeytan'ın her stratejisine karşı bir çare tanımı yapacağız. Hristiyanlar bu çarelerle özgürlüklerini talep edip hayatlarındaki bu etkilerin gücünü kırabilirler. İslamiyet'in tutsaklıklarından nasıl özgür olacağımızı ele alırken bu konuların her biri önemli olacaktır.

Suçlayıcı

Şeytan'ın bize karşı kullandığı stratejiler vardır. Bunları bilmek ve anlayarak karşı koymaya hazır olmak gerekir. Özgürlüğümüzü uygulamaya koymalı ve hayata geçirmeliyiz. Bu nedenle uyanık olmalıyız: Hristiyanlar için Şeytan'ın düzenlerini bilmek, anlamak ve bunlara karşı koymak bir zorunluluktur.

Elçi Pavlus, Efesliler 6:18'de Hristiyanların uyanık durmaları gerektiğini söylüyor. Aynı şekilde, Elçi Petrus Hristiyanları şöyle uyarıyor: "Ayık ve uyanık olun. Düşmanınız İblis kükreyen aslan gibi yutacak birini arayarak dolaşıyor" (1. Petrus 5:8). Neye karşı uyanık olmalıyız? Şeytan'ın suçlamalarına karşı uyanık olmalıyız.

Kutsal Kitap, Şeytan'a "suçlayıcı" diyor (Vahiy 12:10). İbranice'de 'şeytan' sözcüğü, 'suçlayıcı' ya da 'düşman' anlamına gelir. Bu sözcük mahkemede, hukuki karşıtlığı tanımlamak için kullanılırdı. Kutsal Kitap'ta 'şeytan' sözcüğü bu anlamda 109. Mezmurda kullanılır: "Kötü bir adam koy düşmanın başına, sağında onu suçlayan şeytan dursun! Yargılanınca suçlu çıksın, Duası bile günah sayılsın!" (Mezmur 109:6-7). Buna benzer bir sahne, Zekeriya 3:1-3'te yer alır. Burada baş kâhin Yeşu'nun sağında "şeytan" durmakta ve kâhini Tanrı'nın meleğinin önünde suçlamaktadır. Başka bir örnek ise Şeytan'ın, Eyüp'ü Tanrı'nın huzurunda suçlaması (Eyüp 1:9-11), onu sınamak için izin istemesidir.

Şeytan bizi kime karşı suçlar? Tanrı'nın huzurunda bizi suçladığını biliyoruz. Bizi aynı zamanda başkalarına karşı suçlar ve başkalarının sözleri ve bizim düşüncelerimiz aracılığıyla bizi kendimize karşı suçlar. Bu suçlamalarla bizim zarar görmemizi, bunlara inanmamızı, korkuya kapılmamızı ve elimizin, kolumuzun bunlarla bağlanmasını ister.

Şeytan bizi neyle suçlar? Günahlarımızdan ötürü suçlar, bir şekilde hayatımızda ona teslim etmiş olduğumuz alanlar için suçlar.

Şeytan'ın bizi ne zaman suçladığını ve onun suçlamalarının yalanlarla dolu olduğunu da anlamamız gerekir. İsa Mesih, Şeytan hakkında şöyle dedi:

> Siz babanız İblis'tensiniz ve babanızın arzularını yerine getirmek istiyorsunuz. O başlangıçtan beri katildi. Gerçeğe bağlı kalmadı. Çünkü onda gerçek yoktur. Yalan söylemesi doğaldır. Çünkü o yalancıdır ve yalanın babasıdır. (Yuhanna 8:44).

Şeytan'ın yalan stratejileri nelerdir ve bizi suçladığı zaman nasıl sağlam durabiliriz? Onun stratejilerini bilmenin muhakkak yararı vardır. Örneğin, Elçi Pavlus 1. Korintliler'de Hristiyanlara başkalarını bağışlamalarını söylemektedir. Bu neden önemlidir? Pavlus, Şeytan'ın oyununa gelmemek için insanları bağışlamamız gerektiğini vurgulamaktadır, çünkü Şeytan'ın stratejilerinden biri, insanları bağışlamadığımız için bizi suçlamaktır. Bu nedenle, başkalarını çabuk bağışlarsak, O'nun suçlamalarına karşı savunmasız kalmayız.

Şeytan'ın başka stratejileri de vardır. Burada imanlıları suçlamak için kullandığı başlıca altı stratejiyi ele alacak ve bunlara nasıl karşı durabileceğimize bakacağız. Altı strateji şöyledir:

- günah
- bağışlamama
- can yaraları
- sözler (ve simgesel eylemler)
- Tanrı yoluna aykırı inançlar (yalanlar)
- Soyağacından günahlar ve sebep oldukları lanetler.

Göreceğimiz gibi, ruhsal özgürlüğe kavuşmanın anahtarı, Şeytan'ın bize yönelik bütün iddialarının adlarını koyup hepsini reddetmektir. Onun suçlamalarında gerçeklik payı da olsa, tamamen yalanlara da dayalı olsa, bu anahtar geçerlidir.

Açık kapılar ve dayanaklar

Bu altı stratejiyi ele almadan önce Şeytan'ın insanlara eziyet etmek için yararlandığı araçları tanıtalım. Bunların ikisi 'açık kapılar' ve 'dayanaklardır'.

Açık kapı, insanın bilgisizlik, itaatsizlik ya da dikkatsizlik nedeniyle Şeytan'a sunduğu bir giriş noktasıdır. Şeytan bu giriş noktası aracılığıyla insanlara saldırır ve eziyet eder. İsa Mesih'in Şeytan'ı çalan, öldüren ve yok eden bir hırsız olarak tanımladığını hatırlayalım (Yuhanna 10:10). Güvenli bir evin açık kapıları yoktur: her kapı emin bir şekilde kilitlenmiştir.

Dayanak ise insanın kendi canında Şeytan'a açtığı ve böylece O'na teslim ettiği bir alandır. Şeytan bizlerdeki dayanakları kendisine ait alanlar olarak işaretler.

Elçi Pavlus, öfkeyle dolu olan bir Hristiyan'ın, İblis'e bir dayanak verebileceğini dile getirir: "Öfkelenin, ama günah işlemeyin. Öfkenizin üzerine güneş batmasın. İblis'e de fırsat (dayanak) vermeyin" (Efesliler 4:26-27). "Dayanak" olarak çevrilen Grekçe sözcük *topos'tur* ve yerleşim yeri anlamına gelir. *Topos* işgal altındaki yerdir. Grekçe'deki "*topos* vermek" ifadesi, "fırsat vermek" demektir. Elçi Pavlus, öfkeyi itiraf etmek ve reddetmek yerine ona tutunan bir kişinin, Şeytan'a ruhsal bir dayanak teslim ettiğini söylemektedir. Şeytan o dayanağı işgal ederek kötü amaçlar için bir zemin olarak kullanır. Öfkeye tutunan bir kişi, Şeytan'a dayanak verebilir.

İsa Mesih, Yuhanna 14'te, Şeytan'ın kendisinin üzerinde hiçbir yetkisi olmadığını söylerken hukuki haklarla ilgili dil kullanıyor:

> Artık sizinle uzun uzun konuşmayacağım. Çünkü bu dünyanın egemeni geliyor. Onun benim üzerimde hiçbir yetkisi yoktur. Ama dünyanın, Baba'yı sevdiğimi ve Baba'nın bana buyurduğu her şeyi yerine getirdiğimi anlamasını istiyorum. Haydi kalkın, buradan gidelim." (Yuhanna 14:30-31)

Başpiskopos J. H. Bernard bu metin üzerinde şöyle bir yorum yazmış: İsa Mesih, kendisinin şahsiyetinde Şeytan'ın tutunabileceği hiçbir nokta olmadığını söylüyor.[2]

D. A. Carson'ın açıkladığı gibi, buradaki ifade hukuki bir ifadedir:

> 'Benim üzerimde hiçbir yetkisi yoktur' ifadesi, İbranice'de 'bana karşı hiçbir iddiası yoktur' ya da 'benim üzerimde hiçbir hakkı yoktur' anlamına gelen bir ifadedir... İblis yalnızca İsa Mesih'e karşı haklı bir suçlama getirdiği taktirde O'nun üzerinde yetkisi olabilirdi.[3]

Şeytan'ın neden İsa Mesih üzerinde yetkisi yoktu? Çünkü İsa günahsızdı. Baba'nın kendisine buyurduğu her şeyi yerine getirdiğini söylemişti (Yuhanna 14:31; ayrıca bkz. Yuhanna 5:19). Bu nedenle, İsa'nın hayatında Şeytan'ın hukuki hak talep edebileceği hiçbir alan yoktur. O'nda Şeytan'ın kullanılabileceği hiçbir dayanak yoktur.

---

2. J. H. Bernard, *A Critical and Exegetical Commentary on the Gospel According to John*, vol. 2, syf. 556.
3. D. A. Carson, *The Gospel According to John*, syf. 508-9.

İsa Mesih, çarmıha masum bir insan olarak gerildi. Çarmıhın gücü için bu gerçek çok önemlidir. İsa Mesih günahsız olduğu için Şeytan, çarmıhın hukuki bir ceza olduğunu iddia edemez. Rab Mesih'in ölümü, Şeytan'ın haklı bir cezası değil, insanlar uğruna kendisinin sunduğu günahsız bir kurbandı. Eğer Mesih, Şeytan'a herhangi bir dayanak vermiş olsaydı, ölümü günahın cezası olacaktı. Oysa ki İsa günahsız olduğu için ölümü, bütün dünyanın günahları için etkili bir sunu olmuştur.

Hayatımızdaki açık kapılarla ve dayanaklarla ilgili ne yapabiliriz? Açık kapıları kapatabilir, dayanakları kaldırabiliriz. Ruhsal özgürlüğümüze kavuşmak için bu adımlar esastır. Bunu sistemli olarak yapmalı, hayatımızdaki bütün açık kapıları kapatmalı, bütün dayanakları kaldırmalıyız.

Peki ama bunu nasıl yaparız? Altı alanın her birini inceleyelim. İslamiyet'in insanları nasıl bağladığını düşündüğümüz zaman bunların hepsi önemli olacaktır.

Günah

Eğer açık kapı, işlediğimiz günahlarsa, Şeytan'a hayatımız üzerinde hak tanıyan günahlardan tövbe ederek bu kapıyı kapatabiliriz. Çarmıhın gücü, bu sürecin anahtarıdır. İsa Mesih'e Kurtarıcımız olarak seslenerek Tanrı'nın affına kavuşabiliriz. Elçi Yuhanna'nın yazdığı gibi, "Oğlu İsa'nın kanı bizi her günahtan arındırır" (1. Yuhanna 1:7). Eğer günahtan arınırsak, günahın bizim üzerimizde hiçbir gücü kalmaz. Elçi Pavlus'un yazdığı gibi, bizler "O' nun kanıyla aklandık" (Romalılar 5:9). Demek ki Tanrı'nın gözünde bizler artık 'doğru' oluyoruz. Bizler tövbe edip Mesih'e döndüğümüz zaman O'nunla birlikte gömülmüş, O'nunla özdeşleşmiş oluyoruz. O zaman Şeytan'ın hukuki bir suçlama getiremeyeceği kişilere dönüşüyoruz. "Günahlarımız örtüldüğü" için, Şeytan'ın tutunacağı hiçbir yönümüz kalmıyor (Romalılar 4:7). O'nun bize yönelttiği suçlayıcı iddialardan özgür oluyoruz.

Bu gerçek, pratikte nasıl işlev görür? Eğer bir kişinin sürekli yalan söyleme alışkanlığı varsa, Tanrı'nın gözünde yalanın yanlış olduğunu kabul etmesi, bunu itiraf etmesi, yalancılıktan tövbe etmesi ve İsa Mesih aracılığıyla bağışlandığından emin olması gereklidir. Bunu yaptıktan sonra, yalan söyleme eylemi de bizzat reddedilip terk edilir. Öte yandan bir kişi yalan söylemekten hoşlanıyor, bunu yararlı buluyor, bırakmayı hiç düşünmüyor, yalancılıktan kurtulmanın boş olduğuna inanıyorsa, Şeytan bu dayanağı o kişiye karşı kullanacaktır.

Bizler tövbe ederek, günahımızı reddederek ve İsa Mesih'in çarmıhına güvenerek günaha kapıyı kapatmış oluruz. Böylelikle Şeytan'a, günahlarımızı bize karşı kullanma hakkını vermemiş oluruz.

Bağışlamama

Şeytan'ın bizlere karşı kullanmaktan zevk aldığı başka bir strateji, insanları bağışlamamaktır. İnsanları bağışlamak, İsa Mesih'in sık sık öğretiş verdiği bir konudur. Başkalarını bağışlamadığımız taktirde Tanrı'nın da bizi bağışlamayacağını söylemiştir (Markos 11:25-26; Matta 6:14-15).

Bağışlamamak bizi, bir kişinin yaptığı kötülüğe ya da acı verici bir olaya bağlar. Bu da Şeytan'ın bize karşı bir dayanağa, yani hukuki bir hakka sahip olmasını sağlar. Elçi Pavlus, Korintlilere yazdığı ikinci mektupta bundan söz ediyor:

> Kimi bağışlarsanız, ben de onu bağışlarım. Eğer bir şeyi bağışladımsa, bunu sizin için Mesih'in önünde bağışladım. Öyle ki, Şeytan'ın oyununa gelmeyelim. Çünkü onun düzenlerini bilmez değiliz. (2. Korintliler 2:10-11)

Bizim insanları bağışlamamamız, neden Şeytan'ın bizi kurnazca alt etmesine sebep oluyor? Çünkü bağışlamamayı bize karşı bir dayanak olarak kullanıyor. Eğer Elçi Pavlus'un dediği gibi, "onun düzenlerini bilmez değilsek", o zaman bağışlama yoluna giderek bu dayanağı kaldırmamız gerektiğini biliriz.

Bağışlamanın üç boyutu vardır: insanları bağışlamak, Tanrı'nın affını kabul etmek, ve bazen kendimizi bağışlamak. Çarmıh simgesi, bu üç boyutu hatırlamamıza yardımcı olur. Yatay çizgi, başkalarını bağışlamayı hatırlatır. Dikey çizgi, Tanrı'nın affını kabul etmeyi hatırlatır. Daire ise kendimizi bağışlamayı hatırlatır.[4]

Bir kişiyi bağışlamak, onun yaptıklarını unutmak ya da bunlara mazeret bulmak demek değildir. O kişiye güvenmek anlamına da gelmez. İnsanları bağışlamak, onları Tanrı'nın huzurunda suçlama hakkımızdan vazgeçmek demektir. Bize kötülük yapan kişileri, onlara karşı hak talebinden serbest bırakırız. Onları adaletle yargılayan Tanrı'ya teslim eder, konuyu da O'na bırakırız. Bağışlamak bir duygu değildir; karardır.

Tanrı'nın affını almak kadar vermek de önemlidir, çünkü bağışlandığımızı bildiğimiz için bunun bizim üzerimizde çok büyük bir etkisi vardır (Efesliler 4:32).

Bu eğitim rehberinin sonundaki Ek Kaynaklarda 'Bağışlama Duası' vardır.

Can yaraları

Dayanağın nedeni, insan canında açılmış bir yara olabilir. Can yaraları, bedensel yaralardan daha fazla acı verebilir. Ayrıca fiziksel bir yara aldığımız zaman canımız da yaralanabilir. Bir kişinin travmatik ve dehşet verici bir saldırıya maruz kaldığını düşünün. Bundan sonra uzun bir süre korkunun etkisiyle acı çekecektir. Şeytan o korkuyu kullanarak kişiyi daha fazla korkuya tutsak edip bağlayacaktır.

Bir keresinde İslamiyet'le ilgili öğretiş verirken[5], aralarında Müslümanların da olduğu insanlar tarafından on yıl önce travmatik bir saldırıya maruz kalmış Güney Afrikalı bir kadın yanıma yaklaştı. Bu kadının ailesi, yerel okulun ricasıyla, İslamiyet'i terk ettiklerini öne süren iki erkeği kendi evlerinde ağırlamış. Bu son derece zor ve acı verici olayların başlangıcı olmuş. Konuklar kendisine ve ailesine sürekli saldırganlık yapıp alay ediyorlarmış. Kadını alıp duvarlara vuruyor, ona 'domuz' diye sesleniyor, beddualar ediyor ve hatta gelip geçerken yüzüne tükürüyorlarmış. Kadın evin çeşitli yerlerinde Arapça lanetler yazan küçük kâğıt parçaları bulmuş. Bu aile,

4. Chester ve Betsy Klystra'dan Çarmıhta Bağışlanma, *Restoring the Foundations,* syf. 98.
5. Mark Durie, bu derslerin yazarı.

kiliselerinden yardım istemiş ama onlara kimse inanmamış. Aile en sonunda konukların kalabileceği bir yer kiralayarak onlardan kurtulmaya çalışmış. Kadın şöyle yazmıştı: "O günlerde parasal, ruhsal, duygusal ve fiziksel yönden çökmüş, dibe vurmuştuk. Artık kendime güvenim kalmamıştı. Hiçbir işe yaramadığımı düşünüyordum çünkü bana pislikmişim gibi davranıyorlardı." Kadın benim İslami tutsaklıklar hakkındaki öğretişimi dinledikten sonra, kendisini esir alan korkularla ve kuşkularla yüzleşerek onları reddetti. Travmatik yaraların iyileşmesi için birlikte dua ettik, gözdağını reddettik. Kadın harika bir şekilde şifaya kavuştu ve şöyle dedi: "Bu göksel lütfu için Rab'be şükrediyorum... Rahatladığımı ve Rab'be bir kadın olarak hizmet etmeye layık olduğumu hissediyorum. Rab'be hamdolsun!" Daha sonra bana şu sözleri yazdı:

> Biz Rab'be hizmet ediyoruz, O'nu eskisinden daha çok seviyoruz. Müslüman kültürü ve inançları hakkında çok şey öğrendik ve daha çok güçlendik. Müslümanları Rab'bin sevgisiyle sevdiğimizi söyleyebilirim. Onlara hayatlarımız aracılığıyla İsa'nın her birini ne kadar çok sevdiğini göstermekten vazgeçmeyeceğiz.

İnsanlar can yaraları aldıkları zaman Şeytan bu yaraları yalanlarla deşmeye çalışır. Yalanlar doğru değildir; ama acı hissi gerçek olduğundan insanların onlara inanmaları mümkündür. Bu kadın kendisinin değersiz olduğu ve hiçbir işe yaramadığı yalanına inanıyordu.

Bu yalanlardan özgür olmak için uygulayabileceğimiz beş adım var:

1. İlkönce kişinin yüreğini Rab'be dökmesini isteyin. Acıları hakkında neler hissettiğini Rab'be söyleyebilsin.
2. Ardından travmayı iyileştirmesi için İsa Mesih'e dua edin.
3. Kendisini yaralayanları bağışlaması için kişiyi yönlendirebilirsiniz.
4. Kişi korkuyu ve travmanın diğer zararlı etkilerini reddederek Tanrı'ya güvendiğini ilan edebilir.
5. Kişi yaradan ötürü inanmış olduğu yalanları itiraf ederek bunları reddedebilir.

Bu adımlardan sonra Şeytan'ın saldırılarına çok daha başarılı bir şekilde karşı koymak mümkündür; çünkü artık dayanağı ortadan kalkmıştır.

Sözler

Sözler çok güçlü olabilirler. Sözlerimizi kullanarak kendimizi ve başkalarını hapsedebiliriz. Bu nedenle Şeytan, sözlerimizi bize karşı kullanmaya çalışır. İsa Mesih şöyle dedi:

> Size şunu söyleyeyim, insanlar söyledikleri her boş söz için yargı günü hesap verecekler. Kendi sözlerinizle aklanacak, yine kendi sözlerinizle suçlu çıkarılacaksınız." (Matta 12:36-37)

İsa Mesih sözlerimizi, insanlara beddua etmek için değil kutsamak için kullanmamızı öğretti: "Düşmanlarınızı sevin, sizden nefret edenlere iyilik yapın, size lanet edenler için iyilik dileyin, size hakaret edenler için dua edin." (Luka 6:27-28).

İsa Mesih'in, sözlerimizi dikkatlice kullanmakla ilgili uyarısı, bütün konuşmalarımız için geçerlidir. Kendimizi bağladığımız yeminler, vaatler ve sözlü antlaşmalar da bunlara dâhildir. İsa Mesih'in, ant içmekle ilgili sözleri üzerinde düşünelim:

> Oysa ben size diyorum ki, hiç ant içmeyin: Ne gök üzerine, çünkü orası Tanrı'nın tahtıdır; ne yer üzerine, çünkü orası O'nun ayak taburesidir; ne de Yeruşalim üzerine, çünkü orası Büyük Kral'ın kentidir… 'Evet'iniz evet, 'hayır'ınız hayır olsun. Bundan fazlası Şeytan'dandır." (Matta 5:34, 37)

Peki neden ant içmekten kaçınalım? İsa Mesih bunun Şeytan'dan geldiğini söylüyor. Şeytan bizim ant içmemizi istiyor, çünkü sözlerimizi bize zarar vermek için bize karşı kullanmayı planlıyor. Bunlar bizde ona bir dayanak sağlayarak bizi suçlaması için temel oluşturacaktır. Söylediğimiz sözlerin gücünü anlamamış olsak dahi bu geçerlidir.

O halde bir yemin ettiğimizde, ant içtiğimizde, vaat verdiğimizde ya da sözlü bir antlaşma yaptığımızda (bu antlaşmaya törensel eylemler de dâhil olabilir), bunlar bizi kötü bir yola bağlı kılar. Oysa Tanrı'ya aykırı olan bu yola hiç girmememiz gerekir.

Levililer 5:4-10'da, düşüncesizce ant içen ve kendilerini bu antla bağlayan İsraillilerin ne yapmaları gerektiği açıklanıyor. Bu anttan özgür olmanın bir yolu vardı. Kişi kâhine bir kurban getirmeli, kâhin de günahın kefareti için o kurbanı sunmalıydı. Böylece düşüncesizce ant içen kişi özgür olabilirdi.

Ne mutlu ki bizler, çarmıh sayesinde Tanrı yoluna aykırı vaatlerden, antlardan ve yeminlerden özgür olabiliriz. Kutsal Kitap bize İsa Mesih'in kanının, Habil'in kanından daha üstün bir anlam taşıdığını öğretir:

> Oysa sizler Siyon Dağı'na, yaşayan Tanrı'nın kenti olan göksel Yeruşalim'e... yeni antlaşmanın aracısı olan İsa'ya ve Habil'in kanından daha üstün bir anlam taşıyan serpmelik kana yaklaştınız. (İbraniler 12:22-24)

İsa Mesih'in kanı, söylediğimiz sözlerden ötürü bize karşı etkin olan lanetlerin hepsini ortadan kaldıracak güçtedir. Özellikle korkuyla ve ölümle yaptığımız bütün antlaşmalar, İsa Mesih'in kanıyla tamamen iptal olup ortadan kalkar.

Törensel eylemler: Kan antlaşmalarından özgürlük

Sözcüklerin bizi bağlayan gücünü ele aldık. İbranice ayetler, insanın kendisini kan antlaşmasıyla bağlamasının, standart bir antlaşma yolu olduğunu gösteriyor. Burada sözler, törensel bir eylemle bağlanır.

Tanrı, Yaratılış 15'te İbrahim'le ünlü antlaşmasını yaptığı zaman bunu bir kurbanla geçerli kıldı. İbrahim hayvanı buldu, onu kesti ve parçalarını yere serdi. Sonra, Tanrı'nın huzurunu ve katılımını temsil eden dumanlı bir ateş, hayvan parçalarının arasından geçti. Bu tören, "eğer ben bu antlaşmayı bozarsam, şu hayvan gibi olayım", yani "ölüp parçalara ayrılayım" gibi bir laneti etkin kılmıştır.

Tanrı'nın, Yeremya peygamber aracılığıyla verdiği uyarıda bunu görmek mümkündür.

> "Antlaşmamı bozan, danayı ikiye ayırıp parçaları arasından geçerek önümde yaptıkları antlaşmanın koşullarını yerine getirmeyen bu adamları -Yahuda ve Yeruşalim önderlerini, saray görevlilerini, kâhinleri ve dana parçalarının arasından geçen

bütün ülke halkını- can düşmanlarının eline teslim edeceğim. Cesetleri yırtıcı kuşlara, yabanıl hayvanlara yem olacak" (Yeremya 34:18-20).

Büyücülüğe katılım törenleri, kan kurbanı aracılığıyla başlatılan bir antlaşmayla insanları bağlar. Bu tür törenlerde, gerçek kanla olmasa da temsili kan aracılığıyla ölüme davet verilir. Örneğin, kişi, bizzat kendisinin mahvoluşuyla ilgili beddualar eder. Boynuna ölümü temsil eden bir halka takılır. Kişi bir tabuta konularak ya da temsili olarak kalbinden bıçaklanarak ölüm etkin kılınmış olur. (Daha sonra İslamiyet'teki böyle bir törenin örneğini vereceğiz.)

Temsili ölüm törenleri de dâhil olmak üzere kan antlaşmaları, kişinin ve bazen soyunun üzerine ölüm lanetini davet eder. Bu ruhsal yönden tehlikelidir çünkü bu tür törenler, ruhsal azabın kapılarını açar. Önce kişiyi antlaşmanın şartlarına bağlar, sonra antlaşmanın lanetlerinin gerçekleşmesi için kişinin ölmesine ya da öldürülmesine neden olacak ruhsal izni oluşturur.

Kuşaklar boyunca İslami hâkimiyet altında kalmış Hristiyan toplumun üyesi bir kadın, kabuslarla boğuşuyordu. Ölü akrabaları, rüyalarına girerek onu ölüler diyarına gelmesi için çağırıp duruyorlardı. Kadın aynı zamanda hiçbir açıklaması olmayan mantık dışı intihar düşünceleriyle mücadele ediyordu. Onunla konuşurken ve dua ederken, geçmiş kuşaklardaki aile üyelerinin, onları çok rahatsız eden ve açıklanamayan ölüm kabuslarıyla yaşadıkları ortaya çıktı. Kadının ataları, İslami hakimiyet altında yaşadıkları ve teslimiyet gerektiren *zimmet* antlaşmasına tabi oldukları için kadın ölüm korkusuyla azap çekiyordu. Onun Hristiyan erkek ataları, *zimmet* şartları uyarınca her yıl Müslümanlara *cizye* vergisi ödemek için belli bir âdete tabi tutulurdu. Bu âdet doğrultusunda, İslamiyet'e teslimiyet şartlarını çiğnedikleri taktirde kafalarının kesileceğini temsilen boyunlarının yan tarafına vurma işareti yapılırdı. (Ders 6'da bu törene değineceğiz.) Ben kadınla birlikte buna karşı dua ettim, ölümün gücünü azarladım ve bu kafa kesme törenine bağlı olan ölüm lanetini iptal ettim. Âdetin gücünü kıran bu dualardan sonra, kadın kabuslardan ve ölüm düşüncelerinden özgür olup büyük bir rahata kavuştu.

Tanrı yoluna aykırı inançlar (yalanlar)

Şeytan'ın bize karşı kullandığı stratejilerden biri bizi yalanlara boğmaktır. Bu yalanları kabul edip inandığımızda, bunları bizi suçlamak, kafamızı karıştırmak ve aldatmak için kullanabilir. Şeytan'ın bir yalancı ve yalanların babası olduğunu asla unutmayın (Yuhanna 8:44). (Güney Afrikalı kadınla ilgili önceki öyküde, kadının değersiz olduğu yalanı söz konusuydu.)

Bizler İsa Mesih'in olgun öğrencileri olma yolunda gelişim gösterirken daha önce gerçek diye kabul ettiğimiz yalanları tespit ederek bunları reddetmeyi öğreniriz. Bu yalanlar ya da Tanrı yoluna aykırı inançlar, hayatlarımızda farklı şekillerde ortaya çıkabilirler. Söylediğimiz, düşündüğümüz, inandığımız şeylerin yanı sıra, kendi kendimize yaptığımız konuşmalarda, yani bizi dinleyen kimse yokken kendi düşüncelerimizde ve kendimize söylediğimiz şeylerde belli olurlar. Tanrı yoluna aykırı inançların bazı örnekleri şöyledir:

- "Beni kimse sevemez."
- "İnsanlar değişemez."
- "Asla güvende olmayacağım."
- "Bende kökten yanlış olan bir şey var."
- "İnsanlar benim gerçekte ne olduğumu öğrenirlerse, beni reddederler."
- "Tanrı beni asla bağışlamayacak."

Bazı yalanlar, toplumsal kültürümüzün bir parçası olabilir, örneğin "Kadınlar zayıftır" ya da "Erkeklere güvenilmez" gibi. Ben İngiliz (Anglo-Sakson) kültüründen geliyorum ve benim kültürümün bir yalanı, erkeklerin duygularını göstermelerinin yanlış olduğudur. Hatta "Erkek adam ağlamaz" diye İngilizce bir deyiş vardır. İnsanlar ağlamak yerine "dudağını ısır" derler. Ama bu doğru değildir: bazen erkek adamlar da ağlar!

Mesih'in olgun öğrencileri olma yolunda yürürken, kültürümüzün parçası olan yalanlarla yüzleşmeyi ve onları gerçeklerle değiştirmeyi öğreniriz.

Unutmayın: en mükemmel yalan gerçekmiş *hissi* veren yalandır. Bazen Tanrı yoluna aykırı bir inancı aklımız yanlış kabul eder ama yüreklerimiz onaylar.

İsa Mesih, "Eğer benim sözüme bağlı kalırsanız, gerçekten öğrencilerim olursunuz. Gerçeği bileceksiniz ve gerçek sizi özgür kılacak" dedi. "Biz İbrahim'in soyundanız" diye karşılık verdiler, "Hiçbir zaman kimseye kölelik etmedik. Nasıl oluyor da sen, 'Özgür olacaksınız' diyorsun?" (Yuhanna 8:31-32).

Kutsal Ruh bizim inandığımız yalanları tespit ederek adlarını koymamıza ve sonra onları reddetmemize yardımcı olur (1. Korintliler 2:14-15). Bizler İsa Mesih'i takip ettikçe ve dünyanın yalanlarını reddetmeyi öğrendikçe, düşüncelerimiz şifa bulacak ve değişecektir. Elçi Pavlus, bu şekilde zihinlerimizi yenileyebileceğimizi açıklıyor:

> Bu çağın gidişine uymayın; bunun yerine, Tanrı'nın iyi, beğenilir ve yetkin isteğinin ne olduğunu ayırt edebilmek için düşüncenizin yenilenmesiyle değişin. (Romalılar 12:2)

Ne yazık ki yalanlar, Şeytan'a bir dayanak sağlayabilir. Ne mutlu ki bu yalanların karşısına gerçekleri koyarak o dayanaklardan kurtulabiliriz. Gerçeği ayırt ettikten sonra, kabul etmiş olduğumuz yalanları itiraf ederek ve reddederek terk edebiliriz.

Bu eğitim rehberinin Ek Kaynaklar kısmında, yalanlarla mücadele etmek için bir dua vardır.

Soyacağından gelen günahlar ve neden oldukları lanetler

Şeytan'ın bize karşı kullandığı başka bir strateji, soyacağından gelen günahtır: Bunlar atalarımızın günahlarıdır ve bizi kötü yönde etkileyecek lanetlere neden olur.

Hepimiz belli bir günahın ya da kötü karakterin, bir kuşaktan diğerine aktarıldığı ailelere tanık olmuşuzdur. Bunu ifade eden bir atasözü var: "Armut dibine düşermiş" derler. Aileler kendi soylarını etkisi altına alacak ve Şeytan'a kapı açacak ruhsal bir miras bırakabilirler. Ruhsal azap birçok kuşağı etkisi altına alabilir, bir kuşak diğerini kendi günahlarıyla bağlayabilir, bunların doğurduğu lanetler, kötülükleri kuşaktan kuşağa aktarabilir.

Bazı Hristiyanlar, soyağacından gelen ruhsal tutsaklığı kabul etmiyor ya da akıl dışı buluyor. Her şeyi ana babanın davranışlarının çocuklar üzerindeki etkilerine bağlıyorlar. Örneğin, eğer baba yalancıysa, çocuklar da ona benziyor ve yalan söylemeyi öğreniyor. Eğer anne çocuğa beddua ediyorsa, çocuk da bunun sonucunda zayıf bir öz değere sahip oluyor. Buna 'öğrenilen davranış' deniliyor. Ama bundan ayrı olarak, ana babanın çocuklarına aktardığı ruhsal bir miras da vardır.

Kutsal Kitap'ın antlaşmalar, lanetler ve bereketlerle ilgili olarak bütün dünya görüşü bu anlayışla uyum içindedir. Kutsal Kitap Tanrı'nın, İsrail halkıyla nasıl bir antlaşma yaptığını, onları kuşaktan kuşağa geçen bir toplum olarak gördüğünü, onlara böyle muamele ettiğini, onları hem kendileri hem de soyları üzerinde etkili olacak bereketlerden ve lanetlerden (bereketi binlerce kuşağa, lanetleri üçüncü ya da dördüncü kuşağa kadar) oluşan bir sisteme nasıl bağlı kıldığını tanımlıyor (Çıkış 20:5; 34:7).

Tanrı insanlarla kuşaktan kuşağa aktarılan bir çerçeve içerisinde ilişki kurduğu için Şeytan'ın da insanlığa kuşaklar arası hak taleplerinde bulunduğunu anlamak kesinlikle kolaydır! Şeytan'ın bizleri gece gündüz Tanrımızın önünde suçladığını, adının suçlayıcı olduğunu, bize karşı eline ne geçerse kullandığını unutmayın (Vahiy 12:10). Bizleri atalarımızın günahlarından ötürü suçlamaktadır ve suçlayacaktır. Örneğin Adem ve Havva'nın günahları, onların soyunu sancılı doğum (Yaratılış 3:16), erkeklerin kadınlara hâkimiyeti (Yaratılış 3:16), yaşamak için emek vermek (Yaratılış 3:17-18) ve en sonunda ölüm ve çürümeye tabi olmak (Yaratılış 3:19) gibi kuşaklar arası lanetlere maruz bıraktı. "Bu karanlık çağ" böyle işlev görmektedir. Şeytan bunu biliyor ve bize karşı kullanıyor.

Kutsal Kitap bu durumun değişeceğine dair bildiride bulunuyor. Tanrı insanları ana babalarının günahlarından ötürü değil kendi günahlarından ötürü sorumlu tutacaktır:

> "Ama siz, 'Oğul neden babasının işlediği suçlardan sorumlu tutulmasın? dersiniz. Bu oğul adil ve doğru olanı yapmış, bütün kurallarımı dikkatle izlemiştir. Böyle biri kesinlikle yaşayacaktır. Ölecek olan günah işleyen kişidir. Oğul babasının

suçundan sorumlu tutulamaz, baba da oğlunun suçundan sorumlu tutulamaz. Doğru kişi doğruluğunun, kötü kişi kötülüğünün karşılığını alacaktır." (Hezekiel 18:19-20)

Bu metin Mesih'in çağıyla, yani İsa Mesih'in egemenliğiyle ilgili bir peygamberlik olarak anlaşılmalıdır. Şeytan'ın hâkimiyeti altındaki "bu karanlık dünyada" köklü bir değişiklik değildir bu; ama Tanrı'nın biricik Oğlu'nun egemenliğinin gelişiyle değişecek olan farklı bir dünyanın vaadi ve habercisidir. Tanrı her insana yeni bir antlaşmanın altında onun kendi günahlarına göre davranacak; Şeytan'ın insanları ana babalarının ve atalarının günahları aracılığıyla tutsak kılma gücü, İsa Mesih'in ölümüyle ve dirilişinin gücüyle kırılacaktır.

"Günaha ve ölüme" dayalı eski yasanın antlaşması, bir kuşaktan diğerine geçen günahlardan söz ediyordu. Ancak Şeytan'ın, insanları ana babalarının günahlarıyla bağlayıp hak talep ettiği bu eski yasa, İsa Mesih tarafından çarmıh aracılığıyla geçersiz kılındı. Hristiyanların gönül rahatlığıyla kendileri için hak talep edebilecekleri bir özgürlüktür bu.

O halde soyacağından gelen lanetlerden nasıl özgür olabiliriz? Bunun cevabı Kutsal Kitap'tadır. Tevrat'a göre yeni kuşaklar, atalarının günahlarının etkisinden özgür olmak için kendi suçlarını ve atalarının suçlarını itiraf etmelidirler (Levililer 26:40). O zaman Tanrı, onların atalarıyla yaptığı antlaşmayı hatırlayacak, onları ve ülkelerini iyileştirecektir (Levililer 26:45).

Biz de aynı stratejiyi kullanabiliriz:

- Kendimizin ve atalarımızın günahlarını itiraf edebiliriz,
- Bu günahları reddedip terk edebiliriz ve sonra
- Bu günahların neden olduğu bütün lanetleri iptal edebiliriz.

İsa Mesih'in çarmıhından ötürü bizim bunları yapacak yetkimiz var. Çarmıh bizi her lanetten özgür kılacak güce sahiptir: "...Mesih bizim için lanetlenerek bizi Yasa'nın lanetinden kurtardı...." (Galatyalılar 3:13)

Bu eğitim rehberinin Ek Kaynaklar kısmında, 'Soyacağından Gelen Günah için bir Dua' var.

Sonraki kısımlarda, Mesih'teki yetkimizi ele alacak ve bu yetkiyi içinde bulunduğumuz durumlara nasıl uygulayabileceğimize bakacağız. Ayrıca Şeytan'ın stratejilerini yenmenin beş adımını tanımlayacağız.

Egemenlik yetkimiz

İsa Mesih öğrencilerine gökte ve yerde, hem ruhsal hem de fiziksel dünyada bağlama ve çözme yetkisine sahip olduklarını söyledi:

> "Size doğrusunu söyleyeyim, yeryüzünde bağlayacağınız her şey gökte de bağlanmış olacak. Yeryüzünde çözeceğiniz her şey gökte de çözülmüş olacak. (Matta 18:18; ayrıca bkz. 16:19)

Şeytan üzerindeki yetki vaadi, Kutsal Kitap'ın başında, Yaratılış 3:15'te ilan edilmiş, kadının soyunun yılanın başını ezeceği bildirilmiştir. Elçi Pavlus da bundan söz etmektedir: "Esenlik veren Tanrı çok geçmeden Şeytan'ı ayaklarınızın altında ezecektir. Rabbimiz İsa'nın lütfu sizinle birlikte olsun" (Romalılar 16:20).

İsa Mesih önce on iki öğrencisini, sonra da yetmiş ikileri gönderirken onlara Tanrı'nın Egemenliğini duyurmak ve cinleri kovmak için yetki verdi (Luka 9:1). Daha sonra geri dönen öğrenciler, bu yetkiyle ilgili hayretlerini ifade ettiler: "Ya Rab" dediler, "Senin adını andığımızda cinler bile bize boyun eğiyor." İsa onlara şöyle dedi: "Şeytan'ın gökten yıldırım gibi düştüğünü gördüm." (Luka 10:18-18).

Hristiyanların, Şeytan'ın stratejilerini bozguna uğratma ve mahvetme yetkisine sahip olduklarını bilmek harika bir tesellidir. İmanlılar Tanrı yoluna aykırı antları ve yeminleri iptal edip ortadan kaldırma yetkisine sahiptirler çünkü Mesih'in kanıyla yapılan antlaşma, kötü amaçlarla yapılan her antlaşmanın gücünü iptal eder. Zekeriya kitabında Mesih'le ilgili peygamberliklerin içerdiği vaat budur:

> Size gelince, Sizinle yaptığım kurban kanıyla yürürlüğe girmiş antlaşma uyarınca, sürgündeki halkınızı susuz çukurdan çıkarıp özgür kılacağım. (Zekeriya 9:11)

Netlik ve Belirlilik ilkesi

Özgürleşme yolunda yürürken Tanrı yoluna aykırı kapılarla ve dayanaklarla mücadele ederek onları etkisizleştirmek için belirli eylemler gereklidir. Eski Antlaşma, putların ve onlara tapınma yerlerinin tamamen yok edilmesi gerektiğini buyurur. Putlara ait ruhsal alanların nasıl ortadan kaldırılması gerektiği Yasa'nın Tekrarı 12:1-3'te belirtilir. İlahların yüksek yerlerdeki tapınma yerleri, tören alanları, putları, sunakları ve dikili taşları tamamen yok edilmelidir.

Kişinin, kendi günahlarını itiraf ederken onları tek tek, belirli sözcüklerle dile getirip sıralaması iyi ve yararlı olur. Aynı şekilde ruhsal özgürlüğümüzü talep ederken yine belirli ifadeler kullanmalıyız. Böylelikle Tanrı'nın gerçeğinin ışığının, bağışlama gereken her alanda parlamasını sağlayabiliriz. Tanrı yoluna aykırı antlaşmalar, şartları ve sonuçlarıyla birlikte teker teker ifade edilip sıralanmalıdır. Bunların net ve belirli olmaları gerekir. Genel olarak, Şeytan'ın kullandığı strateji ne kadar güçlüyse, biz de onun gücünü kırmak için o kadar net ve belirli bir dille konuşmalıyız.

Bizler kendi sözlerimizle ve eylemlerimizle bizzat oluşturduğumuz Tanrı yoluna aykırı bağlardan özgür olmayı seçtiğimiz zaman bu *belirlilik ilkesi* geçerli olur. Örneğin, kan kurbanı sunarak kendisini sessizlik yeminiyle bağlayan bir kişi, bu âdetten kati bir tövbeyle dönerek yemini açık ve net bir dille geçersiz kılmalıdır. Benzer şekilde, geçmişte, "Bir daha hayatta bağışlamam, asla affetmem" gibi sözler eden ve bağışlama güçlüğü çeken bir kişinin, bu yeminden tövbe etmesi, bu kararından dönmesi ve böyle şeyler söylediği için Tanrı'nın affına sığınması gereklidir. Bir saldırı ya da ölüm tehlikesi karşısında sessiz kalmaya razı olan bir cinsel taciz kurbanının, özgürlüğüne kavuşabilmesi için sessizlik yeminini bozması gerekir. Örneğin, "Bana yapılan şeyler hakkında sessiz kalma kararımı bozuyorum ve sesimi duyurma hakkımı talep ediyorum."

Susan isimli bir kadın sevdiği birkaç insanı, babasını, annesini ve kocasını kaybetmişti. Eğer birini severse, onu kaybedeceğinden korkuyordu. Bu nedenle, "Bir daha kimseyi sevmeyeceğim" diyerek kendisini bir yeminle bağladı. O andan itibaren insanlara karşı amansız ve düşmanca davranmaya başladı. Kendisine yaklaşan insanlara küfür ve bedduayla karşılık veriyordu. Ama seksenli yaşlarında İsa Mesih'i kabul etti ve bir kiliseye katıldı. Bu ona umut verdi ve elli yıllık sevmeme yeminini bozmasını sağladı. Korkudan özgür bir şekilde kilisedeki kadınlarla derin ve güzel dostluklar kurdu. Şeytan'ın onun hayatındaki dayanağı yıkıldığı için hayatı tümüyle değişti.

Beş özgürlük adımı

Şeytan'ın bize yönelik stratejilerine karşı koymak ve bunları yok etmek için kullanılabilecek beş adımdan oluşan basit bir hizmet modelini şöyle sunabiliriz.

1. İtiraf ve Tövbe

İlk adım günahımızı itiraf etmek ve Tanrı'nın bu konudaki gerçeğini ilan etmektir. Örneğin, eğer Tanrı yoluna aykırı bir inancınız varsa, bunu bir günah olarak net bir dille itiraf edebilir, Tanrı'nın affını dileyebilir ve günahtan tövbe edebilirsiniz. Tanrı'nın bu durumla ilgili gerçeğini de ilan edebilirsiniz.

2. Reddetmek

Sonraki adım, reddetmektir. Bunun anlamı, artık bu günahlı tutumu desteklemediğinizi, buna inanmadığınızı, aynı fikirde olmadığınızı ve bununla hiçbir bağlantınız kalmadığını açıkça ilan etmektir. Örneğin, Tanrı yoluna aykırı bir âdete dâhil olduysanız, bunu reddettiğiniz zaman buna tümüyle son verdiğinizi ifade etmiş olursunuz. Daha önce açıkladığımız gibi, bunu net ve belirli bir şekilde reddetmeniz önemlidir.

3. Kırmak

Bu adım ruhsal dünyada bir şeyin gücünü kırma yetkisidir. Örneğin hayatınızda bir lanet varsa, "Bu laneti kırıyorum" diyerek ilan edebilirsiniz. İsa Mesih'in öğrencilerine, "düşmanın bütün gücünü alt etme" yetkisi verilmiştir (Luka 10:19). Aynı şekilde, kırma yetkisi net ve belirli bir şekilde ifade edilmelidir.

4. Kovmak

Cinler bir kişiye eziyet etmek için bir dayanaktan ya da açık bir kapıdan istifade etmişlerse, itiraf, reddetme ve kırma yoluyla dayanakları ve açık kapıları ortadan kaldırdıktan sonra cinlere o kişiyi terk etmelerini buyurmalısınız.

5. Kutsama ve doldurma

Son adım, kişiyi kutsamak ve Tanrı'nın onu her iyilikle doldurması için dua etmek, ona eziyet eden ne varsa Tanrı'dan onun aksini dilemektir. Örneğin, ölüm korkusuyla mücadele eden bir kişiyi yaşamla ve cesaretle kutsamak gerekir.

Bu beş adım, her türlü tutsaklık için kullanılabilir ama burada bizim odak noktamız İslamiyet'ten özgürlüktür. Dolayısıyla sonraki derslerde, insanları İslamiyet'in tutsaklığından özgür kılmak için bu adımları nasıl kullanabileceğimizi öğreneceğiz.

Çalışma Rehberi

Ders 2

Söz Dağarcığı

reddetmek
özgürlük
Mesih
Şeytan
Tanrı'nın Egemenliği
Bu karanlık çağ
Roma zaferi
Açık kapılar
dayanaklar
topos
yasal haklar
Bağışlama
Çarmıh
yemin
kan antlaşması
cizye
Kendi kendine konuşma
Gerçekle karşılaşma
can yaraları
soyağacından gelen günah
ruhsal miras
kuşaktan kuşağa
belirlilik ilkesi

Yeni Adlar

- Rahip J. L. Houlden: Trinity Üniversitesi Araştırmacısı Oxford (d. 1929)
- Rahip J. H. Bernard: İrlandalı Anglikan Piskopos (1860-1927)
- D. A. Carson: İncil Profesörü (d. 1946)

Bu dersteki ayetler

Romalılar 8:21
Yeşaya 61:1-2
Luka 4:18-21
Yuhanna 10:10; 8:44
Koloseliler 1:13
Yuhanna 12:31
2 Korintliler 4:4
Efesliler 2:2
1 Yuhanna 5:19
Efesliler 6:12
Filipililer 2:15
Elçilerin İşleri 26:18
Koloseliler 1:12-13
Markos 1:15
Luka 10:18
Koloseliler 2:13-15
Efesliler 6:18
1 Petrus 5:8
Vahiy 12:10
Mezmur 109:6-7
Zekarya 3:1-3
Eyüp 1:9-11
2 Korintliler 2:11
Efesliler 4:26-27
Yuhanna 14:30-31; 5:19
Markos 11:25-26
Matta 6:14-15
2 Korintliler 2:10-11
Efesliler 4:32
Matta 12:36-37
Luka 6:27-28
Matta 5:34, 37
Levililer 5:4-10
İbraniler 12:22-24
Yaratılış 15
Yeremya 34:18-20
Yuhanna 8:31-32
1 Korintliler 2:14-15
Romalılar 12:2
Mısır'dan Çıkış 20:5; 34:7
Vahiy 12:10
Yaratılış 3:16-19
Hezekiel 18:19-20
Levililer 26:40, 45
Galatyalılar 3:13
Matta 18:18
Matta 16:19
Yaratılış 3:15
Romalılar 16:20
Luka 10:17-18

1 Yuhanna 1:7

Romalılar 5:9; 4:7

Zekeriya 9:11

Çölde Sayım 12:1-3

Ders 2 soruları

- Durum çalışması hakkında söyleşin.

1. İslamiyet'i reddetmek için dua etmeye çalışan Rıza'yı şaşırtan ne oldu?

2. Dua etmeyi başardıktan sonra Rıza'nın hayatında neler değişti?

İsa Mesih Öğretmeye Başlıyor

3. Her Hristiyanın doğum hakkı nedir?

4. İsa Mesih halk arasındaki öğretişine nerede başladı?

5. İsa Mesih hangi vaadi yerine getirmeye geldiğini söyledi?

6. İsa Mesih insanları nelerden özgür kıldı?

Seçme zamanı

7. Bir mahkûmun cezaevi kapısı açık bırakılmıştır. Eğer mahkûm **özgürlüğüne** kavuşmak istiyorsa, ne yapması gerekir? Bu bize ruhsal **özgürlüğümüz** hakkında neler söylüyor?

Şeytan ve hükümranlığı

8. Şeytan'ın bazı unvanları nelerdir ve bunlar bize neler öğretir?

9. Durie, Yuhanna 12:31'e ve sıralanan diğer ayetlere dayanarak Şeytan'ın sınırlı da olsa nelere sahip olduğunu söylüyor?

10. Durie, İslamiyet'te neleri değerlendirmemiz gerektiğini ifade ediyor?

Büyük Aktarım

11. Koloseliler 1:12-13'e ve **J. L. Houlden'e** göre, insan doğası hangi güce tutsaktır?

12. Elçilerin İşleri 26:18'e göre, insanlar hangi güçlerden kurtulur, özgür kılınır ve serbest bırakılır?

13. Elçi Pavlus'a göre, Tanrı bizi kurtardığı zaman bizde neler olur?

14. Elçi Pavlus, Koloseliler'in ne için şükretmelerini istiyor?

15. Sadakatimizi tümüyle İsa Mesih'e aktarmamızın beş yönü nelerdir?

Savaş

16. Markos 1:15'e ve onunla birlikte sıralanan diğer ayetlere göre Hristiyanlar kendilerini neyle karşı karşıya bulurlar?

17. Her gün kötü güçlerle mücadele eden kiliseye Durie hangi uyarıyı yapıyor?

18. Elçi Pavlus'a göre, bu savaşta Hristiyanlar nelerden emin olabilir?

19. Elçi Pavlus çarmıhın zaferini açıklamak için **Roma zaferi** düşüncesini nasıl kullanıyor?

Suçlayıcı

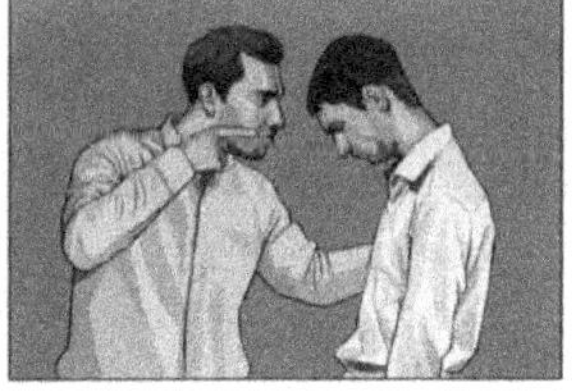

20. İbranice şeytan sözcüğünün anlamı nedir?

21. **Şeytan'ın** faaliyetlerinin ışığında Elçi Petrus ile Pavlus, Hristiyanları ne yapmaları için uyarıyor?

22. Şeytan bizi ne gibi şeylerle suçluyor?

23. Durie'ye göre, Şeytan'ın bizi suçlamak için kullandığı altı strateji nelerdir?

24. Ruhsal özgürlüğe kavuşmak için esas adım nedir?

Açık kapılar ve dayanaklar

25. Durie
    - Açık kapıyı
    - Dayanağı nasıl tanımlıyor?

26. Günahı itiraf ederek reddetmediğimiz taktirde, **Şeytan'a** neleri teslim ederiz?

27. Mesih'in, "onun benim üzerinde hiçbir yetkisi yoktu" ifadesi ne anlama gelir?

28. Şeytan'ın, İsa Mesih'te hak talep etmek için bulamayacağı şey nedir?

29. İsa Mesih'in masum bir kişi olarak çarmıha gerilmiş olması neden önemlidir?

Günah

30. **Açık kapılar** ve **dayanaklarla** ilgili ne yapmamız gerekir?

31. Hayatımızdaki **açık günah kapısını** nasıl kapatırız?

Bağışlamama

32. İsa Mesih'e göre, bağışlanmanın şartı nedir?

33. Bizim insanları bağışlamayı reddetmemiz, Şeytan'ın bizi nasıl kurnazlıkla alt etmesine sebep olur?

34. Bağışlamanın üç boyutu nelerdir?

35. Eğer biz bağışlarsak, bu unutmamız gerektiği anlamına da gelir mi?

Can yaraları

36. Şeytan **can yaralarını** bize karşı nasıl kullanır?

37. Güney Afrikalı kadının, şifa bulmak için ne yapması ve neyi **reddetmesi** gerekiyordu?

38. Eğer **dayanak** bir can yarasıysa, atılması gereken beş adım nelerdir?

Sözler

39. Matta 12'ye göre, Yargı Gününde neyin hesabını vermemiz gerekecek?

40. **Şeytan** neden **ant** içmemizi ister?

41. Ağzımızdan çıkan sözlerin yıkıcı gücünü iptal etme yetkisi nedir?

Törensel eylemler: Kan antlaşmalarından özgürlük

42. İbrahim'in, Yaratılış 15'te Tanrı'yla yaptığı **kan antlaşması**, neye işaret ediyor? (Yeremya 34:18-20'yi de dikkate alın.)

43. **Kan antlaşmaları** neden tehlikelidir?

44. İslamiyet'e tabi olan Hristiyanların, yıllık **cizye** vergisini Müslümanlara ödedikleri zaman boyunlarına yandan vurma işareti neyi temsil ediyordu?

Tanrı yoluna aykırı inançlar (yalanlar)

45. Şeytan'ın bize zarar vermek için uyguladığı belli başlı stratejilerden biri nedir?

46. Durie, Mesih'in olgun öğrencilerinden biri olmak için ne yapmamız gerektiğini söylüyor?

47. Durie'ye göre, İngiliz kültürünün bir parçasını oluşturan yalan nedir?

48. Durie'ye göre, "en mükemmel yalan" nedir?

49. **Şeytan'ın** yalanlarına kapıyı kapatmamızı sağlayan ne gibi eylemler ve nasıl bir tecrübe vardır?

Soyağacından gelen günahlar ve neden oldukları lanetler

50. Durie'ye göre, bir ailede çocuklara genlerin geçmesine benzer bir şekilde, kuşaktan kuşağa geçen ne vardır?

51. Durie'ye göre, bazı insanların yaşadığı ruhsal baskının tamamen açıklanamamasının nedeni nedir?

52. Tanrı, İsrailliler'le bir bütün olarak yaptığı antlaşmanın bir parçası olarak onları hangi sisteme bağladı? (bkz. Çıkış 20:5; 34:7)

53. **Kuşaktan kuşağa** geçen kalıtımın bir örneği olarak, Âdem ve Havva'nın günahı neye sebep oldu? (Bkz. Vahiy 12:10, Yaratılış 3:16-19).

54. Oğulların, babalarının günahlarından sorumlu olmadığına dair Hezekiel 18'deki açıklamaya Durie nasıl karşılık veriyor?

55. **Kuşaktan kuşağa geçen günahın** sonuçlarıyla uğraşmak için atılabilecek 3 adım nelerdir?

Egemenlik yetkimiz

56. Yaratılış 3:15'te insanlığa hangi yetkinin vaadi veriliyor? Matta 16:19'da ve 18:18'de İsa'nın öğrencilerine verilen ve Zekeriya 9:11'in gerçekleştiğini gösteren yetki nedir?

Netlik ve belirlilik yetkisi

57. Eski Antlaşma'da putlarla ilgili buyruk, ruhsal alanlarla mücadele konusunda nasıl bir örnek oluşturuyor? (Bkz. Yas.12:1-3).

58. Yapmış olduğumuz kötü antlaşmaların gücünü kırma ve iptal etme kudretine sahip olan nedir?

59. Durie'ye göre, açık kapılarla ve dayanaklarla mücadele ederken ne gibi eylemlerimiz olmalıdır?

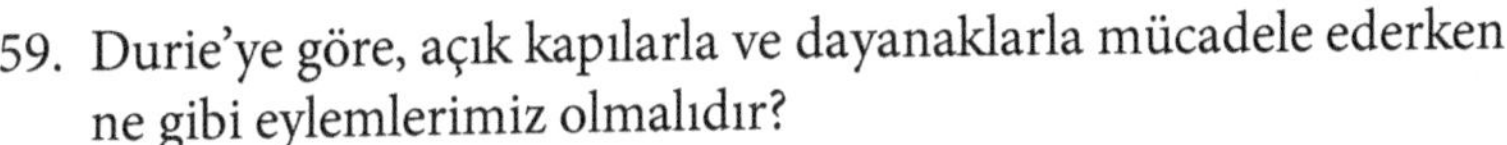

60. Susan'ın içsel yemini neydi? Hayatında ne gibi sonuçlar doğurdu? O yeminden nasıl özgür oldu?

Beş özgürlük adımı

61. Özgürlüğün beş adımı nelerdir? Bunları ezbere sayabilir misiniz?

62. Bir kişinin özgürlüğe kavuşması için neyin itiraf ve ilan edilmesi gereklidir?

63. Durie'ye göre, özgür kılınan bir kişiyi neyle kutsamalısınız?

3

İslamiyet'i Anlamak

"Gerçeği bileceksiniz ve gerçek sizi özgür kılacak."
Yuhanna 8:32

Ders hedefleri

a. Müslüman olurken teslimiyetin rolünü anlamak.

b. Bir Müslüman'ın Allah'a teslimiyetinde Muhammed'in hükümranlık rolünü görebilmek.

c. Müslümanlara hükmeden *şeriat* kanunlarının neden esas oluşturduğunu anlamak.

d. 'Başarmak' ile 'kaybetmenin' Müslüman kanaatlerine nasıl şekil verdiğini görmek.

e. Kur'an'ın açısından dört çeşit insanı tanımlamak.

f. Muhammed'in ve İslamiyet'in, Hristiyanlar ve Yahudiler hakkındaki öğretişlerini anlamak.

g. Hristiyanlar ve Yahudiler için Müslümanların en çok tekrarladığı duanın ne anlama geldiğini görmek.

h. *Şeriat* kanunlarının verdiği hasarı görmek.

i. İslamiyet'te hileye neden izin verildiğini kavramak.

j. Alimlerin koruduğu bir inanç hakkında bilgi edinmeleri için Hristiyanları teşvik etmek.

k. İslami İsa ile tarihteki gerçek İsa Mesih'i ayırt etmek.

Durum çalışması: Siz olsaydınız, ne yapardınız?

Kilisenizdeki bir grupla birlikte bol bol dua ettikten sonra Kutsal Ruh'un sizi, çok sayıda Müslümanın yaşadığı bir bölgede ev kilisesi başlatmanız için yönlendirdiğini hissettiniz. "Esenliksever" (Luka 10:6) bir adamın evinde, ev halkıyla ve komşularla birlikte birkaç ay dikkatlice toplandıktan sonra ev sahibi size, yerel belediye başkanıyla görüşmeye davet edildiğinizi söyledi. Oraya vardığınız zaman bir imam ve birkaç cami ihtiyarı tarafından karşılandınız. Onlarla el sıkıştınız. Onlar sizi, gizli toplantılar yaparak huzuru bozmakla ve peygamberleri Hz. Muhammed'e hakaret etmekle suçladılar. Ev sahibiyle birlikte bu iddiaları güçlü bir şekilde reddettiniz. Daha sonra imam şöyle dedi: "Siz Hristiyanlar, Allah'a inanmıyorsunuz ve O'nun son peygamberi Hz. Muhammed'i reddediyorsunuz. Siz cehenneme gideceksiniz. Allah Müslümanları üstün görüyor ve bizim size hükmetmemiz gerekiyor. Eğer İslamiyet'e boyun eğmezseniz, bizim size karşı koymamız buyrulmuştur ve İsa bile dünyaya döndüğü zaman size karşı savaşacaktır. Toplumunuzdaki savunmasız insanları, tahrif edilmiş dininize döndürmek için zorlamaktan vazgeçmelisiniz." Belediye başkanının dinini bilmiyorsunuz ama bu suçlamaya karşılık vermeniz için size izin verdiğini gösteren bir bakış atıyor.

Nasıl karşılık verirsiniz?

Bu kısımlarda *kelime-i şehadeti* tanıtacağız ve Muhammed'i takip etmeleri için Müslümanları nasıl mecbur ettiğini açıklayacağız.

Nasıl Müslüman olunur

Arapça'da *İslamiyet* sözcüğü, 'teslim olmak' ya da 'boyunduruğa girmek' anlamına gelir. *Müslüman* sözcüğü, teslim olan, Allah'a kendisini teslim eden kişi anlamına gelir.

Peki bu teslimiyetin ve boyunduruğun anlamı nedir? Kur'an'da Allah'ın baskın çıkan tanımı, mutlak yetki sahibi olan ve her şeye hâkim olan efendidir. Bu efendi karşısında yapılacak tek şey, O'nun yetkisine teslim olmaktır.

İslamiyet'e giren bir kişi, Allah'a ve O'nun resulüne teslim olmaya razıdır. Bu rızayı göstermenin yolu, İslamiyet'in akidesi olan *kelime'i şehadeti* okumaktır.

> *Eşhedü en la ilahe illallah ve eşhedü enne Muhammeden abdühü ve resulühü*
>
> Sahitlik ederim ki Allah'tan baska ilâh yoktur ve yine sahitlik ederim ki Muhammed O'nun kulu ve resûlüdür.

Eğer *kelime-i şehadeti* kabul ederseniz ve açıkça okursanız, Müslüman olursunuz.

Şehadet birkaç sözcükten oluştuğu halde, geniş bir anlama sahiptir. Şehadet etmek, Muhammed'i hayat rehberiniz olarak kabul ettiğinize dair bir antlaşma yapmaktır. Müslüman olmak - teslim olmak - hayatın her ayrıntısına rehberlik eden Muhammed'i, Allah'ın en son ve emsalsiz resulü olarak benimsemektir.

Muhammed'in rehberliği iki kaynakta bulunur ve bunlar İslami vahyi oluşturur.

- Kur'an, Muhammed'e Allah tarafından indirilen vahiy kitabıdır.
- Sünnet, Muhammed'in örneğidir ve iki içeriği vardır:
  - öğretişler: Muhammed'in insanlara öğretti şeyler.
  - fiiller: Muhammed'in yaptığı şeyler.

Muhammed'in örneği (*Sünnet*), Müslümanlara iki ana yoldan aktarılmıştır. Bunların ilki *hadislerdir.* Bunlar Muhammed'in yaptığı ve söylediği rivayet olunan ifadelerdir. Diğeri ise, Muhammed'in hayat öyküsünü baştan sona anlattığına inanılan *siyerdir.*

Muhammed'in şahsiyeti

Kelime-i şehadetin boyunduruğu altına giren herkes, Muhammed'in misalini takip etmeli ve onun karakterini örnek almalıdır. Bunun gerekçesi, *şehadetin* ifade ettiği gibi Muhammed'in Allah'ın resulü olduğu inancıdır. *Kelime-i şehadet* getirmekle, Muhammed'in hayat rehberiniz olduğunu kabul eder ve O'nu takip etmeye mecbur olursunuz.

Kur'an, Muhammed'in en iyi örnek olduğunu ifade ederek herkesi onu takip etmekle sorumlu tutar:

> İçinizden Allah'ın lutfuna ve âhiret gününe umut bağlayanlar, Allah'ı çokça ananlar için hiç şüphe yok ki, Resûlullah'ta güzel bir örneklik vardır. (S33:21)
>
> Resûlullah'a itaat eden Allah'a itaat etmiş olur… (S4:80)
>
> Allah ve resulü herhangi bir konuda hüküm verdiklerinde artık mümin bir erkek veya kadın için işlerinde tercih hakları yoktur. Allah'ın ve resulünün emrine itaat etmeyenler doğru yoldan açıkça sapmışlardır. (S33:36)

Kur'an, Muhammed'i takip edenlerin başarılı ve mutlu olacaklarını belirtir:

> Allah'a ve resulüne itaat eden, Allah'a itaatsizlikten korkan, O'na saygısızlıktan korunanlar var ya, işte asıl kazananlar bunlardır! (S24:52)
>
> Kim Allah'a ve peygambere itaat ederse işte onlar, Allah'ın kendilerine lütuflarda bulunduğu peygamberler, sıddıklar, şehidler ve sâlih kişilerle beraberdirler (S4:69)

Muhammed'in buyruğuna ve örneğine karşı gelmek, bu dünyada başarısızlığa, ahirette ise ateşe götürür. Kur'an, Müslümanların üzerine bu lanetlerin geleceğini öngörür:

> Yolun doğrusu kendine apaçık belli olduktan sonra Resûlullah'a karşı çıkan ve müminlerin yolundan başkasını izleyen kimseyi saptığı yönde bırakırız ve onu cehenneme atarız. Orası varılacak ne kötü bir yerdir! (S4:115)
>
> Peygamber size ne vermişse onu alın ve size neyi yasaklamışsa ondan kaçının. Allah'a karşı saygısızlık etmekten sakının. Kuşkusuz Allah cezalandırmada çok çetindir. (S59:7)

Kur'an, Muhammed'i reddeden insanlarla savaşmayı dahi buyurur:

> Ehl-i kitap'tan Allah'a ve âhiret gününe inanmayan, Allah ve resulünün yasakladığını yasak saymayan ve hak dine uymayan

> kimselerle, yenilmiş olarak ve kendi elleriyle cizye verinceye kadar savaşın. (S9:29)
>
> O sırada Rabbin meleklere şunu vahyediyordu: Şüphesiz ben sizinle beraberim, iman edenlerin sebatlarını pekiştirin. Ben inkâr edenlerin kalplerine korku salacağım, artık boyunlarının üzerinden vurun, onların bütün parmaklarına vurun. Şu sebeple ki, onlar Allah ve resulüne karşı geldiler; Allah ve resulüne karşı gelenleri Allah şiddetle cezalandırmaktadır. (S8:12-13)

Peki ama Muhammed, gerçekten örnek alınmaya değer midir? Muhammed'in hayatındaki bazı yönler olumlu, takdire şayan ve hayranlık uyandıran nitelikte olsa da her türlü ahlak standardına aykırı olan şeyler de yapmıştır. Muhammed'in *siyerde* ve *hadislerde* geçen çeşitli fiilleri şok edicidir. Bunların arasında cinayet, işkence, tecavüz, kadın tacizleri, kölelik, hırsızlık, hile ve gayrimüslimlere saldırılar vardır.

Bu fiiller Muhammed'in nasıl bir birey olduğuna dair rahatsız edici delilller sunmakla kalmayıp *kelime-i şehadet* vasıtasıyla bütün Müslümanların takip etmesini gerektiren birer örnek oluşturur. Muhammed'in hayatının, örnek alınacak en iyi emsal olduğu Kur'an'da Allah tarafından bildirildiği için, onun hayatındaki kötü olaylar dahi Müslümanlar tarafından örnek alınacak standartlardır.

Kur'an—Muhammed'in şahsi belgesi

Dindar Müslümanlar Kur'an'ın, Allah tarafından resul Muhammed aracılığıyla insanlığa indirilen harfi harfine mükemmel, yol gösterici vahiy olduğuna inanırlar. Eğer resulü kabul ediyorsanız, onun mesajını da kabul etmeniz gereklidir. Bu nedenle *kelime-i şehadet,* Müslümanları Kur'an'a inanmaya ve itaat etmeye mecbur kılar.

Kur'an'ın nasıl vahiy olduğunu anlamanın yolu, Muhammed ile Kur'an'ın, vücut ile omurga gibi birbirine esastan bağımlı olduğunu düşünmektir. *Sünnet* - Muhammed'in öğretişi ve örneği - vücut, Kur'an ise omurga gibidir. Biri olmadan diğeri ayakta kalamaz. Birini kavramadan diğerini kavrayamazsınız.

İslami *şeriat*—Müslüman olmanın yolu

Müslümanlar Muhammed'in öğretişini ve örneğini takip etmek için Kur'an'a, Şeriat'a ve *Sünnete* bakmalıdır. Ancak bu bilgiler, çoğu Müslümanın erişmesi, anlaması ve kullanması için son derece zor ve karmaşık niteliktedir. İslamiyet'in ilk çağlarında din adamları, Müslümanların çocuğunun, Muhammed'in sünnetini ve Kur'an'ı sistemli ve tutarlı hayat kanunları halinde sınıflandırıp organize edecek az sayıda alime ihtiyaç duyduğunu fark etmişlerdir. Dolayısıyla İslam alimleri, Kur'an'a ve Muhammed'in *sünnetine* dayalı olan *şeriatı*, yani Müslüman hayat tarzını ya da yolunu oluşturmuşlardır.

İslami *şeriata*, Muhammed'in *şeriatı* da denilebilir, çünkü Muhammed'in örneğini ve öğretişini esas almıştır. *Şeriat* sisteminin kuralları hem birey hem de toplum için hayatın tamamını tanımlar. *Şeriat* olmadan İslamiyet olamaz.

Muhammed'in sünneti, *şeriat* hukukunun temelini oluşturduğu için, Muhammed'in *hadislerde* ve *siyerde* geçen fiillerini ve sözlerini anlamak, bunları dikkate almak önemlidir. Muhammed'i bilmemek, şeriatı bilmemektir. Bu da İslami şartlar altında yaşayan ve hayatları İslamiyet'in etkisi altında olan insanların haklarını bilmemektir. *Şeriat* hukuku, Muhammed'in yaptıklarını Müslümanların örnek alarak hareket etmelerini gerektirir. Bu da hem Müslümanların hem de gayrimüslimlerin hayatlarını etkileyen bir durumdur. Muhammed'in hayatıyla günümüzdeki Müslümanların hayatları arasında direkt bir ilişki olmayabilir ama yine de son derece güçlü ve etkili bir bağ vardır.

Şeriatla ilgili olarak dikkate alınması gereken başka bir nokta, parlamentolar tarafından koyulan ve insanların icadı olan kanunların tersine, *şeriatın* tümüyle ilahi bir buyruk olduğunun düşünülmesidir. Bu nedenle, *şeriatın* mükemmel ve değiştirilemez olduğu iddia edilir. Bununla birlikte, bazı esnek alanlar vardır. Müslüman hukukçular, ortaya çıkan yeni şartlar ışığında şeriatın nasıl uygulanması gerektiğine dair çalışmalar yapmaktadır. Ancak bunlar, önceden belirlenmiş, kusursuz ve değişmez olarak görülen bir sistemin sadece kıyısında, köşesinde kalan ayrıntılardır.

Sonraki kısımlarda, Müslümanların diğer insanlardan üstün ve daha başarılı kişiler olduklarına dair İslami öğretiyi inceleyeceğiz.

"Başarıya gelin"

Kuran'a göre, doğru rehberliğin sonucu nedir? Allah'a teslim olan ve O'nun rehberliğini kabul eden kişiler için arzulanan sonuç, hem bu hayatta hem de sonraki hayatta *başarıya* kavuşmaktır. İslamiyet'e davet, başarıya davettir. (Arapça *felah* ifadesi için farklı sözcükler kullanıldığı halde en uygun ve tutarlı anlamı, *başarı* sözcüğüyle ifade edilir.)

Bu başarı çağrısı, *ezana* veya ibadet çağrısına dâhildir. Bu çağrı Müslümanlara günde beş kez tekrarlanır.

> Allah en büyüktür, Allah en büyüktür,
> Allah en büyüktür, Allah en büyüktür.
>
> Allah'tan başka ilah olmadığına şehâdet ederim,
> Allah'tan başka ilah olmadığına şehâdet ederim.
>
> Muhammed'in Allah'ın elçisi olduğuna şehâdet ederim,
> Muhammed'in Allah'ın elçisi olduğuna şehâdet ederim.
>
> Haydin namaza, haydin namaza.
> **Haydin başarıya, haydin başarıya.**
>
> Allah en büyüktür, Allah en büyüktür.
> Allah en büyüktür, Allah en büyüktür.
>
> Allah'tan başka ilah yoktur.

Kur'an, başarının önemine büyük ağırlık verir. İnsanları kazananlar ve kaybedenler olarak ikiye ayırır. Allah'ın rehberliğini kabul etmeyenler, "kaybedenlerdir":

> Kim İslâm'dan başka bir din arama çabası içine girerse, bilsin ki bu kendisinden asla kabul edilmeyecek ve o âhirette **ziyan edenlerden** olacaktır. (S3:85)
>
> Sana ve senden öncekilere şöyle vahyedildi: Eğer Allah'a ortak koşarsan bilmiş ol ki yaptıkların boşa gidecek ve mutlaka **hüsrana uğrayanlardan** olacaksın. (S39:65)

İslamiyet'in başarı ve hüsran hakkındaki vurgusundan ötürü, birçok Müslüman kendilerini gayrimüslimlerden üstün görürler ve dindar

Müslümanlar, dindar olmayanlardan daha üstün olduklarına inanırlar. Dolayısıyla ayrımcılık, İslamiyet'te bir hayat tarzıdır.

Bölünmüş bir dünya

Kur'an'ın tamamında, sadece Müslümanlar hakkında değil, Hristiyanlar ve Yahudiler başta olmak üzere diğer inanç sahipleri hakkında söylenen çok söz vardır. Kur'an ve İslami hukuk terimleri, insanları dört farklı kategoriye ayırır:

1. İlk önce hakiki Müslümanlar gelir.
2. Sonra asi Müslümanlar olarak nitelendirilen *münafıklar* gelir.
3. Muhammed ortaya çıkmadan önce Araplar arasında baskın çıkan kategori *putperestlerdi.* Putperesti tanımlayan Arapça sözcük *müşriktir* ve 'ortak' anlamına gelir. Şirk koşanlar, Allah'ın kudretinin ve hükümranlığının başka ortakları olduğunu öne sürenlerdir.
4. *Ehl-i Kitap* ise müşriklerin alt kategorisidir. Bu kategoride Hristiyanlar ve Yahudiler vardır. Onlar müşrik olarak görülmelidir çünkü Kur'an hem Hristiyanları hem de Yahudileri şirk koşmakla suçlar (S9:30-31; S3:64).

Ehl-i Kitap kavramı, Hristiyanlığın ve Yahudiliğin İslamiyet'le ilişkili olduğu ve ondan kaynaklandığı inancını taşır. Hristiyanlar ve Yahudiler, İslamiyet yolundan çıkarak yüzyıllar boyunca sapkınlığa düşmüşlerdir. Kur'an'a göre, Hristiyanlar ve Yahudiler, kökeninde saf tevhit olan bir inancı, yani İslamiyet'i takip etmektedirler. Ne var ki onların kitapları tahrif edilmiştir ve artık hakiki değildir. Bu anlamda, Hristiyanlığa ve Yahudiliğe bağlı olanlar, İslamiyet'in yolundan sapmış ve doğru yolun rehberliğinden uzaklaşmışlardır.

Kur'an, Hristiyanlar ve Yahudiler hakkında hem olumlu hem de olumsuz yorumlar içerir. Olumlu açıdan, bazı Hristiyanların ve Yahudilerin hayırlı olduklarını ve gerçekten iman ettiklerini belirtir (S3:113-114). Bununla birlikte aynı surede, onlar arasında hakiki olanların, Müslümanlığa geçmek suretiyle samimiyetlerini kanıtlayacakları belirtilir (S3:199).

İslamiyet'e göre, Muhammed Kur'an'ı getirene kadar Hristiyanların ve Yahudilerin cahilliklerinden kurtulmaları mümkün değildi (S98:1). İslamiyet Muhammed'in, yanlış anlaşılmaları düzeltmek amacıyla Allah tarafından Hristiyanlara ve Yahudilere lütfedildiğini öğretir. Bu nedenle Hristiyanlar ve Yahudiler, Muhammed'i Allah'ın resulü, Kur'an'ı da son vahiy olarak kabul etmelidirler (S4:47; S.5:15; S57:28-29).

Kur'an'ın ve *sünnetin*, Hristiyanlar ve Yahudiler başta olmak üzere gayrimüslimlerle ilgili dört iddiası şöyledir:

1. Müslümanlar "en hayırlı insanlardır" ve diğer insanlardan üstündürler. Onların görevi, iyilik ve kötülük hakkında gayrimüslimlere yol göstermek, doğruyu buyurmak ve yanlışı yasaklamaktır (S3:110).
2. İslamiyet bütün dinler üzerindeki üstün yerini alacaktır (S48:28).
3. Bu üstün mertebeye erişmek için Müslümanlar, Yahudileri ve Hristiyanları (Ehl-i Kitap) yenip onları Müslüman topluma cizye ödemeye mahkûm edene kadar onlarla savaşmalıdırlar (S9:29).
4. Muhammed'e ve O'nun tevhidine inanmamakta, *şirk* koşmakta direnenler - yani İslamiyet'e geçmeyi reddedenler - cehenneme gideceklerdir (S5:72; S4:47-56).

Hem Yahudiler hem de Hristiyanlar, Ehl-i Kitap denilen kategoride görüldükleri halde daha fazla kınanan taraf Yahudiler'dir. Kur'an'da ve sünnette, onlara karşı çok çeşitli ilahiyat iddiaları yer alır. Örneğin Muhammed, en sonunda Yahudileri öldürmek için kayaların bile Müslümanlara seslenerek yardım edeceğini iddia etmiştir. Kur'an'da Hristiyanlar, Müslümanlara sevgide en yakın kişiler olarak gösterilmişlerdir. Oysa Yahudilerin, Müslümanlara en büyük düşmanlığı beslediği ifade edilmiştir (S5:82).

Ne var ki Kur'an'ın hem Yahudiler hem de Hristiyanlar için verdiği en son hüküm olumsuzdur. Bu mahkûmiyet, her dindar Müslüman'ın günlük dualarında bile ifade bulur.

Müslümanların günlük dualarında Yahudilerden ve Hristiyanlardan söz edilmesi

Kur'an'ın en iyi bilinen *suresi*, 'Açılış' anlamına gelen *El-Fatiha'dır.* Zorunlu günlük duaları oluşturan *salatın* bir parçası bu suredir ve her duayla birlikte tekrarlanır. Bütün duaları okuyan dindar Müslümanlar, bu *sureyi* günde en az 17 kez, bir yılda 5.000 kez okurlar.

El-Fatiha, rehberlik için edilen bir duadır:

> Hamd, Âlemlerin Rabbi, Rahmân, Rahîm, hesap ve ceza gününün (ahiret gününün) maliki Allah'a mahsustur. (Allahım!) Yalnız sana ibadet ederiz ve yalnız senden yardım dileriz. Bizi doğru yola, kendilerine nimet verdiklerinin yoluna ilet; **gazaba uğrayanlarınkine ve sapıklarınkine değil**. (S1:1-7).

Bu duanın amacı Allah'ın, mümini "doğru yolda" yürütmesini dilemektir. Bu nedenle, İslamiyet'in özündeki rehberlik mesajıyla uyum içindedir.

Peki ama, Allah'ın gazabına uğrayanlar ve sapıklar kimlerdir? Çoğu Müslüman'ın, hayatı boyunca yüzbinlerce defa okuduğu bir duaya konu olan bu insanlar, gazabı hak edecek kadar büyük ne gibi fenalıklar etmişlerdir? Muhammed, bu *surenin* anlamını netleştirmiştir. Gazabı hak edenler Yahudiler, sapıklar ise Hristiyanlar'dır.

İslamiyet'in özünde yer alan ve her Müslümanın günlük dualarını oluşturan dileklerin, Hristiyanları ve Yahudileri, sapık ve Allah'ın gazabına mahkûm ilan etmesi çok dikkat çekicidir.

Sonraki kısımlarda, İslami *şeriatın* neden olduğu zararlara bakacağız. Bunların sebebi, Muhammed'in örneği ve öğretişidir.

Şeriatın sorunları

İslamiyet bir ülkede kabul edildikten sonra toplumun kültürü, zaman içerisinde şeriat tarafından şekillenir. Bu sürece, "İslamlaştırma" denilir. Muhammed'in hayatındaki ve öğretişindeki birçok olumsuzluktan ötürü şeriatın yarattığı çok sayıda haksızlıklar ve sosyal problemler vardır. İslamiyet başarı vaadi verdiği halde, şeriat toplumları insanlara genellikle büyük zararlar verir. Günümüzdeki dünyaya baktığımızda, çoğu İslami ülkenin ne kadar az gelişmiş olduğunu ve İslamiyet'in etkisinden ötürü birçok insan hakkı ihlali yaşandığını görebiliriz.

Şeriatın sebep olduğu haksızlıkların ve problemlerin bazıları şöyle sıralanabilir:

- Müslüman toplumlarda kadınlar, ikinci sınıf muamele görürler ve İslami hukuktan ötürü birçok tacize maruz kalırlar. Örnek olarak, aşağıda Amina Lawal'ın vakasını ele alacağız.
- İslamiyet'in *cihat* öğretisi, dünya çapında milyonlarca erkeğe, kadına ve çocuğa korkunç acılar çektirmiştir ve çektirmeye devam etmektedir.
- *Şeriat'ın* bazı suçlara verdiği cezalar acımasız ve ölçüsüzdür: Örneğin hırsızların elleri kesilir ve İslamiyet'ten çıkan mürtetler ölüm cezasına çarptırılır.
- *Şeriat* insanları değiştirip iyi insanlara dönüştürmeyi başaramamaktadır. İslami devrimlerin yaşandığı ülkelerde, radikal İslamcılar yönetime geldiğinde yolsuzluklar azalmamış, tersine çoğalmıştır. İran'ın yakın tarihi bunun bir örneğidir. 1978 yılındaki İslami devrimden sonra Şah tahttan indirilmiş, yönetim mollalara geçmiş ama yolsuzluklar alabildiğine çoğalmıştır.
- Muhammed Müslümanların, yalan söylemelerine izin vermiş, hatta bazı durumlarda bunu teşvik etmiştir. Bunun sonuçlarına daha sonra değineceğiz.
- İslami öğretiler nedeniyle gayrimüslimler, Müslüman toplumlarda ayrımcılığa maruz kalmaktadır. Günümüzde Hristiyanlara en çok zulmedenler Müslümanlardır.

Amina Lawal'ın vakası

Şimdi *şeriat* nedeniyle hayati tehdit altında olan Müslüman bir kadının örneğine bakacağız. Nijerya 1999 yılında, ülkenin kuzeyindeki Müslüman çoğunluğu olan eyaletlerde şeriat mahkemeleri açtı. Üç yıl sonra 2002'de, Amina Lawal isimli bir kadın, boşandıktan sonra hamile kalıp çocuk doğurduğu için bir *şeriat* hâkimi tarafından taşlanarak ölüme mahkûm edildi. Kadın çocuğun babasının adını verdiği halde, mahkeme DNA testi olmadan babanın kimliğini kanıtlayamadığı için adam suçsuz bulundu. Yalnızca zinadan mahkûm olan kadın taşlanacaktı.

Amina'yı mahkûm eden hâkim, taşlamanın çocuk sütten kesildikten sonra yapılmasına karar verdi. Bu karar, zina yaptığını itiraf eden Müslüman bir kadını, çocuğu sütten kesilip katı yiyecek yemeye başladıktan sonra taşlayarak öldürten Muhammed'i örnek alıyordu.

Şeriat'ın taşlama yasası çeşitli nedenlerle kötüdür:

- Ölçüsüzdür.
- Acımasızdır: taşlanmak, korkunç bir ölüm şeklidir.
- Taşlamayı yapan insanlara da hasar verir.
- Ayrımcıdır. Hamile kalan kadını suçlu çıkarır, onu hamile bırakan erkeği aklar.
- Çocuğu annesinden kopararak öksüz bırakır.
- Kadının tecavüze uğramış olma ihtimalini görmezden gelir.

Amina'nın vakası uluslararası öfke uyandırdı. Dünya çapında Nijerya büyükelçiliklerine gönderilen protesto mektuplarının sayısı bir milyonu geçti. Ne mutlu ki bir temyiz mahkemesi, Amina'nın hükmünü kaldırdı. Bu mahkeme *şeriatı* esas aldığı halde, Amina'nın hükmünü kaldırmakla İslamiyet'in taşlayarak ölüm cezasını reddetmiş olmadı. Kaldırma kararıyla ilgili başka gerekçeler verildi. Örneğin temyiz mahkemesine göre Amina, bir değil, üç hâkim tarafından mahkûm edilmiş olmalıydı.

Hukuki hile

İslami şeriatın problemli yönlerinden biri, yalan ve hile hakkındaki öğretişidir. Yalan İslamiyet'te çok ciddi bir günah olarak görüldüğü halde Muhammed'in örneğini takip ederek yalan söylemenin hoş görüldüğü, hatta İslami yetkililere göre mecbur kılındığı durumlar vardır.

Müslümanlar birkaç durumda yalan söyleyebilirler ya da yalan söylemelidirler. Örneğin, *Buhari'nin hadislerindeki* bir bölümün başlığı şöyledir: "İnsanlar arasında barışı sağlayan kişi yalancı değildir." Muhammed'in bu konudaki örneğine göre, insanları barıştırmak için Müslümanlar asılsız şeyler söyleyebilir.

Hukuki yalanlara başka bir örnek ise Müslümanların, gayrimüslimler tarafından tehlike altında kaldıkları durumlardır (S3:28). Bu ayete dayanarak, Müslümanları güvende tutmak amacıyla hileye başvurma, yani *takiyye* yapma kavramı ortaya çıkmıştır. İslami alimlerin ortak görüşüne göre, gayrimüslimlerin siyasal üstünlüğü altında yaşayan Müslümanlar, güvende olmak için gayrimüslimlere yakınlık ve dostluk gösterebilirler. Yeter ki yüreklerinde kendi imanlarına (ve düşmanlıklarına) sımsıkı sarılsınlar. Bu öğretinin bir sonucu, siyasal güç kazanan dindar Müslümanların, gayrimüslimlere karşı tutumlarının dostluktan uzaklaşması ve inançlarının daha belirginleşmesidir.

Şeriat hukukunun, Müslümanları yalan söylemeye teşvik ettiği diğer şartlar şöyledir: Evlilikteki uyumu devam ettirmek için karı ile koca birbirlerine yalan söyleyebilir. Anlaşmazlıkları çözmek için yalan söylenebilir ve gerçeği söylemek sizi suçlu duruma düşerecekse, yine yalan söyleyebilirsiniz. Muhammed bazen suçunu itiraf eden insanları paylardı. Aynı şekilde biri sizinle sırrını paylaşmışsa ve savaş şartlarındaysanız, yalan söyleyebilirsiniz. Genel olarak İslamiyet, amacın aracı akladığı etik yalancılığı savunur.

Bazı İslami âlimler, yalan türleri arasında titiz ayrımlar yapmışlardır. Örneğin yanıltıcı bir izlenim yaratmak, açıkça yalan söylemeye yeğdir. Oysa 'amaca giden her yol mübahtır' düşüncesiyle faydacı bir yalan/gerçek etiği yaratmak, topluma muazzam zararlar verebilir. Bu etik güven duygusunu yerle bir eder, kargaşa çıkarır, yerel ve siyasal kültürlere hasar verir. Bu nedenle İslam *ümmeti*, hasarlı bir toplumdur. Örneğin kocalar, Muhammed'in öğrettiği gibi, geçimsizliği çözmek için karılarına yalan söylemeyi âdet edinirlerse, evlilik içten içe çürüyecektir. Babalarının annelerine yalan söylediğini gören çocuklar, başkalarına yalan söylemeyi öğrenecek ve insanlara güvenlerini kaybedeceklerdir. Hukuki hilenin hâkim olduğu bir kültürde bütün toplumun güveni çökecektir. Sonuç olarak kavgalar uzayacak, iş yapmanın maliyeti büyüyecek ve uzlaşmak zorlaşacaktır.

İslamiyet'i terk eden bir kişi, Muhammed'in örneğinin bu yönünü özellikle reddetmelidir. 7. Derste buna döneceğiz.

Kendiniz için düşünün

İslamiyet'te bilginin organize olma ve hatta muhafaza edilme şeklinden ötürü, İslamiyet'in belli bazı konularda esasen neler öğrettiğini bilmek zor olabilir. Yalan kültürü bu problemi daha da kötüleştirir.

İslamiyet'in belli başlı kaynakları geniş ve karmaşıktır. Kur'an ve *sünnet* kayıtlarına dayanarak *şeriat* kuralları oluşturma süreci büyük bir beceri ve uzun yıllar süren bir eğitim gerektirir. Müslümanların büyük çoğunluğu bu sürece katılamaz. Bu nedenle Müslümanlar, iman konularında rehberlik için alimlerine güvenmelidirler. Gerçekten de İslami hukuk Müslümanların, iman konularında kendilerinden daha bilgili kişilere yönelerek onları takip etmelerini buyurur. Eğer Müslümanların şeriat hukuku hakkında soruları olursa, söz konusu alanda alim olan birisinden yardım istemelidirler.

İslami din bilgisi, son çağlarda Kutsal Kitap bilgisinin umuma yayıldığı gibi yayılmış değildir. Ne kadar bilgi gerekiyorsa, insanlara o kadarı sunulur. İslamiyet'te, konuşulması gerekmeyen ve konuşulduğu taktirde İslamiyet'i zora sokacak olan konular açılmaz. İslam hocalarına yanlış soruyu sordukları için azarlanan çok sayıda Müslüman vardır.

Hiç kimse, İslamiyet'le, Kur'an'la ya da *Muhammed'in sünnetiyle* ilgili fikir belirtme hakları olmadığına dair korkutmalara boyun eğmemelidir. Bu çağda bu konularda belli başlı kaynak bilgilere kolayca erişilebildiği için Hristiyanlar, Yahudiler, ateistler ya da Müslümanlar her fırsatta bilgilenmeli ve bu konularda görüşlerini açıkça ifade etmelidir. İslamiyet'in etkisi altında kalan herkesin, İslamiyet hakkında bilgilenme ve fikir sahibi olma hakları vardır.

Sonraki kısımlarda, İslamiyet'in İsa Mesih'le ilgili anlayışını inceleyeceğiz ve İslami İsa'nın insanlara neden özgürlük sunamadığını açıklayacağız.

İslami peygamber İsa

İman sahibi insanların karar vermeleri gereken önemli bir soru var: Nasıralı İsa Mesih'i mi takip edecekler yoksa Mekkeli Muhammed'i mi? Bireyler ve hatta uluslar için dev sonuçları olan çok önemli bir sorudur bu.

Müslümanlar, 'İsa' adını verdikleri Mesih'in, tıpkı Muhammed gibi Allah'ın bir peygamberi olduğunu düşünürler. İslamiyet'e göre İsa, bakire Meryem'den mucizevi olarak dünyaya gelmiştir, bu nedenle O'na, 'Meryem oğlu' anlamına gelen *ibn Meryem* denilmektedir. Kur'an İsa'ya, 'Mesih' anlamına gelen *el-Mesih* unvanını da verir ama bu unvanın ne anlama geldiğine dair hiçbir açıklama yapılmaz.

Kur'an'da İsa'nın adı yirmiden çok geçer. Buna kıyasla, Muhammed'in ismi yalnızca dört kez geçmektedir. Üstüne üstlük Kur'an, çeşitli unvanlarla İsa'dan 93 kez söz eder.

İslamiyet'e göre Muhammed'den önce, Allah'ın geçmişteki halklara gönderdiği birçok nebiler ve peygamberler vardı. Kur'an, İsa da dâhil olmak üzere bunların sadece birer insan olduğunu vurgular.

Kur'an'a göre önceki nebiler, Muhammed ile aynı mesajı, yani İslamiyet'in mesajını getirmişlerdi. Örneğin savaşma ve öldürme buyruklarıyla cennet vaadinin geçmişte hem İsa'ya hem de Musa'ya verildiği iddia edilmiştir (S9:111). Daha sonra aynı buyruk ve vaat Muhammed aracılığıyla yeniden verilmiştir. Elbette Nasıralı İsa Mesih, böyle şeyleri öğretmemiş ve vaat etmemiştir.

İsa'nın öğrencileri, Kur'an'da "Biz Müslümanız" derler (S3:52; ayrıca bkz. S5:111). Ayrıca Kur'an'a göre, İbrahim Müslümandı, Yahudi ya da Hristiyan değildi (S3:67). İbrahim, İshak, Yakup, İsmail, Musa, Harun, Davut, Süleyman, Eyüp, Yunus ve Vaftizci Yahya da dâhil olmak üzere diğer Kutsal Kitap karakterleri, Kur'an'a göre İslam peygamberleridir.

İslamiyet, önceki İslam peygamberlerinin getirdiği *şeriatın*, Muhammed'in *şeriatıyla* tam olarak aynı olmadığını dile getirir. Bununla birlikte Muhammed'in gelmesiyle birlikte önceki *şeriatların* feshedildiğini ve onların yerini Muhammed'in *şeriatının* aldığını belirtir. Dolayısıyla İsa Mesih geri döndüğü zaman Muhammed'in *şeriatıyla* hüküm verecektir.

> Önceki peygamberlerin şeriatları, Hz. Muhammed'in peygamberliğinin başlangıcıyla geçerliliğini yitirmiştir. Bu nedenle, İsa'nın vereceği hüküm İslam hukukuna göre olacaktır.[6]

Ayrıca Kur'an'a göre, Muhammed'e Kur'an Allah tarafından nasıl indirildiyse İsa'ya da *İncil* aynı şekilde indirilmiştir. Kur'an'ın mesajına nasıl iman ediliyorsa, *İncil'in* öğretisine de aynı şekilde iman edilmelidir. Orijinal *İncil* metninin kaybolduğu iddia edilir ama bu sorun değildir; çünkü gerekli her konuda son sözü söylemesi için Allah Muhammed'i göndermiştir.

Esasen İslamiyet'in öğrettiğine ve çoğu Müslüman'ın inancına bakılacak olursa, eğer İsa bugün yaşasaydı, Hristiyanlara "Hz. Muhammed'i takip edin!" derdi. Buna göre İsa'nın gerçekte ne öğrettiğini bilmek ve O'nu takip etmek isteyen bir kişinin yapması gereken şey, Muhammed'i izlemek ve İslamiyet'e tabi olmaktır: Kur'an iyi bir Hristiyan'ın ya da iyi bir Yahudi'nin, Muhammed'i Allah'ın gerçek peygamberi olarak kabul etmesi gerektiğini açıklar (S3:199).

Kur'an İsa'ya, "Tanrı'nın Oğlu" dememeleri ve O'na Tanrı olarak tapınmamaları için Hristiyanları uyarır. İsa'nın sadece Allah'ın kulu olan (S19:30) bir insan olduğu vurgulanır (S3:59).

İslamiyet, dünya sona ermeden önce Museviliğin ve Hristiyanlığın İsa'nın eliyle yok edileceğini öğretir. Son günlerle ilgili bu öğreti, İslami bakış açısını anlamamıza yardımcı olur. *Sunan Abu Davud'un hadisine* kulak verin:

> (İsa döndüğünde) insanlarla İslam yolunda savaşacaktır. Haçı kıracak, domuzu öldürecek, *cizyeyi* kaldıracaktır. Allah, İslamiyet haricindeki bütün dinleri yok edecektir. Deccali yok edecek, dünyada kırk yıl yaşayacak ve sonra ölecektir.

Muhammed burada İsa'nın, dünyaya dönüşüyle birlikte "haçı kıracağını" - yani Hristiyanlığı yok edeceğini - ve cizyeyi ortadan kaldıracağını - yani İslami hakimiyet altında yaşayan Hristiyanlara hukuki toleransı sona erdireceğini söylemektedir. İslam âlimleri bu bildiriyi Müslüman İsa'nın, Hristiyanlar da dâhil olmak üzere bütün

---

6. *Sahih Muslim*, vol. 2, syf. 111, dn. 288.

gayrimüslimleri zorla İslamiyet'e geçireceği şeklinde yorumlamaktadır.

Hakiki Nasıralı İsa'yı takip etmek

Daha önce insanların, İsa Mesih'i mi yoksa Muhammed'i mi takip edeceklerine karar vermelerini söyledik. Ne var ki Müslümanlar ikisinin de aynı şey olduğunu söyleyeceklerdir. Onlara göre, İsa Mesih'i takip etmekle Muhammed'i takip etmek aynı şeydir. Müslümanlar, Muhammed'i takip etmekle ve sevmekle, İsa'yı takip etmekte ve sevmekte olduklarını zannederler. Müslümanlar tarihi İsa'nın, yani İncil'deki İsa'nın yerine değişik bir İsa'yı, yani Kur'an'daki İsa'yı koymuşlardır. Bu kimlik değişimi, Tanrı'nın kurtuluş tasarısını gizlemekte, Müslümanların gerçek İsa'yı bulmalarına ve takip etmelerine engel olmaktadır.

Gerçek şu ki bizler, tarihi ve hakiki İsa'yı, O'nu hayattayken tanıyanların yazdığı İncil'in dört müjde kitabına bakarak tanıyabiliriz. Bunlar İsa Mesih'in, O'nun mesajının ve ruhsal hizmetinin güvenilir kayıtlarıdır. İsa Mesih'ten 600 yıl sonra yazılan İslami öğretilere dayanarak Nasıralı İsa hakkında bilgi edinilemez.

İslamiyet'i reddeden bir kişi, yalnızca Muhammed'in yolunu değil, Kur'an'daki sahte İsa'yı da reddetmektedir. İsa Mesih'in bir öğrencisi olarak yaşamanın en iyi ve en doğru yolu, O'nun takipçilerinin dört Müjde kitabında kaydettiği mesaja kulak vermektir. Luka'nın belirttiği gibi, "öyle ki, sana verilen bilgilerin doğruluğunu bilesin" (Luka 1:4).

Bu çok önemlidir, çünkü göreceğimiz gibi, ruhsal tutsaklıktan özgürlüğe kavuşmanın yolu, İsa Mesih'in yaşamı ve ölümüdür. Bizi bu özgürlüğe yalnızca Müjde kitaplarında anlatılan İsa Mesih, yani gerçek Nasıralı İsa kavuşturabilir.

Çalışma Rehberi

Ders 3

Söz Dağarcığı

İslamiyet	resul	*salat*
Kelime-i şehadet	*ezan*	İslamlaştırma
Kuran	*müşrik*	*Sahih El-Buhari*
Sünnet	*şirk*	*takiyye*
hadis	Kitap Ehli	*Ümmet*
siyer	*El Fatiha*	*İncil*

Yeni isimler

- Amina Lawal: Nijeryalı kadın (d. 1972)

Bu derste Kutsal Kitap

Luka 1:4

Bu derste Kur'an

S33:21	S8:12-13	S4:47	S1:1-7
S4:80	S3:85	S5:15	S3:28
S33:36	S39:65	S57:28-29	S9:111
S24:52	S9:30-31	S3:110	S3:52

S4:69	S3:64	S48:28	S5:111
S4:115	S3:113-14	S5:72	S3:67
S59:7	S3:199	S4:47-56	S3:59
S9:29	S98:1	S5:82	S19:30

Ders 3 soruları

- Durum çalışması hakkında söyleşin.

Nasıl Müslüman olunur

1. Arapça **İslamiyet** sözcüğünün kök anlamı ve açıklaması nedir?

2. *Kelime-i şehadeti* okuduğunuz zaman ne olursunuz?

3. *Kelime-i şehadeti* okuduğunuz zaman hayat rehberinizin kim olduğunu ilan edersiniz?

4. Muhammed'in rehberliğini hangi iki kaynaktan öğrenirsiniz? Bunların arasındaki farklar nelerdir?

5. Muhammed'in örneği hangi iki metinde yer almaktadır?

Muhammed'in şahsiyeti

6. Eğer Müslümanlar, Allah'a itaat etmek isterlerse, kimse itaat etmeleri gerekir?

7. Muhammed'in her alandaki örneğinin, bütün Müslümanlar için takip edilecek en iyi emsal olarak Allah tarafından kanunlaştırılmasının ne gibi sonuçları vardır?

8. S24:52'ye göre kimlere zafer vaadi veriliyor?

9. Allah'a ve **resulüne** itaatsizlik edenlere nasıl bir ceza vaat ediliyor?

10. S9:29 ve S8:12-13'e göre, Müslümanlar kimlerle savaşmalıdır?

11. Durie, Muhammed'in yaptığı bazı şeyleri takdir etmekle birlikte şok edici nitelikte olan hangi sekiz örneği sıralıyor?

Kur'an—Muhammed'in şahsi belgesi

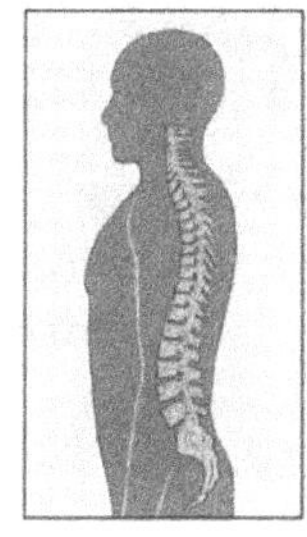

12. Eğer ***şehadet*** getirirseniz, ne gibi şeylere inanmak ve itaat etmek zorunda kalırsınız?

13. Durie, **sünnet** ile **Kur'an** arasındaki ilişkiyi açıklamak için nasıl bir örnek kullanıyor?

İslami *şeriat*—Müslümanın olmanın 'yolu'

14. Müslümanlar, ***Sünneti*** ve **Kur'an'ı**, *şeriat* adı altında sistemli kurallar halinde organize eden hangi alimlere güvenirler?

15. Durie'ye göre, İslamiyet'in en büyük dayanağı nedir?

16. *Şeriat* neden parlamentoların yaptığı kanunlardan farklıdır?

"Başarıya çağrı"

17. İslamiyet'in çağrısı nedir?

18. **Kur'an'ın** çağrısı, insanlığı ne şekilde ikiye ayırır?

19. İslamiyet hangi iki şekilde ayrımcılık ve üstünlük duygularını öğretir?

Bölünmüş bir dünya

20. Kur'an'da ve İslami hukukta yer alan dört insan kategorisi hangileridir?

21. Muhammed, bir şeyi ya da bir kimseyi Allah'la özdeşleştirenlere ne diyor?

22. Yahudilik ve Hristiyanlık (**Ehl-i Kitap**) Kur'an'da tevhidin saf şekilleri olarak tanımlandığı halde, bu durum değişmiştir. Müslümanların şimdi Yahudi ve Hristiyanlara getirdiği dört suçlamayı sıralayın:

    1)

    2)

    3)

    4)

23. **Kur'an**, Yahudiler ve Hristiyanlar hakkında ne gibi olumlu ifadeler kullanıyor?

24. Müslümanların gayrimüslimlere karşı kullandıkları ve bu gerekçeyle onlara zulmettikleri dört ilahiyat iddiası hangileridir? Dördünü de sıralayın:

    1)

    2)

    3)

    4)

25. Yahudilerin Müslümanlarla ilişkisi **Kur'an'da** nasıl resmediliyor?

Müslümanların günlük dualarında Yahudiler'den ve Hristiyanlar'dan söz edilmesi

26. Kur'an'ın ilk suresi olan ***El-Fatiha'yı*** emsalsiz kılan 3 şey nedir?

27. Durie'ye göre, ***El-Fatiha'da*** sözü geçen sapkınlar ve Allah'ın gazabını hak edenler kimlerdir?

Şeriatın sorunları

28. *Şeriat'ın* sebep olduğu sorunların esas kaynağı nedir?

29. Bir ulusun kültürünü İslamiyet'e uydurmak için değiştirme sürecine ne denir?

30. Durie'nin *şeriata* atfettiği altı sorunu tanımlayın:

    1)

    2)

    3)

    4)

    5)

    6)

Amina Lawal'ın vakası

31. **Amina Lawal'ın** 1999 yılında Nijerya'da zinadan hüküm giymesine sebep olan değişiklik neydi?

32. Şeriat hâkimi, **Amina Lawal'ın** taşla öldürülmesi hükmünü verirken kimi örnek alıyordu?

33. İslamiyet'teki taşlama kanunuyla ilgili Durie'nin yönelttiği altı eleştiri nelerdir?

    1)

    2)

    3)

    4)

    5)

    6)

Hukuki hile

34. Durie, Müslümanların hangi şartlarda yalan söyleyebileceğini ifade ediyor?

35. *Takiyye* ne demektir?

36. Durie'ye göre, yalan söyleme alışkanlığı ne gibi bir ahlaki hasar yaratıyor?

Kendiniz için düşünün

37. Çoğu Müslüman, iman konularında rehberlik için neye güvenir?

38. Modern internet çağında İslamiyet'in belli başlı kaynaklarına ulaşmak mümkün olduğu için Durie bizleri nasıl teşvik ediyor?

İslami peygamber İsa

39. İnsanların karşı karşıya olduğu önemli seçim nedir?

40. Kur'an'da hangisinin ismi daha çok geçer: Muhammed'in mi yoksa İsa'nın mı?

41. İslamiyet'e göre, Muhammed neyin feshedilmesine sebep oldu?

42. **Kur'an'a** göre, ***İncil*** neydi?

43. ***Hadislere*** göre, **İsa** döndüğü zaman ne yapacaktır?

Gerçek Nasıralı İsa'yı takip etmek

44. Müslümanlar'a, İsa'yı takip etmekle ilgili ne öğretiliyor?

45. Bu öğretiş, Müslümanlar'dan neyi gizliyor?

46. Gerçek Nasıralı İsa hakkında bizler güvenle neyi bilebiliriz?

47. Kur'an'daki **İsa'yla** Müjde kitaplarındaki **İsa Mesih** arasındaki farklı görmek hangi açıdan önemlidir?

4

Muhammed ve Reddedilme

"Düşmanlarınızı sevin, sizden nefret edenlere iyilik yapın."
Luka 6:27

Ders hedefleri

a. Muhammed'in Arabistan'daki hayatının ilk 40 yılını değerlendirmek.

b. Muhammed'in kendisinden kuşkulanmasının ve kendisini reddetmesinin, İslamiyet'in Mekke'deki kuruluşu için nasıl temel oluşturduğunu anlamak.

c. Mekke'de inen 'ayetlerin', Mekkelilerin alayları ve zulümleri karşısında Muhammed'i nasıl tasdik ettiğini kavramak.

d. Muhammed'in Mekke'deki hayatında yer alan belli başlı kişileri hem O'nun gayretli destekçilerini hem de öfkeli düşmanlarını tanımak.

e. Mekke'deki son dönemde başlayan ve Medine'deki yıllara dek uzanan zulümler ve ayartılar, zorbalıkla dolu bir savaş doktrinine dönüşürken, Muhammed'in orijinal *fitne* kavramını anlamak.

f. Muhammed'in öç ve intikam arzusunun, kâfirlerle ve özellikle Yahudilerle ilgili ilahiyatını ve onlara yaptığı muameleyi nasıl şekillendirdiğini kavramak.

g. Muhammed'in reddedilmeye karşı direnişinin, İslamiyet'in dünya çapındaki mağduriyet ve saldırı duyarlılığına nasıl dönüştüğünü anlamak.

h. Muhammed'in kötü vasıflarının, *şeriatın* etkisinden ötürü günümüzdeki Müslümanların hayatlarına nasıl yansıdığını anlamak.

i. İslamiyet'i terk edenlerin, Muhammed'in karakterinden ve örneğinden nasıl özgür olmaları gerektiğini anlamak.

Durum çalışması: Siz olsaydınız, ne yapardınız?

Mesleğiniz nedeniyle bazı niteliklerinizi geliştirmek için belli seminerlere katılmanız gerekiyor. Bir seminer çalışmasında, dindar bir Müslümanın, alaycı bir ateistin, ismen Katolik olan birinin ve sizin de dâhil olduğunuz bir gruba katıldınız. Bu takım çalışması, bazen birlikte yemek yemeyi gerektiriyor. Bir yemek sohbetinde Müslüman adam, Hristiyanların yüzyıllar boyunca Müslümanlara uyguladığı zorbalıkları sıralıyor. Günümüzde Müslüman uluslara karşı yapılan kötülükleri de bunlara ekliyor. Onun gördüğü kadarıyla, "Müslümanlar zulüm gören mağdurlar, Hristiyanlar ise zalim saldırganlardır." Ateist adam Müslümana katılarak Haçlı seferlerinin kanlı "kutsal savaşlarını" gündeme getiriyor. Katolik meslektaşınızın yüzü kızarıyor ve yardım istercesine size bakıyor.

Aynı şekilde gözlerini size diken Müslüman ve ateiste nasıl cevap verirsiniz?

Muhammed, İslamiyet'in kökü ve gövdesidir. Bu ders, Muhammed'in hayatındaki bazı acı verici deneyimlere ve O'nun bu sıkıntılara ne denli fena bir şekilde karşılık verdiğine dair bir özet içermektedir. Birinci kısımda, O'nun zorlu aile şartlarını ve Mekke'de yaşadığı diğer problemleri ele alacağız.

Aile başlangıçları

Muhammed, İ.S. 570 yılında Mekke'deki bir Arap kabilesi olan Kureyş'te dünyaya geldi. Babası Abdullah bin Abd El-Muttalib, Muhammed dünyaya gelmeden öldü. Muhammed'in çocukluğu başka bir ailede evlatlık olarak geçti. Altı yaşındayken annesini kaybetti ve nüfuzlu bir adam olan büyükbabası bir süre ona baktı. Ama Muhammed sekiz yaşına geldiğinde onu da kaybetti. Bunun ardından amcası Abu Talib'in yanında yaşamaya başladı. Kendisine amcasının develerini ve koyunlarını gütme sorumluluğu verildi. Muhammed daha sonra, her peygambere bir sürüye çobanlık etme görevi verildiğini söyleyerek mütevazi geçmişine özel ve seçkin bir anlam kazandırdı.

Muhammed'in diğer amcaları zengin oldukları halde, belli ki ona yardımcı olacak bir şey yapmamışlar. Kur'an, Muhammed'i küçümsediği gerekçesiyle 'alev babası' lakabıyla küçümsenerek cehennemde yanacağı belirtilen Ebu Leheb amcayı hor görür:

> Ebu Leheb'in iki eli kurusun! Kurudu da. Malı ve kazandıkları ona fayda vermedi. O, alevli bir ateşte yanacak. Odun taşıyıcı olarak ve boynunda hurma lifinden bükülmüş bir ip olduğu halde karısı da (ateşe girecek). (S111:1-5).

Aile ve evlilik

Muhammed yirmi beş yaşında, varlıklı bir kadın olan Hatice için çalışırken ondan evlenme teklifi aldı. Hatice Muhammed'den daha yaşlıydı. İbn Kesir'in rivayetine göre, Hatice, babasının evliliği reddedeceğinden korktuğu için sarhoş olduğu bir anda onları evlendirmelerini sağladı. Ancak baba ayılıp kendine geldiği zaman küplere bindi.

Arap kültüründe erkek tarafı gelin için başlık parası vermek zorundaydı ve bundan sonra gelin onun malı sayılırdı. Kocası öldükten sonra bile kadın, onun mülkünün bir parçası olarak görülürdü ve adamın vârisi isterse onunla evlenebilirdi. Bu durumun aksine, Hatice kudretli ve varlıklı bir kadındı. Muhammed'in yaşamöyküsünün yazarı, onun 'saygın ve zengin' bir kadın olduğunu söylemiştir. Muhammed ise fazla gelecek vaat etmeyen yoksul bir kişiydi. Hatice daha önce iki evlilik yapmıştı. O günlerde Araplar arasındaki evlilik anlayışına bakıldığında, Hatice ile Muhammed'in evliliği hayret vericidir.

Hatice ile Muhammed'in altı (bazı kaynaklara göre yedi) çocuğu oldu. Toplamda üç (ya da dört) oğul dünyaya geldi ama hepsi küçük yaşta öldü ve Muhammed vârissiz kaldı. Hiç kuşkusuz bu durum, onun çocukluk deneyimlerinin üstüne aile yaşamında başka bir hayal kırıklığı olmuştu.

Sonuç olarak, Muhammed'in aile şartları acı verici olaylarla doluydu. Yetim kalmış, büyük babası tarafından sahiplenilmiş, ama onu da kaybetmiş, akrabalarına mecbur kalmış, sarhoş bir kayınpeder tarafından evlendirilmiş, çocuklarını yitirmiş ve kudretli yakınlarının düşmanlığına maruz kalmıştı. Reddedilmeyle ve hayal kırıklığıyla dolu hayatındaki tek istisna, amcası Ebu Talib'in onunla ilgilenmesi ve Hatice'nin onu eşi olarak seçerek yoksulluktan kurtarmasıydı.

Yeni bir din kuruluyor (Mekke)

Muhammed'in aile şartları çetindi ve yeni bir din kurduğu zaman sıkıntılarla baş etmeye devam etti.

Muhammed 40 yaşındayken, daha sonra melek Cebrail olduğunu belirttiği bir ruh ona musallat oldu. İlk başta bu durumdan son derece rahatsız olan Muhammed, kendisini cin çarptığını düşünüyordu. Hatta intiharı bile düşünmüş, "Dağın tepesinden kendimi atayım da biraz huzura kavuşayım" demişti. Karısı Hatice büyük endişe yaşayan kocasını teselli ederek, Varaka isimli Hristiyan kuzenine götürmüştü. Varaka onun delirmediğini, bir peygamber olduğunu söylemişti.

Daha sonra, vahiyler bir süre için kesilince, Muhammed tekrar intihar düşüncelerine kapılmış ama tam dağdan atlamak üzereyken kendisine görünen Cebrail, "Ey, Muhammed, bu yeni bir din! Sen gerçekten Allah'ın resulüsün!" demiştir.

Muhammed'in, sahtekarlık sebebiyle reddedilme korkusu taşıdığı anlaşılmaktadır çünkü ilk *surelerden* birinde, Allah, Muhammed'e, "Rab'bin seni bırakmadı ve sana darılmadı" diyerek güvence vermiştir (S93:3).

İslam ümmeti ilk başta yavaş gelişiyordu. İlk mümin Hatice'ydi. İkincisi, Muhammed'in evinde yetişen kuzeni Ali bin Abu Talib'di. Ardından yoksullar, köleler ve serbest bırakılan köleler onlara katıldı.

Muhammed'in kendi kabilesi

İlk başta takipçiler, yeni dini gizli tutuyorlardı ama üç yıl sonra Muhammed, Allah'ın kendisine halka açılmasını söylediğini bildirdi. Bir aile toplantısı yaparak akrabalarını İslamiyet'e davet etti.

Muhammed'in Mekkeli kabilesi, onu dinlemeye razı oldular ama ilahlarına saldırmaya başlayınca ona sırt çevirdiler. Müslümanlar, İbn İshak'ın ifadesiyle "hor görülen bir azınlığa" dönüştü. Gerginlikler had safhaya ulaştı ve iki taraf birbirine düştü.

Düşmanlık dallanıp budaklanırken, Muhammed'in amcası Ebu Talib onu koruma altına aldı. Mekkeliler, ona gelip "Ey Ebu Talib, senin yeğenin ilahlarımıza lanet ediyor, dinimizi aşağılıyor, hayat tarzımızla alay ediyor...ya sen onu durdur ya da biz durduralım" dediklerinde Ebu Talib onları yumuşak yanıtlarla gönderdi.

İnkârcı Araplar, Muhammed'in kabilesine karşı ekonomik ve sosyal boykot uygulamaya başladılar. Müslümanlar yoksul oldukları için savunmasızdılar. İbn İshak, onların Kureyş kabilesinin elinden neler çektiğini şöyle özetliyor:

> Sonra Kureyş, resulü takip eden herkese düşman kesildi. Müslümanları dinlerinden vazgeçirmek için onların bulunduğu her kabileye saldırı yapıldı. Zindana atıldılar, dövüldüler, yiyecek ve içecekten mahrum bırakıldılar, Mekke'nin yakıcı sıcağında kavruldular. Bazıları zulmün baskısıyla boyun eğdiler, diğerleri Allah tarafından korunarak direniş gösterdiler.[7]

Muhammed bile tehlikelerden ve hakaretlerden payına düşeni aldı. Dua ettiği sırada üzerine pislik ve hayvan bağırsakları atıldı.

Zulüm sürüp giderken 83 Müslüman, aileleriyle birlikte Hristiyan Etiyopya'ya sığındı ve orada koruma altına alındı.

Sonraki kısımlarda, Mekke'de kendi halkı tarafından reddedilen Muhammed'in, buna nasıl karşılık verdiğini ele alacağız.

Kendinden kuşkulanma ve kendini tasdik etme

Muhammed, Kureyş'ten gelen baskı karşısında tek tanrı inancında tereddüde düştü. Onlar Muhammed'e, ilahlarına tapınması karşılığında kendilerinin de Allah'a tapınacaklarına dair bir anlaşma teklif ettiler. Muhammed S109:6'daki "Sizin dininiz size, benim dinim banadır" sözleriyle karşılık vererek bu anlaşmayı kabul etmedi. Bununla birlikte, Muhammed tereddüt etmiş olmalıdır, çünkü El-Tabari'nin kayıtlarına göre, 53. Sure kendisine indirilirken, 'Şeytan ayetleri' olarak bilinen Mekke tanrıçalarıyla ilgili ayet gelmiştir: "Lât

7. A. Guillaume, *The Life of Muhammad*, syf. 143.

ve Uzza'ya ve diğer üçüncüsü Menat'a ne dersiniz? Bunlar şefaatleri umulan yüce *turnalardır.*"

Bu ayeti duyan müşrik Kureyşliler, memnuniyet duymuşlar ve Müslümanlarla birlikte tapınmaya başlamışlardır. Ne var ki melek Cebrail, Muhammed'i azarlamış, o da bu ayetin Şeytan'dan geldiğini iddia ederek feshetmiştir. Muhammed ayetin kaldırıldığını açıkladığı zaman takipçileriyle birlikte Kureyşlilerin aşağılamalarına ve artan düşmanlıklarına maruz kalmıştır.

Muhammed bu olaydan sonra, kendisinden önceki bütün peygamberlerin Şeytan tarafından yanıltıldığını öne süren bir ayet bildirmiştir (S22:52). Burada yine Muhammed'in, potansiyel bir utanç sebebini ayrıcalığa dönüştürdüğünü görüyoruz.

Kendisine sahtekârlık suçlamalarıyla ve alaylarla derinden yaralanan Muhammed, Allah'tan onu tasdik eden, olağanüstü karakterini öven ayetler aldığını öne sürmüştür. Kur'an onun yanılgıda olmadığını, üstün ahlaka sahip bir adam olduğunu belirtmiştir (S53:1-3; S68:1-4).

Ayrıca bazı *hadislere* göre Muhammed, kendi ırkının, kabilesinin ve oymağının üstünlüğüne inanmıştır. Kendisinin gayrimeşru olduğuna dair iddialara karşılık olarak, Adem'den beri evlilik dışında dünyaya gelen hiçbir atasının olmadığını söylemiştir. İbn Kesir'in bir *hadisine* göre, Muhammed kendisinin en iyi ulusun (Araplar) en iyi oymağının (Haşim) en iyi insanı olduğunu öne sürmüş ve şöyle demiştir: "Ruhen ve hısım olarak en hayırlı olanınız benim... Ben seçkinlerin seçkiniyim. Her kim Arapları severse, benden ötürü sever."

Muhammed'in Mekke'deki 13 yılı süresince, İslamiyet'in başarı kavramı, kazananlar ve kaybedenlerle ilgili dili, Kur'an'daki temalardan biri haline geldi. Örneğin, Musa ile Mısırlı sihirbazlar arasındaki tartışmaları tekrar ve tekrar konu eden metinlerde Kur'an, sonuçları "üstünler ve hüsrana uğrayanlar" terimleriyle tanımlıyor (örn, S20:64, 68; S26:40-44). Muhammed de kendisiyle karşıtları arasındaki mücadeleyi tanımlarken başarıyla ilişkili terimler kullanmaya başlamış, Allah'ın vahiylerini reddedenleri, 'hüsrana düşenler' olarak nitelemiştir (S.10:95).

Reddedilmeler çoğalıyor ve yeni ittifaklar kuruluyor

Muhammed'in aynı yıl içerisinde hem eşi Hatice'yi hem de amcası Ebu Talib'i kaybetmesi kolay olmadı. Bunlar dev darbelerdi. Onların desteği ve koruması olmadığı için Kureyşliler Muhammed'e ve dinine karşı daha büyük bir cesaret kazandılar ve daha büyük düşmanlıklar gösterdiler.

Arap toplumu ittifaklara ve müşteri ilişkilerine dayanıyordu. Güvende olmanın yolu, kendinden daha güçlü kişilerin koruması altına girmekten geçiyordu. Kabilesi tarafından reddedilen Muhammed, kendisine ve takipçilerine yönelik tehlikeler nedeniyle başka koruyucular bulmak amacıyla Mekke yakınlarındaki Ta'if denilen bir yere gitti. Ne var ki Ta'if'te onu aşağılayıp alay ederek kovaladılar.

Ta'if'ten dönüş yolunda, İslami kaynaklara göre *cinlerden* oluşan bir topluluk, Muhammed'in gece vakti Kur'an'dan ayetler okuyarak dua ettiğini duydular. Duyduklarından son derece etkilenen cinler, hemen orada İslamiyet'i kabul ettiler. Bu Müslüman cinler, daha sonra İslamiyet'i öteki *cinlere* vaaz etmeye gittiler (S46:29-32; S72:1-15).

Bu olayın önemli olmasının iki sebebi var. Birincisi, Muhammed'in kendisini tasdik etme kalıbına uymaktadır. Ta'if'teki insanlar onu reddetmiş olsalar dahi, *cinler* onun kendisiyle ilgili iddiasını, yani Allah'ın gerçek resulü olduğunu kabul etmişlerdir.

İkinci olarak cinlerin, Tanrı'dan korkan Müslümanlara dönüşebileceği fikri, İslamiyet'in içinde cinler alemine açılan bir kapı oldu. Muhammed'in hayatındaki bu olay ve Müslüman cinlerle olan bağlantısı, Müslümanların ruh alemiyle temas kurmaları için haklı bir gerekçeye dönüştü. Ancak bu teması teşvik eden başka bir neden, Kur'an'da ve hadislerde geçen, her insanın bir *zevc* ya da ruh yandaşı sahibi olduğunu öne süren ayetlerdir (S43:36; S50:23,27).

Mekke'deki durum, Muhammed için pek iyi görünmüyordu. Her şeye rağmen kendisini himayelerine alan bir toplum oluşturmayı başardı. Bunlar, çok sayıda Yahudi'nin yaşadığı Yatrib'li (daha sonra Medine adını alacak olan şehir) Araplardı. Muhammed'e sadakat ve itaat teminatı veren bu ziyaretçiler, onun tevhit mesajına uygun yaşamaya razı oldular.

Bu ilk sadakat teminatı, savaşa girmemeyi içeriyordu. Ancak ertesi yılki panayırda, Medine'den gelen daha büyük bir grup, Muhammed'in aradığı himayeyi vermeye razı oldu. *Ansar*, yani yardımcılar olarak tanınacak olan bu Medineliler, "resule tam biat ederek" savaşma sözü verdiler.

Bunun ardından, siyasal bir sığınak oluşturmak amacıyla Mekkeli Müslümanların Medine'ye hicret etmelerine karar verildi. Bir gece arka pencereden kaçarak Mekke'yi terk eden son kişi Muhammed oldu. Muhammed, Medine'de mesajını engelsiz bir şekilde duyurma imkânı buldu. Medinelilerin neredeyse tamamı bir yıl içinde İslamiyet'e geçti. O günlerde Muhammed 52 yaşını doldurmuştu.

Muhammed, Mekke'deki yıllarda kendi ailesi ve kabilesi tarafından reddedilmişti. Birkaç istisna dışında O'na inananlar çoğunlukça yoksul ve mütevazi insanlardı. Toplumun diğer kesimleri O'nunla alay ediyor, tehdit ediyor, aşağılıyor ve saldırıyordu.

Muhammed ilk günlerde peygamberlik çağrısının reddedilmesinden korkuyordu ve kendisinden hiç de emin değildi. Hatta bir ara, Kureyş'in ilahlarını bile kabul etme raddesine gelmişti. Bununla birlikte bütün karşıtlıklara göğüs gerdi ve kendisine bağlı takipçilerden oluşan bir topluluğa kavuştu.

Muhammed, Mekke'de gerçekten barışçıl mı davrandı?

Birçok yazara göre, Muhammed'in Mekke'deki on yıllık tanıklığı barışçıldı. Bir anlamda bu doğruydu. Ne var ki Kur'an'ın Mekke'de inen surelerinde fiziksel şiddet buyrulmadığı halde, bunun kastedildiği belliydi. İlk vahiyler, Muhammed'in komşuları hakkında dehşet verici bir kınama dili kullanıyor, dini reddedenleri ahirette korkunç ıstırapların beklediği bildiriliyordu.

Mekke'de inen ceza ayetlerinin işlevlerinden biri, Kureyşli Araplar tarafından reddedilen Muhammed'i tasdik etmekti. Örneğin Kur'an, Müslümanları alaya alanların hem bu dünyada hem de ahirette cezalandırılacağını söyler. Müminler cennetteki koltuklarında lüks içinde oturup şarap içerek cehennemde yanan kâfirleri seyrederken güleceklerdir (S83:29-36).

Bu ceza ayetleri, hiç kuşkusuz Mekke'deki çatışma alevlerini körükledi. Müşrikler duyduklarından kesinlikle hoşlanmadılar.

Muhammed yalnızca sonsuz azabı vaaz etmekle kalmıyor, İbn İshak'ın hadislerine göre, müşrik Mekkelileri öldürme niyeti resulün zihninde daha o günlerde şekilleniyordu. Onlara şöyle diyordu: "Ey Kureyşliler, beni dinliyor musunuz? Canımı elinde tutan sayesinde sizi katledeceğim."

Daha sonra, Muhammed Medine'ye kaçmadan hemen önce Kureyşli bir grup kendisine geldi ve onu reddedenleri ölümle tehdit ettiğine dair suçlamada bulundu: "Muhammed... eğer onu takip etmezseniz, katledileceğinizi ve ölümden dirildikten sonra cehennem ateşinde yanacağınızı söylüyor." Muhammed bunun doğru olduğunu, "Öyle diyorum" sözleriyle onayladı.

Müslüman ümmet, Mekke'de alaylara ve aşağılamalara maruz kaldıktan sonra peygamberleri Muhammed'in rehberliğinde hasımlarına karşı savaşa girmeye hazırlandı.

Bu kısımlarda Muhammed'in, kendisini ve mesajını reddedenlere şiddet uygulamak için dönüşüne bakacağız.

Zulümden katliama

Arapça 'sıkıntı, zulüm, ayartı' anlamlarına gelen *fitne* sözcüğü, Muhammed'in askeri bir lidere dönüşme sürecini anlamak için hayati önem taşır. Bu sözcük, 'ayartmak, baştan çıkarmak, sınavlara sokmak, yoldan çıkmak' gibi anlamlara gelen *fatana* teriminden türemiştir. Temel anlamı, bir metali ateşle sınamak ve arıtmaktır. *Fitne,* ikna sözcüğünün olumlu ve olumsuz anlamlarını içererek ya ayartma ya da imtihana sokma fiillerini ima eder. Bu yolda maddi ya da başka saikler dahi sunulabilir.

Fitne, İlk Müslüman ümmetinin kâfirlerle yaşadığı deneyimleri tanımlayan temel bir ilahiyat kavramına dönüştü. Muhammed, Kureyşlileri fitneye başvurmakla suçluyordu. Hakaret, iftira, işkence, dışlama, ekonomik baskılar ve diğer saikler bu suçlamanın içeriğini oluşturuyordu. Amaç Müslümanları İslamiyet'ten çıkarmak ya da İslamiyet'in iddialarını sulandırmaktı.

Cihatla ilgili ilk Kur'an ayetleri, savaşın ve insanları öldürmenin tek amacının, *fitneyi* ortadan kaldırmak olduğunu açık bir dille vurguluyordu:

> Size karşı savaşanlarla siz de Allah yolunda savaşın, fakat aşırılığa sapmayın; Allah aşırılığa sapanları sevmez.
>
> Onları yakaladığınız yerde öldürün; sizi çıkardıkları yerden siz de onları çıkarın. Fitne öldürmekten daha kötüdür.
>
> ....
>
> Fitne ortadan kalkıncaya ve din yalnız Allah'ın oluncaya kadar onlarla savaşın; fakat vazgeçerlerse, artık zalimlerden başkasına saldırmak yoktur.
> (S2:190-93)

Müslümanlara *fitne uygulamanın*, öldürmekten daha kötü olması, çok önemli bir kavram haline gelmiştir. Mekke'deki bir kervana haram ayında (Arap kabile geleneğine göre yağmalamanın yasak olduğu dönem) saldırdıktan sonra aynı ifade tekrar kullanılacaktır (S.2:217). Kâfirlerin kanını dökmek, Müslümanları inançlarından döndürmek kadar kötü değildir.

2. suredeki bu metinde önemli olan başka bir ifadeyse, "*Fitne* ortadan kalkıncaya kadar onlarla savaşın" denilmesidir. Medine'de ikinci yıl sırasında gerçekleşen Bedir Muharebesinde da aynı vahiy gelmiştir (S9:39).

İki kez inen bu *fitne* vahiyleri, insanların İslamiyet'e girmelerine engel olan ya da Müslümanların dinden çıkmalarına sebep olan her şeyin mazeret olarak kullanılmasına yol açtı. İnsanlarla savaşmak ve onları öldürmek ne kadar feci olsa da İslamiyet'i engellemek ve altını oymak ondan daha kötü görülüyordu.

İslami âlimler fitne kavramını genişleterek kâfirliği de dâhil ettiler. Böylece, "kâfirlik öldürmekten daha kötüdür" gibi bir anlam ortaya çıktı.

Bu şekilde anlaşıldığında "fitne öldürmekten daha kötüdür" ifadesi, Müslümanlara müdahale edilip edilmediğine bakılmaksızın, Muhammed'in mesajını reddeden bütün kâfirlerle savaşmak ve onları öldürmek için evrensel bir buyruğa dönüştü. Büyük tefsirci İbn Kesir'in belirttiği gibi, kâfirler için sırf 'inanmamak' dahi öldürülmelerinden daha büyük bir kötülük haline geldi. Böylece kâfirliği ortadan kaldırmak ve İslamiyet'i bütün dinlerden üstün kılmak için savaşmanın temeli atılmış oldu (S2:193; S8:39).

"Bizler mağduruz!"

Muhammed, Kur'an'daki bu metinler aracılığıyla Müslümanların mağduriyetini vurguluyordu. Savaşı ve istilayı haklı göstermek için kâfir düşmanların suçlu olduklarını ve saldırıyı hak ettiklerini iddia ediyordu. Müslümanların mağduriyeti şiddete ne kadar çok gerekçe gösterilirse, düşmanlarının suçluluğu o kadar büyüyor ve onlara verilen ceza o kadar şiddetleniyordu. Allah, Müslümanların acılarının "öldürmekten daha kötü" olduğunu ilan ettikten sonra, Müslümanların kendi mağduriyetlerini, düşmanlarına verdikleri cezalardan daha büyük görmeleri mecburiyete dönüştü.

Kur'an'a ve Muhammed'in *Sünnetine* dayanan bu ilahiyat kökü, Müslümanların kendi mağduriyetlerini neden tekrar ve tekrar saldırdıkları insanların mağduriyetinden daha büyük gördüklerini açıklar. Ahmed bin Mıuhammed'in, El Cezire televizyonunda Dr. Vefa Sultan ile yaptığı tartışmada sergilediği zihniyet budur. Dr. Sultan, Müslümanların masum insanları öldürdüğüne işaret eder. Dr. Sultan'ın iddialarıyla öfkelenen Ahmed bin Muhammed bağırmaya başlar:

> Mağdur olan biziz! Bizim masumlarımızın (Müslümanlar) sayısı milyonları buluyor ama sizin masumlarınız en fazla yüz kişidir, bin kişidir.

Bu mağduriyet zihniyeti, günümüzdeki Müslümanların çoğuna hâkimdir ve kendi eylemlerinin sorumluluğunu hafifletmektedir.

İntikam

Muhammed'in Medine'deki askeri gücü büyüdükçe ve zaferleri çoğaldıkça, yendiği düşmanlarına yaptığı muamele, cihatla ilgili motivasyonu hakkında çok şeyi açıklıyordu. Daha önce kendisine deve pisliği ve bağırsağı atan Ukbe'ye muamelesi, bunun bir örneğidir. Ukbe, Bedir Muharebesinde yakalandı ve hayatta kalmak için yalvararak, "Çocuklarıma kim bakacak, Ey Muhammed?" diye feryat etti. Aldığı cevap, "Cehennem!" oldu. Ardından Muhammed, Ukbe'yi öldürttü. Bedir Muharebesinden sonra, savaşta öldürülen Mekkelilerin cesetleri bir çukura atıldı. Muhammed gece yarısı çukurun başına giderek Mekkeli ölülerle alay etti.

Bu olaylar Muhammed'in, kendisini tasdik etmek amacıyla kendisini reddedenlerden intikam aldığını gösteriyor. Ölüme kadar dahi olsa son sözü söylemekte kararlıydı.

Muhammed'i reddedenler, O'nun suikast listesinin başındaydılar. Mekke'yi işgal eden Muhammed, katliam yapılmasına karşı çıktı. Bununla birlikte, öldürülmesi gereken küçük bir insan listesi vardı. Bu listede dinden çıkan üç kişi, Muhammed'e Mekke'de hakaret eden bir adam ve bir kadın, O'nunla ilgili alaycı şarkılar söyleyen iki köle kız vardı.

Mekkelilerden oluşan hedef listesi, Muhammed'in reddedilmekten ne kadar tiksindiğini ortaya koyuyor. Dinden dönenlerin varlığı bir tür fitneydi, çünkü hayatta kaldıkları sürece, İslamiyet'ten çıkmanın mümkün olduğunu kanıtlıyorlardı. Aynı şekilde Muhammed'i aşağılayan ve O'nunla alay edenler de başkalarının inancını zayıflatma gücüne sahip oldukları için tehlike oluşturuyorlardı.

Gayrimüslimler için sonuçlar

İslami hukukta kâfirlerin reddedilmesinin kökü, Muhammed'in duygusal dünya görüşünde ve reddedilme karşısındaki tepkilerinde yatar.

Muhammed'in düşmanlığı ilk başlarda kendi kabilesine, yani müşrik Araplara odaklanmıştı. Muhammed'in kâfir Araplara muamelesinde belli bir eğilim olduğunu görebiliyoruz: Onların Müslümanlara verdiği sıkıntılar karşısında büyüyen öfke duygusu, imansızlığın bile tek başına *fitne* olduğu sonucunu doğurdu. Aynı eğilim, Muhammed'in Ehl-i Kitap'a yönelik tutumunda da görülüyordu. İslamiyet'i reddettikleri için onlara da suçlu damgası vuruldu, hâkimiyet altında yaşamaya ve ikinci sınıf muameleye maruz bırakıldılar.

Muhammed, Mekke'yi işgal etmeden önce Mekke'ye hac yolculuğu yapacağına dair bir görüm gördü. O günlerde bu imkânsızdı; çünkü Müslümanlar, Mekkelilerle savaş halindeydi. Muhammed bu görümden sonra Hudeybiye Antlaşmasını yaptı ve bu antlaşma yoluyla umre yolculuğu mümkün oldu. Antlaşmanın geçerlilik süresi on yıldı ve maddelerden birine göre, Muhammed velilerin izni olmadan gelenleri Mekke'ye geri gönderecekti. Köleler ve kadınlar bu maddenin kapsamı içindeydi. Bu antlaşma her iki tarafın ittifak kurmasına da izin veriyordu.

Muhammed antlaşmanın kendi üzerine düşen tarafına uymadı: Mekke'den gelerek karılarını ve kölelerini talep edenleri, Allah'ın yetkisini öne sürerek kaçakları teslim etmeden eli boş gönderdi. İlk vaka, erkek kardeşleri tarafından kurtarılmak üzere gelen Ümmü Gülsüm'dü. Muhammed, İbn İshak'ın rivayetine göre, "Allah yasakladı" diyerek kadını salıvermeyi reddetti (ayrıca bkz. S60:10).

60. sure, Müslümanların müşrikleri dost edinmemelerini buyurur. Gizlice Mekkelileri sevenlerin yoldan saptığını, çünkü müşriklerin tek arzusunun Müslümanları imandan saptırmak olduğunu öne sürer. 60. Surenin tamamı, "Birbirimize düşmanlık etmeyeceğiz, kötü niyet ve gizli planlar olmayacak" diyen Hudeybiye Antlaşmasının ruhuna aykırıydı. Bununla birlikte Müslümanlar, antlaşmanın Kureyş tarafından bozulduğunu iddia ederek Mekke'ye yaptıkları saldırıyı ve işgali savunmaya çalıştılar.

Allah o günlerden sonra müşriklerle hiçbir antlaşma yapılamayacağını ilan etti. "Allah ve Resulünden, antlaşma yapmış olduğunuz müşriklere karşı fesih bildirimidir!... Haram aylar çıkınca, müşrikleri bulduğunuz yerde öldürün…" (S9:3,5).

Bütün bu olaylar gayrimüslimlerin, tabiatları gereği antlaşma bozan ve sözünde durmayan kişiler olduğuna dair resmi bir İslami görüş oluşturdu (S9:7-8). Aynı zamanda Muhammed, Allah'tan gelen buyrukla müşriklerle antlaşma bozma hakkına sahip olduğunu iddia ediyordu. Onun, yüce bir yetkiyle antlaşmalarını çiğnemesi, haksızlık olarak görülmüyordu.

Bu tür olaylar Muhammed'in gayrimüslimleri, Müslümanları imandan saptıranlar (*fitne* yapanlar) kategorisine indirgediğini gösteriyor. Böylelikle onlar, İslamiyet'i kabul etmeyi reddettikleri sürece, onlarla normal ilişkilerin kurulması imkânsız hale gelmiştir.

Sonraki kısımlarda Muhammed'in, öfkesini ve saldırganlığını nasıl Arabistan'daki Yahudilere yönelttiğini ve bunun doğurduğu trajik sonuçları ele alacağız. Muhammed'in, Arabistan'lı Yahudilerle ilişkileri, İslamiyet'in gayrimüslim politikasının temelini oluşturur. Sonraki bir derste inceleyeceğimiz gibi, Ehl-i Kitap için oluşturulan *zimmet* hukuku da buna dâhildir.

Muhammed'in Yahudilerle ilgili ilk görüşleri

Muhammed'in Yahudiler'le ilgili ilk iddiası, kendisinin birçok Yahudi peygamberin bulunduğu peygamberler zincirine dâhil olduğuydu. Mekke günlerinin sonlarında ve Medine döneminin başlangıcında, Yahudiler'le ilgili birçok ayet inmiş, onlara Ehl-i Kitap diye hitap edilmişti. O günlerde Kur'an, Muhammed'in mesajının onlar için bir hayır olarak indiğini söylüyordu (S98:1-8).

Muhammed bazı Hristiyanlarla da karşılaşmış ve onlara karşı cesaret verici davranmıştı. Hatice'nin Hristiyan kuzeni Varaka, Muhammed'i peygamber olarak nitelemişti. Ayrıca, Muhammed'in yolculuk ederken Bahira isimli bir keşişle karşılaştığı ve onun da Muhammed'i peygamber ilan ettiğine dair bir rivayet vardır. Belli ki Muhammed, Yahudilerin kendisini Allah'tan gelen "açık bir kanıt" (S98) olarak göreceklerini ve mesajına olumlu karşılık vereceklerini umuyordu. Gerçekten de Muhammed, kendisinin öğretişinin namaz ve *zekât*[8] da dâhil olmak üzere Yahudi diniyle aynı olduğunu söylüyordu (S98:5). Hatta takipçilerine, dua ederlerken Kudüs'e doğru olacak şekilde Şam'a, 'Suriye'ye' dönmelerini buyurmuştu.

Muhammed, Medine'ye geldiği zaman, Müslümanlar ile Yahudiler arasında bir antlaşma yaptığına dair İslami bir rivayet vardır. Bu antlaşma, Yahudi dinini tanımaktadır - "Yahudilerin kendi dinleri, Müslümanların kendi dinleri vardır" - ve Yahudilerin Muhammed'e sadakat göstermelerini buyurmaktadır.

Medine'de Karşıtlık

Muhammed mesajını Medine'de yaşayan insanlara sunmaya başladı ama hiç beklenmedik bir direnişle karşılandı. İslami rivayete göre, bunun sebebi kıskançlıktı. Muhammed'in bazı vahiyleri Kutsal

---

8. İslamiyet'in beş şartından biri olan zekât, yıllık dini vergidir.

Kitap'la ilgili bilgiler içeriyordu. Hiç kuşkusuz rabbiler bu bilgilerdeki çelişkilere işaret ederek Muhammed'in yorumlarına karşı duruyorlardı.

İslam peygamberi, rabbilerin sorularından sıkıntı duyuyor, zaman zaman Kur'an ayetleriyle cevaplar iniyordu. Muhammed'e bir soru yöneltildiğinde, Kur'an'daki ayetlerin de gösterdiği gibi, bunları kendini tasdik etmek için birer fırsata dönüştürüyordu.

Muhammed'in en basit stratejilerinden biri Yahudilerin, işlerine gelen ayetleri söylediklerini, diğer ayetleri ise gizlediklerini iddia etmekti (S36:76; S2:77). Allah'tan gelen başka bir cevaba göre ise Yahudiler, Kur'an ayetlerini anladıkları halde bile bile tahrif ediyorlardı (S2:75).

Rabbilerin Muhammed ile yaptıkları görüşmeler, İslami rivayete göre gerçek diyaloglar ve Muhammed'in iddialarına makul cevaplar içermiyordu. Bunlar İslamiyet'i ve Müslümanların imanını yok etmek için ortaya atılan birer *fitneden* ibaretti.

İnkarcıların düşman ilahiyatı

Muhammed'in Yahudilerle yaptığı görüşmeler, onlara karşı düşmanlığının büyümesine neden oluyordu. Geçmişte bazı Kur'an ayetleri, Yahudilerden bazılarının mümin olduklarını söylese dahi, daha sonra inen ayetler Yahudi soyunun tümüyle lanetlendiğini ve çok azının gerçek mümin olduğunu iddia ediyordu (S4:46).

Kur'an geçmişte bazı Yahudilerin, günahlarından ötürü maymunlara ve domuzlara dönüştürüldüğünü söylüyor (S2:65; S5:60; S7:166), Allah onları peygamber katilleri olarak nitelendiriyordu (S4:155; S5:70). Allah, antlaşmayı bozan Yahudileri lanetlediğini, onların kalplerini katılaştırdığını, böylece Müslümanların onlardan (birkaçı hariç) hep hainlik göreceklerini söylüyordu (S5:13). Allah'ın sözünden döndükleri ve yeryüzünde fesat çıkardıkları için zararlı çıkacaklardı (S2:27).

Muhammed Medine'de, kendisinin Yahudilerin yanılgılarını düzeltmek için gönderildiği sonucuna varmıştı (S5:15). İlk Medine döneminde, Muhammed'in vahiyleri, Museviliğin geçerli olduğunu öne sürüyordu (S2:62). Ne var ki bu ayetin hükmü, S3:85 tarafından kaldırılmıştır. Muhammed, kendisinin gelişiyle Museviliğin hükmünün son bulduğunu, getirdiği İslamiyet'in son din, Kur'an'ın ise son vahiy olduğu sonucuna varmıştı. Bu mesajı reddedenlerin hepsi, "ziyan edenler" olacaktı (S3:85). Yahudilerin ve Hristiyanların artık eski dinlerine bağlı kalmaları makbul değildi. Muhammed'i kabul etmeleri ve Müslüman olmaları gerekliydi.

Muhammed, Kur'an ayetlerinde Museviliğe karşı geniş çaplı bir ilahiyat saldırısı başlattı. Bunun sebebi, mesajını Yahudilerin reddetmesi nedeniyle yaşadığı derin güceniklikti. Mekke'deki müşriklere takındığı tavrı, Yahudilere karşı da takınarak kendisini tasdik etme yoluna gitmekteydi. Bununla yetinmeyip daha da ileri gidecek ve tavrını saldırganlığa dönüştürecekti.

Reddedilme şiddete dönüşüyor

Muhammed, Medine'de Yahudilere gözdağı vermek ve sonra da ortadan kaldırmak için bir kampanya başlattı. Bedir Muharebesinde müşrikler üzerinde kazandığı zaferin verdiği cesaretle Yahudilerin Kaynuka kabilesini ziyaret ederek onları Allah'ın intikamıyla tehdit etti. Sonra Kaynuka Yahudilerini kuşatmak için bir bahane bularak onları Medine'den sürdü.

Muhammed bunun ardından Yahudileri hedef alan suikastlar düzenledi. Takipçilerine, "Elinize geçirdiğiniz her Yahudi'yi öldürün" diye talimat verdi. Yahudilere ise *aslim taslam*, yani "İslamiyet'i kabul edin, güvende olun" diye tebliğde bulundu.

Muhammed'in anlayışında muazzam bir değişiklik olmuştu. Artık sadece İslamiyet'i destekleyip onurlandıran gayrimüslimler mülk hakkına sahip olacaktı. Bunun dışında kalan her şey fitneydi ve onlarla savaşmak için bahaneydi.

Muhammed'in, Medineli Yahudilerle uğraşma görevi henüz tamamlanmamıştı. Onun dikkatini çeken diğer kabile Beni Nadir oldu. Nadir kabilesinin tamamı, antlaşmalarını bozmakla suçlandılar, saldırıya uğradılar ve uzun bir kuşatmanın ardından Medine'den sürüldüler. Mal varlıkları Müslümanlara ganimet olarak kaldı.

Muhammed bunun ardından oradaki son Yahudi kabilesi olan Beni Kurayza'yı kuşatma altına aldı. Bunun Cebrail'den gelen bir buyruk olduğunu iddia ediyordu. Yahudiler şartsız olarak teslim olduktan sonra 600 ile 900 kadar Yahudi erkek Medine çarşısında başları kesilerek katledildi. Yahudi kadınlar ve çocuklar, ganimet olarak Müslümanların arasında paylaştırıldı ve köleleştirildi.

Ancak Muhammed'in, Arabistanlı Yahudilere yönelik düşmanlığı son bulmamıştı. Medine'yi Yahudilerden arındırdıktan sonra Hayber'e saldırı düzenledi. Hayber kampanyası, Yahudilere ikili bir seçenek teklifiyle başladı: Ya Müslüman olacaklar ya da öleceklerdi. Bununla birlikte Müslümanlar, Hayberli Yahudileri yenilgiye uğrattıktan sonra üçüncü bir seçenek müzakere edildi: Şartlı teslimiyet. Böylece Hayberli Yahudiler, ilk zimmiler haline geldi (bkz. Ders 6).

Muhammed'in Yahudilerle ilişkilerini incelemeyi tamamladık.

Bu önemli bir konudur çünkü Kur'an, Hristiyanları ve Yahudileri Ehl-i Kitap kategorisinin temsilcileri olarak görür. Dolayısıyla Kur'an'da ve Muhammed'in hayatında Yahudilere yapılan muamele, çağlar boyunca Hristiyanlara yapılan muamele için emsal oluşturmuştur.

Muhammed'in reddedilme karşısındaki üç tepkisi

Muhammed'in peygamberlik görevinde nasıl birçok kez reddedildiğini gördük. Hem aile şartlarında hem Mekke'deki toplumunda hem de Medineli Yahudiler tarafından reddedilmişti.

Aynı zamanda, onun reddedilme karşısında verdiği tepkileri de gözlemledik. Muhammed'in ilk tepkileri *kendini reddetmek* olmuştu. İntihar düşüncelerine kapılmış, cinli olduğundan korkmuş ve umutsuzluğa düşmüştü.

Ayrıca reddedilme korkusuyla mücadele ettiğini gösterecek şekilde kendini tasdik etmek için uğraş veriyordu.[9] Bu uğraşlar, Allah'ın düşmanları cehennemde yakacağı iddialarını, her peygamberin Şeytan tarafından kandırıldığını öne sürerek potansiyel utanç

---

9. Reddedilme ve reddedilme karşısındaki tepkilerin bir incelemesi için bkz. Noel and Phyl Gibson, *Evicting Demonic Squatters and Breaking Bondages.*

kaynaklarını örtbas etme çabalarını, Muhammed'in vahiylerine uyanların hem bu dünyada hem de ahirette kazananlar olacağını söyleyen ayetleri içeriyordu.

En sonunda *saldırgan* tepkiler baskın çıktı. Gayrimüslimlerle savaşmak, onları yenerek *fitneyi* ortadan kaldırmak düşüncesi, bir öğreti haline geldi.

Muhammed'in tepkileri, kendini reddetmeyle başlayarak kendini tasdik etmeye ve en sonunda saldırılara dönüştü. Kendisi yetim olan Muhammed, çocukları yetim bırakan Muhammed'e dönüştü. Cinlere tutsak olmaktan korktuğu için intiharı düşünen, kendisiyle ilgili kuşkuları olan Muhammed, sonunda en büyük reddediciye dönüştü. Tüm diğer inançları bastırarak kendi inancını üstün kılmak için savaşmayı dayatır hale geldi.

Muhammed'in duygusal dünya görüşünde kâfirlerin yenilmesi ve aşağılanması, takipçilerinin hislerini iyileştirecek ve öfkelerini dindirecekti. 'İslami barışı' sağlamak için savaşmak, Kur'an'da şöyle tanımlanıyordu:

> Onlarla savaşın ki, Allah onları sizin elinizle cezalandırsın, onları rezil rüsvâ etsin, sizi onlara karşı başarılı kılsın, inananların yüreklerine su serpsin, kalplerindeki öfkeyi yatıştırsın. Allah dilediğinin tövbesini kabul eder. Allah bilmekte, hikmetle yönetmektedir. (S9:14-15)

Muhammed ve takipçileri, ilk günlerde Mekkeli müşrikler tarafından gerçek bir zulüm görmüşlerdi. Bununla birlikte, Medine'de iktidara kavuşan Muhammed, Müslümanların zulüm yapmasına, kâfirlere ve alaycılara - müşrikler, Yahudiler ya da Hristiyanlar - şiddet uygulanmasına, onların susturulmalarına ve boyun eğdirilmelerine izin verdi. Muhammed kendisini, dinini ve cemaatini reddedenleri tümüyle ortadan kaldırmak amacıyla ideolojik ve askeri bir program oluşturdu. Daha sonra, bu programın başarısının kendisinin peygamberliğini tasdik ettiğini ve haklı çıkardığını öne sürdü.

Bütün bu gelişmeler olurken, Muhammed'in Müslümanlar üzerindeki kontrolü giderek sertleşiyordu. Mekke'deki günlerde Kur'an, Muhammed'in sadece bir "uyarıcı" olduğunu belirtiyordu, oysa Medine'ye göç ettikten sonra o, müminlerin komutanına dönüştü. Kur'an'a göre, "Allah ve resulü" bir konuda hüküm verdikten sonra müminlere sorgusuz sualsiz itaat düşüyordu (S33:36) ve Allah'a itaat etmenin yolu, resulüne itaat etmekten geçiyordu (S4:80).

Muhammed'in, Medine döneminde yürürlüğe koyduğu buyruklar, günümüzdeki birçok Müslümanın hayatında *şeriat* aracılığıyla travmalar yaratmaktadır. Örneğin bir *şeriat* kanununa göre, bir erkek karısını üç kez "Boş ol" diyerek boşayabilirdi. Ancak bu çift yeniden evlenmek isterse, kadın ilk önce başka bir erkekle evlenmeli, onunla cinsel beraberliği olmalı ve ondan boşanmalıydı. İlk eşiyle evlenmesinin tek yolu buydu. Bu kanun Müslüman kadınlara tarifi imkânsız acılar yaşatmıştır.

Kur'an, Muhammed'in peygamberlik rolündeki süreci bizlere göstermektedir. Muhammed'in son derece şahsi bir belgesi olan Kur'an, reddedilme karşısında onun büyüyen düşmanlığını ve saldırganlığını, öte yandan takipçilerinin hayatlarını kontrol etmekle ilgili güçlenen tutkusunu gözler önüne sermektedir. İleri dönemde gayrimüslimlere yönelik dayatmalar - susturma, suçluluk ve minnet - Muhammed'in, reddedilmeye karşı gösterdiği tepkilerin gelişmiş haliydi. "Allah'tan başka ilah yoktur ve Muhammed onun resulüdür" diye *şehadet* getirmeyen herkesin şiddetle bastırılması ve yola getirilmesi gerekecekti.

Muhammed'in reddedilme karşısında gösterdiği tepkileri, hem de bunları başkalarına dayatarak ve kendini tasdik ederek düşmanları üzerinde başarı kazanma gayretini ele aldık.

"En iyi örnek"

Bu derste, Muhammed'in belli başlı niteliklerini öğrendik. Her ne kadar İslamiyet'te insanlık için en iyi örnek olarak gösterilse de reddedilmenin onu nasıl etkilediğini ve hatta kendisinde derin bir hasar yarattığını gördük. Kendini reddetme, kendini tasdik etme, kontrolcülük ve saldırganlık içeren tepkiler veriyordu. Onun reddedilme karşısındaki tepkileri hem kendisine hem de bugüne kadar birçok kişiye zarar vermiştir.

Muhammed'in şahsi geçmişi önemlidir, çünkü hem *şeriat* hem de onun dünya görüşü aracılığıyla bunlar dünya problemleri haline gelmiştir. Böylelikle bir Müslüman, ruhsal yönden Muhammed'in karakterine ve örneğine bağlanmış olur. Bu bağ *kelime-i şehadet* getirilerek ve *ezan* okunan her yerde İslamiyet'in âdetlerine uyularak ortaya konulur. Öyle ki, dünyaya gelen Müslüman bir bebeğin ilk duyduğu şey, kulağına okunan *kelime-i şehadettir.*

Kelime-i şehadet, Muhammed'in Allah'ın resulü olduğunu ilan eder. Böylece Allah'ın sözü olarak Kur'an'ın, Allah'ın resulü olan Muhammed'e indirildiğini tasdik eder. *Kelime-i şehadeti* tasdik etmek, Kur'an'ın Muhammed hakkında söylediklerine razı olmaktır. Bu da resulü örnek alma mecburiyetini, kendisini takip etmeyenlere yönelik tehditlerini ve lanetlerini, kendisinin mesajını kabul etmeyip takibi reddedenlere karşı durmayı ve savaş vermeyi içerir.

Kelime-i şehadet esasen ruh alemine – bu karanlık dünyanın güçlerine, kötülüğün göksel yerlerdeki ruhsal ordularına karşı bir ilandır (Efesliler 6:12). Mümin kişi bu ilanla, Muhammed'in örneğine uyma antlaşması yapmakta, Muhammed ile arasında bir 'can bağı' kurmaktadır (bkz. Ders 7). Böylece mümin ile Muhammed arasında ruhsal bir bağ kurulur. Bu antlaşma bağı, Muhammed'e meydan okuyan ve onu bağlayan ahlaksal ve ruhsal problemleri Müslüman müminlere dayatmak için ruhsal güçlere ve ordulara izin verir. Bu problemler, İslami *şeriat* sayesinde İslami toplumların kültürlerine derin bir şekilde işlemiş ve yer etmiştir.

Muhammed'in sünnetinin olumsuz yönlerinin, *kelime-i şehadet ve şeriat* yoluyla birçok Müslüman'ın hayatında nasıl tekrarlandığını ele aldık. Onun örneğinin ve öğretişinin bazı olumsuz yönleri aşağıda sıralanmıştır:

- şiddet ve savaş
- cinayet
- kölelik
- kısas ve intikam
- nefret
- kadınlara karşı nefret
- Yahudilere karşı nefret
- suistimal
- utanç ve insanları utandırmak
- gözdağı

- hile
- gücenme
- mağduriyet
- kendini haklı çıkarmak
- üstünlük duyguları
- Tanrı'yı yanlış temsil etmek
- başkalarına egemenlik taslamak
- tecavüz

Müslümanlar *kelime-i şehadet* getirdikleri zaman, Kur'an'ın ve sünnetin Mesih ve Kutsal Kitap hakkındaki iddialarını tasdik etmiş olurlar. Bunlar şöyledir:

- İsa Mesih'in çarmıhtaki ölümünü inkâr etmek
- Çarmıha karşı nefret
- İsa Mesih'in Tanrı'nın Oğlu olduğunu inkâr etmek (ve buna inananlara lanet okumak)
- Yahudilerin ve Hristiyanların, Kutsal Kitaplarını tahrif ettiklerine dair suçlamada bulunmak
- İsa Mesih'in, Hristiyanlığı yok etmek ve Muhammed'in *şeriatını* bütün dünyaya kabul ettirmek için döneceği iddiasında bulunmak

Bu fenalıklar gerçekten de ağır birer yüktür. İslamiyet'i terk ederek İsa Mesih'i takip edenlerin yüzleştiği en büyük sıkıntılardan biri, bunları kararlı bir şekilde reddetmedikçe kendi canlarında bunlara dayanak vermektir. Mesih'e dönen Müslümanların, Hristiyan yaşamında zorluklarla ve güçlüklerle boğuşmalarının bir nedeni budur.

Muhammed'in resul statüsü açık ve net bir şekilde reddedilmedikçe, Kur'an'daki lanetler ve tehditler ruhsal dengesizliğe yol açacaktır. Muhammed'in, Mesih'in ölümüne ve Rab olduğuna dair karşıtlığı, İsa'nın takipçilerinin kolayca korkuya, savunmasızlığa ve güvensizliğe teslim olmalarına yol açacaktır. Bu durum, Mesih'in yolunda yürümeye ciddi bir şekilde engel oluşturacaktır.

Bu nedenle, bir kişi İslamiyet'ten çıktığı zaman Kur'an'ı, Muhammed'in örneğini, öğretişini, *kelime-i şehadetin* içerdiği bütün vasiyetleri ve lanetleri net bir dille reddetmeli ve terk etmelidir. Sonraki derste İsa Mesih'in hayatına bakarak bunu nasıl yapacağımızı öğrenecek, Muhammed'in örneğinden özgür olmanın etkili anahtarlarını sunacağız.

Çalışma Rehberi

Ders 4

Söz Dağarcığı

Şeytan Ayetleri	Hudeybiye Antlaşması
Hükmü kaldırmak	*zekat*
cin	*aslim taslam*
karin	*Hayber*
hicret	*zimmi*
fitne	Ehl-i Kitap

Reddedilme tepkileri: kendini reddetmek, kendini tasdik etmek, saldırganlık

Yeni isimler

- Kureyş, Muhammed'in Mekke'deki kabilesi
- Abdullah bin Abd el-Muttalib: Muhammed'in Arap babası (İ.S. 50'de öldü)
- Ebu Talib: Muhammed'in amcası ve hamisi (İ. S. 620'de öldü)
- Ebu Leheb: Muhammed'in amcası ve hasmı (İ.S. 624'te öldü)
- Hatice: Muhammed'in Mekke'deki karısı (İ.S. 620'de öldü)
- İbn Kesir: Suriyeli tarihçi ve alim (İ.S. 1301-1373)
- İbn İshak: Muhammed'in Yaşam Öyküsünü yazan Suriyeli Müslüman (İ.S. 704-768). Muhammed'in yaşamıyla ilgili kayıtları, İbn Hisam tarafından – düzeltilerek yazıya geçirilmiştir (İ.S. 833)

- Cebrail: Muhammed'e mesaj getirdiği iddia edilen melek.

- Varaka: Muhammed'in ilk karısının Hristiyan kuzeni.
- Ali bin Ebu Talib: Muhammed'in müslümanlaştırdığı ikinci kişi olan küçük kuzeni, Ebu Talib'in oğlu (İ.S. 601-661)
- El-Tabari: Nüfuzlu bir Müslüman tarihçi ve Kur'an tefsircisi (İ.S. 839-923).
- El-Lat, El-Uzza, and Menat: Mekkeli tanrıçalar, Allah'ın üç kızı
- Haşemiler: Muhammed'in büyük büyük babası Haşim'in soyundan gelenler.
- Yatrib: Medine'nin önceki ismi
- Ensar, 'yardımcılar': Muhammed'i takip eden Medineliler
- Dr Vefa Sultan: Suriyeli-Amerikalı psikiyatrist ve İslam eleştirmeni (d. İ. S. 1958)
- Ahmed bin Muhammed: Cezayirli din politikaları profesörü
- Ukbe: Muhammed'e düşman olan Mekkeli bir Arap
- Bahira: Muhammed'in yolculukları sırasında tanıştığı bir keşiş
- Beni Kaynuka', Beni Nadir and Banu Kurayza: Medineli Yahudi kabileleri

Bu dersteki Kutsal Kitap ayetleri

Efesliler 6:12

Bu derste Kur'an ayetleri

S111	S46:29-32	S36:76	S2:27
S93	S71:1-15	S2:77	S5:15
S109:6	S83:29-36	S2:75	S2:62
S53	S2:190-93	S4:46	S3:85
S22:52	S2:217	S2:65	S9:14-15
S53:1-3	S8:39	S5:60	S33:36
S68:1-4	S2:193	S7:166	S4:80
S20:64, 69	S60:10	S4:155	
S26:40-44	S9:3-5, 7-8	S5:70	
S10:95	S98:1-8	S5:13	

Ders 4 soruları

- Durum çalışması hakkında söyleşin.

Aile başlangıçları

1. Muhammed'in çocukluğunda yaşadığı üç büyük acı nelerdir?

2. Muhammed'in amcası **Ebu Leheb**, nasıl bilinirdi?

3. Muhammed'in **Hatice'yle** yaptığı evliliğin altı eşsiz yönü nelerdir?

4. Muhammed ve **Hatice,** çocuk sahibi olmakla ilgili ne gibi bir elem çektiler?

5. Muhammed'le en çok ilgilenen iki kişi kimdir?

Yeni bir din kuruluyor (Mekke)

6. Muhammed, Cebrail melek kendisini ziyaret etmeye başladığı zaman kaç yaşındaydı ve bu ziyaretlere nasıl karşılık verdi?

7. **Varaka**, Muhammed'in melek tarafından ziyaret edildiğini duyduğu zaman nasıl bir ilanda bulundu?

8. Muhammed'in, Allah'ın kendisine defalarca güvence vermesine neden olan ne gibi bir korkusu vardı?

9. İlk müminler kimlerdi?

Muhammed'in kendi kabilesi

10. Muhammed'in küçük ümmetinin aşağılanan bir azınlık muamelesi görmesinin sebebi neydi?

11. **Ebu Talib** isimli amca, Müslüman olmadığı halde hangi açıdan önemli bir rol oynadı?

12. Mekke'deki **Kureyş** kabilesinin, Muhammed'e ve ümmetine karşı yürüttüğü yeni politika ne oldu?

13. Müslümanların çoğu hangi Hristiyan ulusa sığındılar? Aileleriyle oraya kaçan erkeklerin sayısı kaçtı?

Kendinden kuşkulanma ve kendini tasdik etme

14. Muhammed'e teklif edilen ve S109:6'da sözü geçen antlaşma neydi?

15. Muhammed, Mekkelileri sevindiren ve günümüzde **Şeytan ayetleri** olarak bilinen hangi tavizi verdi ve sonra geri aldı?

16. Muhammed'in geri aldığı bu taviz hakkında S22:52'de belirtilen mazeret nedir?

17. Muhammed'in üstünlük kurmak için çok kez övündüğü şeyler nelerdir?

18. Mekke döneminin sonunda Muhammed'in yeni 'başarı' kavramı ne oldu?

Reddedilmeler çoğalıyor ve yeni ittifaklar kuruluyor

19. Muhammed'i bekleyen çifte darbe neydi ve kendisine nerede yeni koruyucular buldu?

20. Muhammed, Ta'if'ten dönerken onun dua ettiğini işiten kimler Müslüman oldular?

21. Çoğu Müslümanın ruhsal âleme açık olduğuna dair Durie'nin gösterdiği iki gerekçe nelerdir?

22. Medineli **ensarın**, Muhammed'e verdiği teminat neydi?

23. Muhammed'in, Mekke'de başaramayıp Medine'deki ilk yılında başardığı şey nedir?

Muhammed, Mekke'de gerçekten barışçıl mı davrandı?

24. Mekke'de inen surelerde ne gibi korkutucu ilanlar vardı?

25. **İbn İshak'a** göre Muhammed, Mekkeli **Kureyş** kabilesine ne olacağına dair söz verdi?

Zulümden katliama

26. Muhammed **Kureyşlileri**, kendisine karşı ne kullandıkları gerekçesiyle suçlayıp bunu savaş için bahane etti?

27. Muhammed'e göre, insanları öldürmekten ya da ramazan ayında şiddete başvurmaktan daha ciddi olan suç neydi?

28. *Cihadı* daima haklı çıkaran nedir?

29. Müslüman alimlere ve Suriyeli Pers alim **İbn Kesir'e** göre, inkâr yoluna giderseniz neyi hak edersiniz?

"Bizler mağduruz!"

30. Müslümanlar, neden kendi mağduriyetlerini düşmanlarını öldürmekten daha kötü görüyorlar?

31. Profesör **Ahmed bin Muhammed**, **Vefa Sultan'la** tartışırken mağduriyet için neyi gerekçe gösterdi?

İntikam

32. Muhammed'in Ukbe'ye muamelesi ve tutumu, neyin göstergesidir?

33. Muhammed'in, yakalanan Mekkelilerden oluşan listesi, neyin göstergesidir?

Gayrimüslimler için sonuçlar

34. İslamiyet'i reddeden **Ehl-i Kitap'ı** neler beklemektedir?

35. Durie'ye göre, Muhammed'in hayatına egemen olan nedir?

36. Muhammed neden **Hudeybiye Antlaşmasını** çiğneyebileceğini hissediyordu?

37. S9:3-5'teki buyruğa göre Müslümanlar, müşriklere ne yapmalıdırlar?

Muhammed'in, Yahudilerle ilgili ilk görüşleri

38. Kur'an'daki Mekke suresi ve 98. Sure, Yahudiler hakkında neler söylüyor?

39. Muhammed'in mesajına, Yahudilerin olumlu karşılık vereceklerine dair kendisinin umutlu olduğunu gösteren şey nedir?

Medine'de Karşıtlık

40. Muhammed, Medineli Yahudi rabbilerle görüşmelerinde neden yeni Kur'an ayetlerine daha çok bel bağlıyordu?

41. Muhammed, Yahudilerin *fitnesine* hangi iki şekilde karşılık verdi?

İnkarcıların düşman ilahiyatı

42. Durie, Muhammed'in yeni Yahudi karşıtı mesajını nasıl tanımlıyor? Kur'an Yahudilerin ne olduğunu söylüyor?

    1) S4:46 …

    2) S7:166 vb …

    3) S5:70 …

    4) S5:13 …

    5) S2:27 …

43. Muhammed mesajının, artık neyin **hükmünü kaldırdığına** inanıyordu?

Reddedilme şiddete dönüşüyor

44. Muhammed, ilkönce Medineli Yahudi Kaynuka kabilesine neler yaptı?

45. Muhammed, Medine'deki diğer Yahudilere neden ***aslim taslam*** vaazı verdi?

46. Muhammed, ikinci Yahudi kabilesi olan **Nadir'e** neler yaptı?

47. Muhammed üçüncü Yahudi kabilesi olan **Kurayza'ya** neler yaptı?

48. Muhammer, ***Kayber*** Yahudi oymağına neler yaptı?

49. İslamiyet'te ***Ehl-i Kitap*** olarak görülenler kimlerdir?

Muhammed'in reddedilme karşısındaki üç tepkisi

50. Muhammed'in, ***reddedilmenin*** çeşitli biçimlerine karşı verdiği tepkilerin üç safhası nelerdir?

51. S9:14-15'e göre, Muhammed'in ve takipçilerinin hislerini iyileştirmek ve öfkelerini dindirmek için gereken şey neydi?

52. Muhammed, kendisinin ve ümmetinin reddedilmemesi için neler yaptı?

53. Medine'ye hicret ettikten sonra Muhammed'in rolünde ne gibi bir değişiklik oldu?

54. Kur'an'ın son dönemde inen ayetlerinde Allah'a itaat etmenin yolu neydi?

55. Gayrimüslimlerin zorunlu sessizliği, suçluluğu ve minneti neye dayanıyordu?

"En iyi örnek"

56. Muhammed'in problemleri nasıl dünya problemlerine dönüştü?

57. Yeni doğan Müslüman bir bebeğin kulağına okunan ilk sözler nelerdir?

58. *Kelime-i şehadet* getiren Müslümanların tasdik ettiği iki şey nelerdir?

59. Durie'ye göre, *kelime-i şehadet* getirmek ruhsal güçlere ne gibi bir izin verir?

60. Müslümanlarla şahsen karşılaştıysanız, Muhammed'in aşağıda sıralanan örneğini onların tutumlarında gördünüz mü? (Daire içine alınız)

- Şiddet – savaş
- cinayet
- kölelik
- intikam/kısas
- nefret
- Kadınlara karşı nefret
- Yahudilere karşı nefret
- suistimal
- utanç / utandırma
- gözdağı
- hile
- gücenme
- mağduriyet
- kendini tasdik etme
- üstünlük duyguları
- Tanrı'yı yanlış temsil etme
- başkalarına egemenlik taslama
- tecavüz
- yukarıdakilerden hiçbiri

61. Kur'an ve sünnet, İsa Mesih'in ilahi *Oğulluğuna* nasıl tepki gösteriyor?

62. Kur'an ve *Sünnet*, Kutsal Kitap'a nasıl tepki gösteriyor?

63. Kur'an ve *Sünnet*, İsa'nın yeryüzüne geldiği zaman Hristiyanlara neler yapacağını söylüyor?

64. Muhammed'in örneğini ve ona eşlik eden lanetleri terk edip reddettiğimizde başka neyi reddetmiş oluruz?

65. Muhammed'i reddetmemenin sonucu olan dört ruhsal nitelik nelerdir?

5

Kelime-i şehadetten Özgürlük

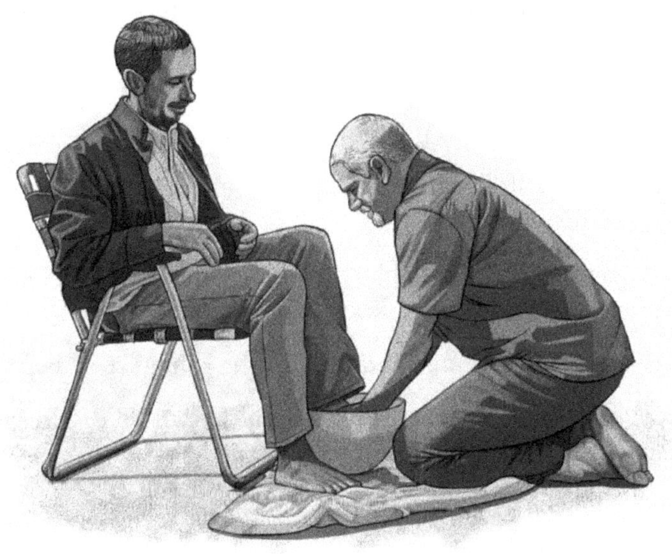

“Bir kimse Mesih’teyse, yeni yaratıktır.”
2. Korintliler 5:17

Ders hedefleri

a. İsa Mesih'in ve Muhammed'in reddedilme karşısındaki farklı tepkilerini karşılaştırmak ve anlamak.

b. İsa Mesih'in sorgulanmasını, reddedilmesini ve aşağılanmasını gözden geçirmek.

c. İsa Mesih'in reddedilmeyi nasıl kucakladığını ve şiddeti nasıl reddettiğini anlamak.

d. İsa Mesih'in, düşmanlarımızı sevmekle ilgili öğretisinin muazzam etkisini takdir etmek.

e. İsa Mesih'in, öğrencilerini ve bütün Hristiyanları nihayetinde zulümle yüzleşmeye hazırladığını kabul etmek.

f. İsa Mesih'in çarmıhta hem Tanrı hem de insanlar tarafından reddedilmesini Tanrı'nın nasıl gördüğünü anlamak.

g. İsa Mesih'in dirilişinin ve göğe yükselişinin, ölümünü nasıl doğruladığını kavramak.

h. Muhammed'in, İsa Mesih'in çarmıhına karşı ne kadar büyük bir nefretle dolu olduğunun farkında olmak.

i. İsa Mesih'i takip etme duası ederek O'na kendinizi adamak.

j. *Kelime-i şehadeti* reddetmeye hazırlanırken 15 belirli gerçeği ilan eden ayetler üzerinde düşünmek.

k. *Kelime-i şehadetin* ruhsal etkisinden özgür olmak için reddetme duası etmek.

Durum çalışması: Siz olsaydınız ne yapardınız?

Nijerya'nın Jos şehrine, "İman ve Adalet" isimli bir konferansa katılmak üzere davet ediliyorsunuz. Maddi ihtiyaçlarınız tümüyle karşılanıyor ve oraya gittiğinizde medya bölümüne gönüllü olarak yardım edeceksiniz. Oradaki söyleşilerin ateşli ve ilgi çekici olduğunu görüyorsunuz. Önderler sizi küçük atölye gruplarına katılmanız ve dinlemeniz için teşvik ediyorlar. Siz de istekli bir şekilde bunu yapıyorsunuz.

İkinci gün geldiğinde, küçük grubunuzda "Hristiyanlar üçüncü yanağı dönmeli mi?" konusunun tartışıldığına tanık oluyorsunuz.[10] Grupta iki kişi, güçlü bir ses tonuyla şiddete karşı, pasifist ve kaba kuvvetten uzak bir tutumumuz olması gerektiğini söylüyor. Ancak grubunuzdaki çoğu kişi buna karşı bir görüş ortaya koyarak şöyle diyorlar: "Korkup saklanmak ve şiddetle karşılık vermemek, Müslümanları sadece Nijerya'nın tamamında dini soykırım yapmaya teşvik edecektir." Müslümanların sadece cesur direnişe, katı koruma önlemlerine ve tedbirli kilise topluluğuna saygı gösterdiğini iddia ediyorlar. Gerçek Hristiyanların kaçmak yerine evlerini ve köylerini korumaları gerekir, diyorlar.

Her iki taraf da kanaatlerini tasdik etmek için ayetlere başvuruyor. En sonunda size dönerek şöyle soruyorlar: "Sen ne diyorsun? 'İsa Mesih diğer yanağını dön' diyor. Diğer yanağımızı dönmeli miyiz?"

Siz ne dersiniz?

Bu kısımlarda, İsa Mesih'in reddedilme deneyimlerine verdiği karşılık üzerinde duracağız. İsa Mesih'in hayatı, Muhammed'in hayatından daha büyük bir reddedilme öyküsüydü ve bu durum çarmıhta zirveye ulaştı. Muhammed, zulme intikamla karşılık

10. Başka bir deyişle Hristiyanlar, sadece bir kez değil, iki ya da daha çok kez diğer yanağı çevirmeli midir?

veriyordu: Mesih'in verdiği karşılık ise tamamen farklıydı ve bu gerçek İslamiyet'ten özgür olmanın anahtarını içeriyor.

Zor bir başlangıç

Muhammed'e benzer şekilde, İsa Mesih'in aile şartları ideal olmaktan çok uzaktı. Doğumunda gayrimeşruluğun utancı vardı (Matta 1:18-25). Son derece mütevazi bir ortamda, bir ahırda dünyaya gelmişti (Luka 2:7). Kral Hirodes, doğumundan sonra O'nu öldürmeye çalışmıştı. Ondan sonra da bir mülteci olarak Mısır'a kaçmak zorunda kalmıştı (Matta 2:13-18).

İsa Mesih sorgulanıyor

İsa Mesih otuz yaşlarında öğretiş hizmetine başladığı zaman, büyük bir düşmanlıkla karşılaştı. Muhammed'e benzer şekilde, Yahudi din adamları, İsa Mesih'i sorularla sıkıştırarak O'nun yetkisine meydan okumaya ve sabote etmeye çalıştılar:

> İsa oradan ayrılınca, din bilginleriyle Ferisiler O'nu şiddetle sıkıştırarak birçok konuda ağzını aramaya başladılar. Ağzından çıkacak bir sözle O'nu tuzağa düşürmek için fırsat kolluyorlardı. (Luka 11:53-54)

Bu sorular şu konularla ilgiliydi:

- İsa Mesih neden Şabat gününde insanlara yardım ediyordu: bu sorunun amacı, O'nun Kutsal Yasa'yı çiğnediğini göstermekti (Markos 3:2; Matta 12:10)
- İsa Mesih, yaptığı şeyleri hangi yetkiyle yapıyordu (Markos 11:28; Matta 21:23; Luka 20:2)?
- Bir erkeğin karısını boşaması Yasa'ya uygun muydu (Markos 10:2; Matta 19:3)?
- Sezar'a vergi vermek Yasa'ya uygun muydu (Markos 12:15; Matta 22:17; Luka 20:22)?
- En büyük buyruk neydi (Matta 22:36)?
- Mesih'in kimin oğluydu (Matta 22:42)?
- İsa Mesih'in babası kimdi (Yuhanna 8:19)?

- Ölümden sonra diriliş var mıydı (Matta 22:23-28; Luka 20:27-33)?
- Mucize talepleri (Markos 8:11; Matta 12:38; 16:1).

İsa Mesih, soruların yanı sıra aşağıdaki suçlamalara hedef oldu:

- Cinli olmak, Şeytan'a ait olmak, Şeytan'ın gücüyle mucizeler yapmak (Markos 3:22; Matta 12:24; Yuhanna 8:52; 10:20)
- Öğrencilerinin Şabat'ı tutmamaları (Matta 12:2), temizlik kurallarına uymamaları (Markos 7:2; Matta 15:1-2; Luka 11:38).
- Geçersiz tanıklık vermek (Yuhanna 8:13).

Reddedenler

İsa Mesih'in hayatına ve öğretişine baktığımız zaman birçok farklı birey ve grup tarafından reddedildiğini görüyoruz:

- Kral Hirodes, bebek İsa'yı öldürtmeye çalıştı (Matta 2:16)
- Nasıra'da kendi halkı O'na gücendi (Markos 6:3; Matta 13:53-58) ve O'nu uçurumdan atarak öldürmeye kalktı (Luka 4:28-30).
- Aile üyeleri O'nu, aklını kaçırmış olmakla suçladılar (Markos 3:21).
- Takipçilerinin çoğu O'nu terk etti (Yuhanna 6:66).
- Kalabalık bir grup O'nu taşlamaya kalktı (Yuhanna 10:31).
- Din adamları O'nu öldürmek için kumpas kurdular (Yuhanna 11:50).
- Yakın çevresinden biri olan Yahuda'nın ihanetine uğradı (Markos 14:43-45; Matta 26:14-16; Luka 22:1-6; Yuhanna 18:2-3).
- Baş öğrencisi Petrus, O'nu üç kez inkâr etti (Markos 14:66-72; Matta 26:69-75; Luka 22:54-62; Yuhanna 18).
- Birkaç gün önce Mesih adayı olarak sevinç çığlıklarıyla karşılandığı Yeruşalim şehrinde kalabalık bir grup, bu kez

O'nun çarmıha gerilmesini talep etti (Markos 15:12-15; Luka 23:18-23; Yuhanna 19:15).

- Din adamları tarafından yumruklandı, yüzüne tükürüldü, aşağılandı (Markos 14:65; Matta 26:67-68).
- Muhafızlar ve Romalı askerler tarafından aşağılandı ve taciz edildi (Markos 15:16-20; Matta 27:27-31; Luka 22:63-65, 23:11).
- Yahudi ve Romalı yetkililerin huzurunda iftiralara uğradı ve ölüme mahkûm edildi (Markos 14:53-65; Matta 26:57-67; Yuhanna 18:28 vd.).
- Romalıların en aşağılayıcı idam yöntemiyle çarmıha gerildi. Bu yöntem, Yahudilerin gözünde Tanrı'nın lanetine uğramak anlamına geliyordu (Yasa'nın Tekrarı 21:23).
- İki haydut arasında çarmıha gerilen İsa, ölüm acıları çekerken hakaretlere uğradı (Markos 15:21-32; Matta 27:32-44; Luka 23:32-36; Yuhanna 19:23-30).

İsa Mesih'in reddedilme karşısındaki tepkisi

Bütün bu reddedilme deneyimlerine baktığımız zaman, İsa Mesih'in saldırgan ya da şiddet içeren bir karşılık vermediğini görüyoruz. İsa intikam peşinde değildir.

Bazen İsa, kendisine yönelik suçlamalar karşısında sessiz kalmakla yetinirdi. Özellikle çarmıhtan önceki suçlamalara hiçbir karşılık vermemesi, herkesçe bilinen bir tepki olmuştur (Matta 27:14). İlk kilise bunu, Mesih'le ilgili bir peygamberliğin gerçekleşmesi olarak görüyordu:

> O baskı görüp eziyet çektiyse de ağzını açmadı. Kesime götürülen kuzu gibi, Kırkıcıların önünde sessizce duran koyun gibi açmadı ağzını. (Yeşaya 53:7)

İnsanlar İsa Mesih'in kendisini kanıtlamasını istedikleri zaman O bunu bazen reddeder, bazen de bir soruyla karşılık vermeyi tercih ederdi (örneğin, Matta 21:24; 22:15-20).

Kendisiyle çekişmek isteyen kişilerle söz kavgalarına girmezdi:

> Çekişip bağırmayacak, Sokaklarda kimse O'nun sesini duymayacak. Ezilmiş kamışı kırmayacak, Tüten fitili söndürmeyecek ve sonunda adaleti zafere ulaştıracak. (Matta 12:19-20, Yeşaya 42:1-4'ten alıntı)

İsa Mesih'i taşlamak ya da öldürmek isteyenler olduğunda O yer değiştirmekle yetinirdi (Luka 4:30). Ancak çarmıha götüren olaylarda İsa kasıtlı olarak ölüme yürüdü.

O'nun bu tepkileri, reddedilme deneyimiyle ayartıldığında bu ayartıya teslim olmadığını ve reddedilme tuzağına gösteriyordu.

İbraniler mektubu, Mesih'in tutumunu şöyle ifade ediyor:

> Çünkü başkâhinimiz zayıflıklarımızda bize yakınlık duyamayan biri değildir; tersine, her alanda bizim gibi denenmiş, ama günah işlememiştir (İbraniler 4:15)

Müjde kitaplarında gördüğümüz İsa Mesih, son derece kendinden emin ve endişesizdir. Kendisine karşı gelenlere saldırmaya ve onları mahvetmeye ihtiyaç duymamıştır. İsa sadece reddedilme karşısında olumlu bir tepki göstermekle kalmamış, öğrencilerine de reddedilme karşısında nasıl davranmaları gerektiğine dair bir ilahiyat çerçevesi sunmuştur. Bu ilahiyatın anahtar unsurları, dersimizin ilerleyen kısımlarında tanımlanacaktır.

İki reddedilme öyküsü

Dünyanın en büyük iki dininin kurucuları olan İsa Mesih ile Muhammed, şiddetli reddedilme deneyimlerine göğüs germişlerdir. Doğumlarında ve çocukluk şartlarında yaşanan bu deneyimler, aile üyeleriyle ve din adamlarıyla ilişkilerinde devam etmiştir. Her ikisi de deli ve cinli olmakla suçlanmış, aşağılanmıştır. Her ikisi de ihanete uğramıştır. Her ikisi de hayati tehdit altında yaşamışlardır.

Bununla birlikte, bu olağanüstü benzerliklerden çok daha büyük bir fark vardır. Bu fark, iki dinin kurulma şekli üzerinde muazzam bir etki yaratmıştır. Muhammed'in hayat öyküsü, reddedilme karşısında insanlığın tipik olumsuz tepkileriyle doludur. Kendini reddetme, kendini tasdik etme ve saldırganlık gibi tepkilerin hepsini onun hayatında görmek mümkündür. Bunlara karşın, İsa Mesih'in hayatı bambaşka bir yönde ilerlemiştir. İsa insanları reddetmek yerine reddedilmeyi kucaklayarak onu alt etmiştir. Böylelikle, Hristiyan inancına göre reddedilmenin gücünü yenmiş ve acısına şifa vermiştir. Eğer Muhammed'in hayatı, *şeriatın* hapsedici mirasını anlamanın anahtarlarını içeriyorsa, İsa Mesih'in hayatı gerek İslamiyet'i terk eden insanlar gerekse *şeriat* şartlarında yaşayan Hristiyanlar için özgürlüğün ve şifanın anahtarlarını ne büyük ölçüde sunar!

Sonraki kısımlarda İsa'nın, hem Mesih hem de Kurtarıcı görevinin ışığında reddedilmeyi nasıl anladığını inceleyeceğiz. Bu ışıkta, bizleri reddedilmenin acı sonuçlarından nasıl özgür kılabileceğini göreceğiz.

Reddedilmeyi Kucaklamak

İsa Mesih reddedilmenin, Tanrı'nın Mesihi olarak kendi görevinin esas kısmını oluşturduğunu net bir şekilde ortaya koydu. Tanrı'nın tasarısı, reddedilen Mesih'i bütün yapının köşe taşı olarak kullanmaktı:

> Yapıcıların reddettiği taş, İşte köşenin baş taşı oldu... (Markos 12:10, Mezmur 118:22-23'ten alıntı; ayrıca bkz. Matta 21:42)

İsa Mesih, Yeşaya kitabındaki acı çeken kuldur. İnsanlar O'nun acılarıyla günahlarından kurtulup huzura kavuşur (örneğin 1. Petrus 2:21dev ve Elçilerin İşleri 8:32-35):

> İnsanlarca hor görüldü, Yapayalnız bırakıldı. Acılar adamıydı,
>
> Oysa, bizim isyanlarımız yüzünden onun bedeni deşildi, Bizim suçlarımız yüzünden o eziyet çekti. Esenliğimiz için gerekli olan ceza Ona verildi. Bizler onun yaralarıyla şifa bulduk. (Yeşaya 53:3-5).

Bu tasarının odak noktası çarmıhtır. İsa Mesih öldürüleceğini tekrar ve tekrar söylüyordu:

> İsa, İnsanoğlu'nun çok acı çekmesi, ileri gelenler, başkâhinler ve din bilginlerince* reddedilmesi, öldürülmesi ve üç gün sonra dirilmesi gerektiğini onlara anlatmaya başladı. Bunları açıkça söylüyordu... (Markos 8:31-32; ayrıca bkz. Markos 10:32-34; ve ayrıca bkz Markos 10:32-34; Matta 16:21; 20:17-19; 26:2; Luka 18:31; Yuhanna 12:23).

Şiddeti reddetmek

İsa Mesih hayati tehdit altında olduğu zaman dahi kaba kuvvet kullanımını tekrar ve tekrar açık bir dille kınadı:

> O zaman İsa ona, "Kılıcını yerine koy!" dedi. "Kılıç çekenlerin hepsi kılıçla ölecek. (Matta 26:52)

İsa Mesih çarmıha giderken, ölüm pahasına bile olsa görevini savunmak için kaba kuvvete başvurmayı reddetti:

> İsa "Benim krallığım bu dünyadan değildir" diye karşılık verdi. "Krallığım bu dünyadan olsaydı, yandaşlarım, Yahudi yetkililere teslim edilmemem için savaşırlardı. Oysa benim krallığım buradan değildir." (Yuhanna 18:36)

İsa Mesih kilisenin gelecekte çekeceği acılardan söz ederken kılıç getirmekten söz etti:

> Yeryüzüne barış getirmeye geldiğimi sanmayın! Barış değil, kılıç getirmeye geldim. (Matta 10:34)

Bu sözler bazen İsa'nın şiddete onay verdiğini iddia etmek için kullanılır. Oysa bu sözler, Mesih'e iman ettikleri için aileleriyle araları açılan Hristiyanlar hakkında kullanılmıştır. Nitekim, Luka'daki metinde kılıç yerine "ayrılık" terimi geçmektedir (Luka 12:51). Buradaki "kılıç", aile üyeleri arasındaki ayrılığı temsil eden simgesel bir terimdir. İsa Mesih'in gelecekteki zulümler hakkında verdiği tavsiyede söz edilen "kılıç", Hristiyanların maruz kalacağı zulme işaret etmektedir. Bu durumda, kılıç kullanacak olanlar Hristiyanlar değildir. Tersine, tanıklıklarından ötürü onlara karşı kılıç kullanılacağı bildirilmektedir.

İsa Mesih'in şiddeti reddetmesi, Tanrı'nın halkını kurtarmak için gelecek olan Mesih'le ilgili beklentilere uymuyordu. Bu beklentiye sahip olanlar, kurtuluşun hem ruhsal hem de askeri ve siyasal alanda gerçekleşeceğini umuyorlardı. İsa Mesih ise krallığının bu dünyadan olmadığını belirterek siyasal boyutu reddediyordu. İnsanlara, Sezar'ın hakkını Sezar'a, Tanrı'nın hakkını Tanrı'ya vermelerini öğretiyordu (Matta 22:21). Tanrı'nın Egemenliğinin coğrafi olmadığını, insanların içinde yer alacağını söylüyordu (Luka 17:21).

İsa Mesih, Tanrı'nın Egemenliğinde hangi siyasal makamda olmak – ne tarafa oturmak—istediklerini tartışan öğrencileriyle yüzleşirken,

Tanrı'nın Egemenliğinin, insanların birbirine egemen olmaya çalıştığı siyasal krallıklara benzemediğini söyledi. Tanrı'nın Egemenliğinde birinci olmak isteyen, sonuncu olmalıydı (Matta 20:16, 27). Takipçileri de hizmet edilmeyi değil hizmet etmeyi düşünmeliydi (Markos 10:43; Matta 20:26-27).

İlk kilise, İsa Mesih'in şiddet hakkındaki öğretilerini ciddiye aldı. Örneğin kilisenin ilk yüzyıllarında imanlılar, askerlik de dâhil olmak üzere bazı mesleklerde çalışmayı reddettiler. Eğer bir Hristiyan asker olursa, adam öldürmesine izin yoktu.

Düşmanlarınızı sevmek

Reddedilme karşısında verilebilecek en feci tepkilerden biri saldırganlıktır. Saldırganlığın arkasında reddedilme deneyiminin yarattığı düşmanlık vardır. Ancak İsa Mesih'in öğretisi şöyledir:

- İntikam artık kabul edilemez - kötü eylemlere kötülükle değil, iyilikle karşılık verilmelidir (Matta 5:38-42).
- Başkalarını yargılamak yanlıştır (Matta 7:1-5).
- Düşmanlara karşı nefret değil, sevgi duyulmalıdır (Matta 5:44).
- Yumuşak huylular yeryüzünü miras alacaktır (Matta 5:5).
- Barış yapanlara Tanrı'nın oğulları denilecektir (Matta 5:9).

Bunlar, öğrencilerin dinleyip de unuttukları lafta kalan öğretişler değildi. İsa Mesih'in takipçileri, İncil'deki mektuplarında büyük denemeler ve düşmanlıklar karşısında bu ilkelerin onlara rehberlik edeceğini söylemişlerdi:

> Şu ana dek aç, susuz, çıplağız. Dövülüyoruz, barınacak yerimiz yok. Kendi ellerimizle çalışıp emek veriyoruz. Bize sövenlere iyilik diliyoruz, zulmedilince sabrediyoruz. İftiraya uğrayınca tatlılıkla karşılık veriyoruz. Şu ana dek adeta dünyanın süprüntüsü, her şeyin döküntüsü olduk (1. Korintliler 4:11-13; ayrıca bkz. 1. Petrus 3:10; Titus 3:1-2; Romalılar 12:14-21).

Elçiler imanlılara, İsa Mesih'in bizzat kendi örneğini gösteriyorlardı (1. Petrus 2:21-25). Bu öyle etkiliydi ki, ilk kilisenin yazılarında Matta

5:44'teki "düşmanlarınızı sevin" ayeti, Kutsal Kitap'ın en sık aktarılan metni olmuştu.

Zulme hazırlıklı olmak

İsa Mesih takipçilerine zulmün kaçınılmaz olduğunu öğretti. Onlar kırbaçlanacak, nefrete ve ihanete hedef olacak, hatta katledileceklerdi (Markos 13:9-13; Luka 21:12-19; Matta 10:17-23).

İsa Mesih öğrencilerini, mesajını insanlara duyurma konusunda eğitirken, reddedilmeyle karşılanacaklarını belirtti. Muhammed'in Müslümanları, acılara şiddetle ve hatta katliamla karşılık vermeyi buyuran örneğinin ve öğretişinin karşısında, İsa Mesih öğrencilerine sadece oradan ayrılırken ayaklarındaki tozu silkmelerini öğretmiştir. Başka bir deyişle bulundukları yerden ayrılırken, hiçbir kötülüğü ya da kirliliği yanlarında götürmemeleri, sadece yollarına devam etmeleri gerekmektedir (Markos 6:11; Matta 10:14). Böylelikle husumetle değil esenlikle ayrılacaklar ve diledikleri esenlik kendilerine geri dönecektir (Matta 10:13-14).

İsa Mesih bu öğretişi, Samiriyeli bir köy halkı tarafından bizzat reddedildiği zaman örnekledi. Öğrencileri Samiriyelilerin üzerine gökten ateş yağdırmak istediklerinde, İsa Mesih öğrencilerini azarladı ve yoluna devam etti (Luka 9:54-56).

İsa öğrencilerine zulümle karşılaştıklarında başka bir yere kaçmalarını öğretti (Matta 10:23). Kaygılanmalarına gerek yoktu çünkü Kutsal Ruh onlara ne söylemeleri gerektiğini gösterecekti (Matta 10:19-20; Luka 12:11-12, 21:14-15). Aynı şekilde, korkuya da kapılmamalıydılar (Matta 10:26,31).

İsa Mesih'in öğretişinin dikkat çekici bir yönü, takipçilerinin zulmü sevinçle karşılamalarının gerektiğiydi, çünkü böyle yapmakla peygamberlerin yürüdüğü yolda yürümüş olacaklardı:

> İnsanoğlu'na bağlılığınız yüzünden insanlar sizden nefret ettikleri, sizi toplum dışı edip aşağıladıkları ve adınızı kötüleyip sizi reddettikleri zaman ne mutlu size! O gün sevinin, coşkuyla zıplayın! Çünkü gökteki ödülünüz büyüktür. Nitekim onların ataları da peygamberlere böyle davrandılar. (Luka 6:22-23; ayrıca bkz. Matta 5:11-12)

Bu mesajın, ilk kilise tarafından Mesih'e bağlılıklarından ötürü yürekten benimsendiğine dair bolca kanıt vardır:

> Doğruluk uğruna acı çekseniz bile, ne mutlu size! İnsanların "korktuğundan korkmayın, ürkmeyin." ... (1. Petrus 3:14; ayrıca 2 Korintliler 1:5; Filipililer 2:17-18; 1. Petrus 4:12-14).

İsa Mesih öğrencilerine, zulümle birlikte sonsuz yaşama kavuşacaklarını ama sonraki hayata dair bu vaadi almak için bu hayatta sadık kalmaları gerektiğini söyleyerek teşvik etti (Markos 10:29-30, 13:13).

Barışmak

Hristiyan anlayışına göre, insanlığın temel sorunu günahtır. İnsanları Tanrı'ya ve birbirlerine karşı yabancılaştıran budur. Günah sorunu sadece itaatsizlik sorunu değildir; Tanrı'yla ilişkinin kopmasıdır. Adem ve Havva, Tanrı'ya itaatsizlik ettikleri zaman O'na sırt çevirmiş oldular. Tanrı'ya güvenmek yerine yılanı dinlemeyi seçtiler. Tanrı'ya sırt çevirdiler; hem O'nu hem de O'nunla ilişkiyi reddettiler. Sonuç olarak Tanrı, onları reddetti ve huzurundan kovdu. Böylelikle günahın getirdiği lanetlere maruz kaldılar.

Tanrı, insanlığın kendisiyle doğru ilişki kurabilmesi için İsrail tarihinde Musa aracılığıyla bir antlaşma sağladı ama insanlar buyrukları çiğneyerek kendi yollarında yürüdüler. İtaatsizlik içerisinde Tanrı'yla ilişkiyi reddettiler ve yargıya maruz kaldılar. Tanrı onları tümüyle reddetmedi ama onların şifası için bir planı vardı. Hem onların hem de dünyanın kurtuluşu için bir tasarıya sahipti.

İnsanlar Tanrı'yı reddettikleri halde Tanrı onları nihai olarak reddetmedi. O'nun yüreği, yarattığı insanlar için atıyordu ve onları kendisiyle barıştırmak için bir planı vardı. İsa Mesih'in insan bedeni alarak gelmesi ve çarmıhtaki ölümü, bu planın gerçekleşmesini, bütün insanlığın kurtuluşa ve Tanrı'yla şifa verici bir ilişkiye kavuşmalarını sağladı.

İnsanlığın Tanrı'yı reddetmekle ilgili derin probleminin ve bunun getirdiği yargının çözümü çarmıhtır. İsa Mesih'in, çarmıh yoluyla reddedilmeye teslim olması, reddedilmeyi alt etmenin anahtarını sağlar. Reddedilmenin gücü, her yerde insanların yüreklerinde tetiklediği tepkilerdedir. İsa Mesih saldırganların nefretini soğurarak ve dünyanın günahları için kurban olup kendi canını vererek reddedilmenin gücünü alt etmiş ve onu sevgiyle yenmiştir. İsa'nın gösterdiği bu sevgi, Tanrı'nın kendi yarattığı dünyaya yönelik sevgisinden başka bir şey değildir.

> "Çünkü Tanrı dünyayı o kadar çok sevdi ki, biricik Oğlu'nu verdi. Öyle ki, O'na iman edenlerin hiçbiri mahvolmasın, hepsi sonsuz yaşama kavuşsun. (Yuhanna 3:16)

İsa Mesih, Tanrı'yı reddeden insanlığın hak ettiği cezayı, çarmıhtaki ölümüyle kendi üzerine aldı. Mesih kendisine iman eden herkesin bağışlanması ve sonsuz yaşama kavuşması için ölüm cezasını kendisi çekti. Böylelikle İsa, reddedilmenin de cezasını çekerek onun gücünü alt etmiş oldu.

Tevrat'ta kurban edilen hayvanların kanı, günaha kefaret eder. Hristiyanlar İsa'nın çarmıhtaki ölümünün anlamını ortaya koymak için bu temsili kullanırlar. Yeşaya peygamberin acı çeken kulla ilgili ezgisinde ifade edilen budur:

> Oysa, bizim isyanlarımız yüzünden onun bedeni deşildi, Bizim suçlarımız yüzünden o eziyet çekti. Esenliğimiz için gerekli olan ceza Ona verildi. Bizler onun yaralarıyla şifa bulduk.... Ne var ki, RAB onun ezilmesini uygun gördü, Acı çekmesini istedi. Canını suç sunusu* olarak sunarsa Soyundan gelenleri görecek ve günleri uzayacak. RAB'bin istemi onun aracılığıyla gerçekleşecek... Bundan dolayı ona ünlüler arasında bir pay vereceğim, Ganimeti güçlülerle paylaşacak. Çünkü canını feda etti, başkaldıranlarla bir sayıldı. Pek çoklarının günahını o üzerine aldı, Başkaldıranlar için de yalvardı. (Yeşaya 53:5, 10, 12)

Elçi Pavlus, Romalılara yazdığı mektuptaki etkili bir metinde, Mesih'in kurbanının bize, reddedilmenin tam tersi olan barışmayı nasıl sağladığını ve böylece reddedilmeye nasıl son verdiğini ortaya koyar:

> Çünkü biz Tanrı'nın düşmanlarıyken Oğlu'nun ölümü sayesinde O'nunla barıştıksa, barışmış olarak Oğlu'nun yaşamıyla kurtulacağımız çok daha kesindir. Yalnız bu kadar da değil, bizi şimdi Tanrı'yla barıştırmış olan Rabbimiz İsa Mesih

> aracılığıyla, Tanrı'nın kendisiyle de övünüyoruz. (Romalılar 5:10-11)

Bu barışma insanlardan, meleklerden ve cinlerden gelen mahkûmiyetle ilgili bütün hak taleplerini de iptal eder (Romalılar 8:38):

> Tanrı'nın seçtiklerini kim suçlayacak? Onları aklayan Tanrı'dır. Eminim ki, ne ölüm, ne yaşam, ne melekler, ne yönetimler, ne şimdiki ne gelecek zaman, ne güçler, ne yükseklik, ne derinlik, ne de yaratılmış başka bir şey bizi Rabbimiz Mesih İsa'da olan Tanrı sevgisinden ayırmaya yetecektir. (Romalılar 8:33, 38-39)

Sadece bu kadarla kalmayıp, Hristiyanlara bir de barıştırma hizmeti emanet edilmiştir. Bu hizmet hem başkalarına barıştırma sunarak hem de çarmıhın bildirisini ve reddedilmeyi yok eden gücünü ilan ederek gerçekleştirilir:

> Bunların hepsi Tanrı'dandır. Tanrı, Mesih aracılığıyla bizi kendisiyle barıştırdı ve bize barıştırma görevini verdi. Şöyle ki Tanrı, insanların suçlarını saymayarak dünyayı Mesih'te kendisiyle barıştırdı ve barıştırma sözünü bize emanet etti. Böylece, Tanrı aracılığımızla çağrıda bulunuyormuş gibi Mesih'in adına elçilik ediyor, O'nun adına yalvarıyoruz: Tanrı'yla barışın. (2 Korintliler 5:18-20)

Diriliş

Muhammed'in 'vahiylerinin' ve çok sayıda ifadelerinin tekrarlanan teması, kendini tasdik etme ve haklı çıkma arzusuydu. Düşmanlarını iman akidesine teslim olmaları için zorlayarak bunu kendisi için başardı. Böylelikle insanlar, ya onun rehberliğinin ve yetkisinin altına girdiler ya da zimmi olmaya mecbur bırakıldılar. Üçüncü alternatif ölümdü.

İsa Mesih'in göreviyle ilgili Hristiyan anlayışında haklı çıkmak vardır ama bu Mesih tarafından kendisi için gerçekleştirilmemiştir. Acı çeken Mesih'in rolü, kendisini alçaltmak ve reddedilmeyi kucaklamaktır. Mesih'in haklı çıkması, dirilişiyle ve göğe yükselmesiyle gerçekleşmiş, böylelikle ölümün bütün gücü yenilmiştir:

> Geleceği görerek Mesih'in ölümden dirilişine ilişkin şunları söyledi: 'O, ölüler diyarına terk edilmedi, bedeni çürümedi.' Tanrı, İsa'yı ölümden diriltti ve biz hepimiz bunun tanıklarıyız. O, Tanrı'nın sağına yüceltilmiş, vaat edilen Kutsal Ruh'u Baba'dan almış ve şimdi gördüğünüz ve işittiğiniz gibi, bu Ruh'u üzerimize dökmüştür. Böylelikle bütün İsrail halkı şunu kesinlikle bilsin: Tanrı, sizin çarmıha gerdiğiniz İsa'yı hem Rab hem Mesih yapmıştır." (Elçilerin İşleri 2:31-36)

Elçi Pavlus'un Filipililer'e yazdığı mektupta geçen ünlü bir metin, İsa Mesih'in kendisini nasıl alçalttığını ve gönüllü kul rolüne nasıl razı olduğunu ortaya koyar. İsa'nın itaati, ölüme bile boyun eğmesini sağladı. Ama Tanrı onu en yüce ruhsal mevkiye çıkardı. Bu zaferi kazandıran Mesih'in kendi gayreti değil, Mesih'in çarmıhtaki muazzam kurbanını Tanrı'nın haklı çıkarmasıydı:

> .... Mesih İsa'daki düşünce sizde de olsun. Mesih, Tanrı özüne sahip olduğu halde, Tanrı'ya eşitliği sımsıkı sarılacak bir hak saymadı.
>
> Ama kul özünü alıp insan benzeyişinde doğarak ululuğunu bir yana bıraktı. İnsan biçimine bürünmüş olarak ölüme, çarmıh üzerinde ölüme bile boyun eğip kendini alçalttı.
>
> Bunun için de Tanrı O'nu pek çok yükseltti ve O'na her adın üstünde olan adı bağışladı.
>
> Öyle ki, İsa'nın adı anıldığında gökteki, yerdeki ve yer altındakilerin hepsi diz çöksün ve her dil, Baba Tanrı'nın yüceltilmesi için İsa Mesih'in Rab olduğunu açıkça söylesin
>
> (Filipililer 2:4-10)

Öğrenci olarak çarmıhı örnek almak

Hristiyanlar için İsa Mesih'i takip etmek, O'nun ölümüyle ve dirilişiyle özdeşleşmek anlamına gelir. Hem İsa hem de takipçileri, Mesih'le birlikte ölme zorunluluğunu tekrar ve tekrar dile getirir. Buna göre eski yaşam tarzına ölmek, Mesih'in sevgi ve barıştırma yolunda yeni bir hayata dirilmek gerekir. Artık kendimiz için değil, Tanrı için yaşamamız gerekir. Hristiyanlar acı çekme deneyimini, Mesih'in acılarına ortak olmak olarak görürler. Buna göre denemeler, sonsuz yaşam yolunda sınavlardan geçmek anlamına gelir. Bunlar birer yenilgi nişanı değil, gelecekteki zaferin nişanlarıdır. Sadık imanlıları haklı çıkaracak olan, bu dünyanın zalim güçleri değil, bizzat Tanrı'nın kendisidir.

> Öğrencileriyle birlikte halkı da yanına çağırıp şöyle konuştu: "Ardımdan gelmek isteyen kendini inkâr etsin, çarmıhını yüklenip beni izlesin. Canını kurtarmak isteyen onu yitirecek, canını benim ve Müjde'nin uğruna yitiren ise onu kurtaracaktır. (Markos 8:34-35; ayrıca bkz 1 Yuhanna 3:14, 16; 2 Korintliler 5:14-15; İbraniler 12:1-2)

Muhammed çarmıha karşıdır

Şimdiye kadar öğrendiğimiz şeylerin ışığında ve ruhsal bir dünyada yaşadığımız gerçeğinin bilinciyle, Muhammed'in haçlardan nefret ettiğini öğrenmek şaşırtıcı değildir. Bir *hadise* göre, Muhammed evinde çarmıha benzer bir nesne görse, onu parçalarmış.[11]

3. derste gördüğümüz gibi Muhammed'in çarmıh nefreti, İslami İsa'nın yeryüzüne döndüğü zaman çarmıhı yok edeceği ve Hristiyanları yeryüzünden silip atacağı iddiasında görülebilir.

Günümüzde Muhammed'in çarmıh düşmanlığını paylaşan çok sayıda Müslüman vardır. Dünyanın birçok yerinde Hristiyan haçları, Müslümanlar tarafından nefretle karşılanmakta, yasaklanmakta ve yok edilmektedir.

Canterbury Başpiskoposu George Carey, 1995 yılında Suudi Arabistan'a zorunlu iniş yaptığı zaman boynundaki haçı çıkarmaya mecbur bırakılmıştır. Bu olay Piskoposluğun haber servisinde David Skidmore tarafından anlatılmıştır:

> Carey Kahire'den Sudan'a uçarken, Suudi Arabistan'da zorunlu iniş yapmak durumunda kaldı. Kızıldeniz'in sahil şehri olan Cidde'ye yaklaşırken, Carey'e bütün dini simgelerini çıkarmasını söylediler. Rahip üstlüğü ve göğsündeki haç da bunlara dâhildi.

Ne var ki Müslümanlar tarafından reddedilen çarmıh, Hristiyanlar için özgürlüğümüzün temsilidir.

---

11. W. Muir, *The Life of Muhammad*, cilt. 3, syf. 61, not 47.

Bu kısımlarda, İsa Mesih'i takip etme kararını ifade eden bir duaya, İslamiyet'in gücünden ve *kelime-i şehadet* antlaşmasından özgür kılan bir duaya, özgürlükle ilgili birkaç tanıklığa yer vereceğiz. Bu dualar, İslamiyet'i terk ederek Nasıralı İsa'yı takip etmeyi seçen insanlar için olduğu kadar, İslamiyet'in bütün ilkelerinden ve gücünden özgür olmayı arzulayan kişiler içindir.

İsa Mesih'i takip etmek

Bu duayı sesli olarak okuyarak İsa Mesih'i takip etme kararınızı onaylayabilirsiniz. Duayı okumadan önce dikkatlice gözden geçirerek söyleyeceklerinizden emin olun.

Bu duanın aşağıdaki iki unsuru içerdiğine dikkat edin:

1. *İki itiraf*:
   - Ben bir günahkârım ve kendimi kurtaramam.
   - Yaratıcı olan tek Tanrı var ve O günahlarımın karşılığında ölmesi için Oğlu İsa'yı gönderdi.
2. *Dönmek* (tövbe etmek). Günahlarımdan ve her türlü kötülükten dönüyorum.
3. *Af dilemek*. Özgürlük, sonsuz yaşam ve Kutsal Ruh için dilekte bulunuyorum.
4. *Teslimiyetimi değiştirmek*. İsa Mesih'i hayatımın Rab'bi olarak kabul ediyorum.
5. *Söz vermek ve adanmak*. Hayatımı İsa Mesih'e teslim ederek O'na hizmet etme sözü veriyorum.
6. Mesih'teki *kimliğimi* ilan ediyorum.

İsa Mesih'i Takip Etme İlanı ve Duası

Her şeye gücü yeten Baba'ya, Yaratan tek Tanrı'ya inanıyorum.

Tüm diğer sözde 'tanrıları' reddediyorum.

Tanrı'ya karşı ve insanlara karşı günah işlediğimi kabul ediyorum. Böyle yaparak Tanrı'ya itaatsizlik ettim, O'na ve yasalarına başkaldırdım.

Ben kendimi günahlarımdan kurtaramam.

Tanrı'nın Oğlu İsa'nın, ölümden dirilen Mesih olduğuna iman ediyorum. Mesih benim yerime çarmıhta öldü ve benim günahlarımın cezasını O çekti. Benim için ölümden diriltildi.

Ben bugün günahlarımdan dönüyorum.

İsa Mesih tarafından çarmıhta sağlanan bağışlama armağanını kabul ediyorum.

Bu bağışlama armağanını şimdi alıyorum.

Tanrı'yı Babam olarak kabul etmeyi seçiyorum ve O'na ait olmayı diliyorum.

Sonsuz yaşam armağanını istiyorum.

Hayatımın haklarını İsa Mesih'e teslim ediyorum ve bugünden itibaren O'nu hayatımın Rab'bi olarak davet ediyorum.

Tüm diğer ruhsal bağlılıkları reddediyorum. Özellikle kelime-i şehadeti ve benim üzerimdeki bütün iddialarını reddediyorum.

Şeytan'ı ve bütün kötülükleri reddediyorum. Kötü ruhlarla ve kötülüğün ilkeleriyle yaptığım Tanrı yoluna aykırı bütün antlaşmaları iptal ediyorum.

Tanrı yoluna aykırı şekilde benim üzerimde yetki kullanan insanlarla aramdaki bütün bağları reddediyorum.

Atalarımın benim adıma yaptığı ve benim üzerimde etkisi olan Tanrı yoluna aykırı bütün antlaşmaları reddediyorum.

İsa Mesih aracılığıyla Tanrı'dan gelmeyen her türlü psişik ve ruhsal yetenekleri reddediyorum.

Vaat edilen Kutsal Ruh armağanını diliyorum.

Baba Tanrı, beni lütfen özgür kıl ve değiştir, öyle ki sadece Seni yücelteyim.

Seni onurlandırabilmem ve başkalarını sevebilmem için bende Kutsal Ruh'un ürününü oluştur.

İnsan tanıkların ve bütün ruhsal yetkilerin huzurunda, kendimi İsa Mesih aracılığıyla Tanrı'ya adıyorum ve teslim ediyorum.

Ben cennetin vatandaşı olduğumu ilan ediyorum. Benim koruyucum Tanrı'dır. Kutsal Ruh'un yardımıyla İsa Mesih'e teslim oluyorum ve hayatımın her gününde sadece O'nu Rabbim olarak takip etmeyi seçiyorum. Amin.

Özgürlük tanıklıkları

Bu dersteki duaları kullanarak özgür olan bazı insanların tanıklıkları şöyledir:

Bir öğrenci yetiştirme kursu

Kuzey Amerika'daki bir ruhsal hizmet, İslamiyet'ten gelen ve İsa Mesih'i Rab ve Kurtarıcı olarak kabul eden insanlar için yoğun bir eğitim programı düzenliyordu. Kurs koordinatörleri katılımcıların, Mesih'in öğrencisi olma sürecinde bazı kalıcı sıkıntılarla boğuştuklarını gördüler. Bu kitaptaki *kelime-i şehadeti* reddetme dualarını keşfettiler ve kurs katılımcılarının hepsini İslamiyet'i birlikte reddetmek için duaya davet ettiler. Katılımcılar rahatlığa kavuşarak büyük bir sevinçle karşılık verdiler. "Neden kimse bize İslamiyet'i reddetmemiz gerektiğini söylemedi? Bunu şimdiye kadar çoktan yapardık!" dediler. O günden itibaren İslamiyet'i reddetmek, eğitim programlarının temel bir parçası oldu.

Kelime-i şehadeti reddeden Ortadoğulu Hristiyanlar

Ortadoğu'da İslamiyet'i terk ederek *kelime-i şehadeti* reddettikten sonra tanıklık veren iki Hristiyan şöyle diyor:

> Ben kendimi gerçekten özgür hissediyorum. Adeta boynumdaki bir boyunduruğun kırıldığını ve ondan kurtulduğumu hissettim. Bu dua harikadan da öte. Sanki bir hayvanın kafesten salınması gibi bir şey bu. Özgürlüğü hissediyorum.
>
> Benim buna fazlasıyla ihtiyacım vardı ve sanki zihnimde olan bitenleri biliyor gibiydiniz. Duayı okurken tarifi imkânsız, tuhaf bir rahatlama geldi. Sanki ağır bir yükten kurtulmuş ve tümüyle özgürlüğe kavuşmuştum. Ne kadar rahatladım anlatamam!

Gerçekle karşılaşma

Kelime-i şehadeti (ya da *zimmi* statüsünü) reddetmek için kendinizi hazırlamanın ilk adımı, belli bazı ayetleri düşünmektir. Biz bunu dualarımızın temelini oluşturan önemli bir gerçeği onaylamak için yaparız. Buna "gerçekle karşılaşma" deriz.

Yuhanna ve Yuhanna kitabındaki şu ayetler, Kutsal Yazı'nın hangi gerçeğine güvenmemizi ve nasıl dua etmemizi sağlıyor?

> Tanrı'nın bize olan sevgisini tanıdık ve buna inandık. Tanrı sevgidir. Sevgide yaşayan Tanrı'da yaşar, Tanrı da onda yaşar. (1 Yuhanna 4:16)
>
> [İsa Mesih şöyle dedi:] Çünkü Tanrı dünyayı o kadar çok sevdi ki, biricik Oğlu'nu verdi. Öyle ki, O'na iman edenlerin hiçbiri mahvolmasın, hepsi sonsuz yaşama kavuşsun. (Yuhanna 3:16)

Bu ayetler bize, Tanrı'nın sevgisinin reddedilmeyi alt ettiğini öğretir.

Şu iki ayet bizim benimseyip dua edebileceğimiz hangi ilahi gerçeği öğretiyor?

> Çünkü Tanrı bize korkaklık ruhu değil, güç, sevgi ve özdenetim ruhu vermiştir. (2 Timoteos 1:7)
>
> Çünkü sizi yeniden korkuya sürükleyecek kölelik ruhunu almadınız, oğulluk ruhunu aldınız. Bu ruhla, "Abba, Baba!" diye sesleniriz. Ruh'un kendisi, bizim ruhumuzla birlikte, Tanrı'nın çocukları olduğumuza tanıklık eder. Eğer Tanrı'nın çocuklarıysak, aynı zamanda mirasçıyız. Mesih'le birlikte yüceltilmek üzere Mesih'le birlikte acı çekiyorsak, Tanrı'nın mirasçılarıyız, Mesih'le ortak mirasçılarız. (Romalılar 8:15-17)

Bu ayetler bize, korkuların bizim mirasımız olmadığını, mirasımızın Tanrı'da saklı olduğunu öğretir.

Şu iki ayet, iman ve duaya dökebileceğimiz hangi gerçeği bize öğretiyor?

> [İsa Mesih şöyle dedi:] Gerçeği bileceksiniz ve gerçek sizi özgür kılacak. (Yuhanna 8:32)
>
> Mesih bizi özgür olalım diye özgür kıldı. Bunun için dayanın. Bir daha kölelik boyunduruğuna girmeyin. (Galatyalılar 5:1)

Bu ayetler bize özgürlük içinde yaşamaya çağrıldığımızı öğretiyor.

Şu iki ayet bize, güvenip dua edebileceğimiz hangi gerçeği öğretiyor?

> Bedeninizin, Tanrı'dan aldığınız ve içinizdeki Kutsal Ruh'un tapınağı olduğunu bilmiyor musunuz? Kendinize ait değilsiniz. Bir bedel karşılığı satın alındınız; onun için Tanrı'yı bedeninizde yüceltin. (1 Korintliler 6:19-20)

> Kardeşlerimiz Kuzu'nun kanıyla Onu yendiler. (Vahiy 12:11)

Bu ayetler bize, bedenlerimizin zulme ve baskıya değil, Tanrı'ya ait olduğunu, kan bedelimizin ödendiğini öğretir.

Şu ayet bize benimseyip dua edebileceğimiz hangi Kutsal Kitap gerçeğini öğretir?

> Artık ne Yahudi ne Grek, ne köle ne özgür, ne erkek ne dişi ayrımı var. Hepiniz Mesih İsa'da birsiniz. (Galatyalılar 3:28)

Bu ayet bize, Tanrı'nın huzurunda erkekler ile kadınlar olarak hepimizin eşit olduğunu ve bir grubun diğerinden üstün olmadığını öğretir.

Şu metinler bize inanıp dua etmemiz gereken hangi ilahi gerçeği öğretir?

> Bizi her zaman Mesih'in zafer alayında yürüten, O'nu tanımanın güzel kokusunu aracılığımızla her yerde yayan Tanrı'ya şükürler olsun! Çünkü biz hem kurtulanlar hem de mahvolanlar arasında Tanrı için Mesih'in güzel kokusuyuz. (2 Korintliler 2:14-15)

> Bana verdiğin yüceliği onlara verdim. Öyle ki, bizim bir olduğumuz gibi bir olsunlar. Ben onlarda, sen bende olmak üzere tam bir birlik içinde bulunsunlar ki, dünya beni senin gönderdiğini, beni sevdiğin gibi onları da sevdiğini anlasın. (Yuhanna 17:22-23)

> [İsa şöyle dedi:] Ardımdan gelmek isteyen kendini inkâr etsin, her gün çarmıhını yüklenip beni izlesin. (Luka 9:23)

Bu ayetler bize, önde gelen özelliklerimizin aşağılanmak ya da alt seviyede bulunmak değil, Mesih'in zaferi, Mesih'in sevgisinde birlik ve çarmıh olduğunu öğretir.

Şu ayetler bize, benimseyip dua edebileceğimiz hangi Kutsal Yazı gerçeğini öğretir?

> [İsa Mesih şöyle dedi:] Size gerçeği söylüyorum, benim gidişim sizin yararınızadır. Gitmezsem, Yardımcı size gelmez. Ama gidersem, O'nu size gönderirim. O gelince günah, doğruluk ve gelecek yargı konusunda dünyayı suçlu olduğuna ikna edecektir. (Yuhanna 16:7-8)

> [İsa Mesih şöyle dedi:] Ne var ki O, yani Gerçeğin Ruhu gelince, sizi tüm gerçeğe yöneltecek. (Yuhanna 16:13)

Bu ayetler bize, gerçeğin açıklanması için Kutsal Ruh'un gücüne sahip olduğumuzu öğretir.

Şu ayet bize, iman edip dua edebileceğimiz hangi gerçeği öğretir?

> Gözümüzü imanımızın öncüsü ve tamamlayıcısı İsa'ya dikelim. O kendisini bekleyen sevinç uğruna utancı hiçe sayıp çarmıhta ölüme katlandı ve Tanrı'nın tahtının sağında oturdu. (İbraniler 12:2)

Bu ayet bize, utancı yenme konusunda İsa Mesih'i takip etme yetkimizin olduğunu öğretir.

Şu ayet bize, güvenip dua edebileceğimiz hangi ilahi gerçeği öğretir?

> Ancak gördüklerinizi unutmamaya, yaşamınız boyunca aklınızdan çıkarmamaya dikkat edin ve uyanık olun. Bunları çocuklarınıza, torunlarınıza anlatın. (Yasa'nın Tekrarı 4:9)

Bu ayet bize, kendimizi ve çocuklarımızı ruhsal konularda eğitme hakkımız ve sorumluluğumuz olduğunu öğretir.

Şu ayetler bize, benimseyip dua edebileceğimiz hangi ruhsal gerçeği öğretir?

> Dil ölüme de götürebilir, yaşama da; Konuşmayı seven, dilin meyvesine katlanmak zorundadır. (Özdeyişler 18:21)

> Ve şimdi ya Rab, onların savurduğu tehditlere bak! Senin sözünü tam bir yüreklilikle duyurmak için biz kullarına güç ver. (Elçilerin İşleri 4:29)

> Sevgi haksızlığa sevinmez, gerçek olanla sevinir. (1 Korintliler 13:6)

> Kim İsa'nın Tanrı'nın Oğlu olduğunu açıkça kabul ederse, Tanrı onda yaşar, o da Tanrı'da yaşar. (1 Yuhanna 4:15)

> Onun için cesaretinizi yitirmeyin; bu cesaretin ödülü büyüktür. (İbraniler 10:35)

Bu ayetler bize, Mesih'te gerçeği sevgiyle ve cesaretle söyleme yetkimiz olduğunu öğretir.

Şu ayetler bize, iman edip dua edebileceğimiz hangi Kutsal Yazı gerçeğini öğretir?

> İnsanların tanıklığını kabul ediyoruz, oysa Tanrı'nın tanıklığı daha üstündür. Çünkü bu, Tanrı'nın tanıklığıdır, kendi Oğlu'yla ilgili olarak yaptığı tanıklıktır (1 Yuhanna 5:9)

> Kardeşlerimiz... ettikleri tanıklık bildirisiyle Onu yendiler. (Vahiy 12:11)

Bu ayetler bize, gerçeğin sözüne tamamen güven duyabileceğimizi öğretir.

Şu ayetler bize benimseyip dua edebileceğimiz hangi ilahi gerçeği öğretir?

> Son olarak Rab'de, O'nun üstün gücüyle güçlenin. İblis'in hilelerine karşı durabilmek için Tanrı'nın sağladığı bütün silahları kuşanın. (Efesliler 6:10-11)

> Olağan insanlar gibi yaşıyorsak da, insansal güce dayanarak savaşmıyoruz.

> Çünkü savaşımızın silahları insansal silahlar değil, kaleleri yıkan tanrısal güce sahip silahlardır. Safsataları, Tanrı bilgisine karşı diklenen her engeli yıkıyor, her düşünceyi tutsak edip Mesih'e bağımlı kılıyoruz. (2 Korintliler 10:3-5)

Bu ayetler bize, silahsız ve savunmasız olmadığımızı, Mesih'te ruhsal silahlarımız olduğunu öğretir.

Şu ayet bize güvenebileceğimiz ve dua edebileceğimiz ne öğretir?

> Kardeşlerim, çeşitli denemelerle yüz yüze geldiğinizde bunu büyük sevinçle karşılayın. (Yakup 1:2; ayrıca bkz. Filipililer 1:29)

Bu ayet bize, Mesih'in adında acılara katlanmayı sevinçle karşılamamız gerektiğini öğretir.

Şu ayetler bize, benimseyip dua edebileceğimiz hangi ruhsal gerçeği öğretir?

> [İsa Mesih şöyle dedi:] "Bu dünya şimdi yargılanıyor. Bu dünyanın egemeni şimdi dışarı atılacak. Ben yerden yukarı kaldırıldığım zaman bütün insanları kendime çekeceğim. (Yuhanna 12:31-32)

Bu ayetler bize çarmıhın, Şeytan'ın gücünü yok ettiğini ve bizi Mesih'teki özgürlüğe yaklaştırdığını öğretir.

Bu ayetler bize, benimseyip dua edebileceğimiz hangi Kutsal Kitap gerçeğini öğretir?

> Sizler suçlarınız ve benliğinizin sünnetsizliği yüzünden ölüyken, Tanrı sizi Mesih'le birlikte yaşama kavuşturdu. Bütün suçlarımızı O bağışladı. Kurallarıyla bize karşı ve aleyhimizde olan yazılı antlaşmayı sildi, onu çarmıha çakarak ortadan kaldırdı. Yönetimlerin ve hükümranlıkların elindeki silahları alıp onları çarmıhta yenerek açıkça gözler önüne serdi. (Koloseliler 2:13-15)

Bu ayetler bize çarmıhın, Tanrı yoluna aykırı bütün antlaşmaları iptal ettiğini ve onların gücünü yok ettiğini öğretir.

Duaya başlamadan önce, dualarımızın ve ilanlarımızın güçlü ve etkili olduğunu anlamanız gerekir. Tanrı'nın sizi tümüyle özgürlüğe kavuşturmayı istediğini bilerek O'nunla aynı düşüncede olun. İsa Mesih'in sizi kabul ettiği ve kötü olanın bütün kıskaçlarından özgür kılmak istediği gerçeğini ruhunuzda kabul edin. İslamiyet'in antlaşmalarına ait yalanlarla yüzleşmek ve bunları reddetmek için kararlı olun.

Bu dua *kelime-i şehadeti* reddetme duasıdır. Bu duayı ayakta okumak iyi olur.

Kelime'i şehadeti reddederek gücünü kırma duası ve ilanı

Muhammed'in öğrettiği ve örneklediği sahte teslimiyeti reddediyorum.

Muhammed'in Tanrı'nın resulü olduğuna dair sahte inancı reddediyorum ve terk ediyorum.

Kur'an'ın Tanrı'nın Sözü olduğu iddiasını reddediyorum.

Kelime-i şehadeti ve her türlü okunuşunu reddediyorum ve terk ediyorum.

El-Fatiha'yı reddediyorum. Bu duanın, Yahudilerin Tanrı'nın gazabı altında olduğuna ve Hristiyanların sapkınlık yaptığına dair iddialarını reddediyorum.

Yahudi nefretini reddediyorum. Onların Kutsal Kitap'ı tahrif ettiği iddiasını reddediyorum.

Tanrı'nın Yahudileri reddettiği iddiasını reddediyorum ve bunun bir yalan olduğunu ilan ediyorum.

Kur'an okumayı reddediyorum ve Kur'an'ın benim hayatım üzerinde yetkisini kırıyorum.

Muhammed'in örneğine dayalı olan her türlü sahte ibadeti reddediyorum.

Muhammed'in Tanrı'yla ilgili bütün sahte öğretişlerini reddediyorum. Tanrı'nın Kur'an'daki Allah olduğu iddiasını reddediyorum.

[Şii geçmişten gelenler için: *Ali ile on iki halifeyle bütün bağlarımı koparıyorum ve onları reddediyorum. Hüseyin ve İslam şehitleri için her türlü yas tutmayı reddediyorum.*]

Doğumumla birlikte İslamiyet'e yapılan adanmayı ve aynı zamanda atalarımın adanmasını reddediyorum.

Muhammed'in örneğini özellikle reddediyorum ve terk ediyorum. Şiddeti, gözdağını, nefreti, gücenmeyi, hileyi, üstünlüğü, tecavüzü, kadın tacizini, hırsızlığı ve Muhammed'in işlediği bütün günahları reddediyorum.

Utancı reddediyorum ve terk ediyorum. Mesih İsa'da hiçbir mahkûmiyet olmadığını ve Mesih'in kanının benim bütün utancımı kaldırdığını ilan ediyorum.

İslamiyet'ten kaynaklanan her türlü korkuyu reddediyorum ve terk ediyorum. İslamiyet'ten ötürü korkulara teslim olduğum için

Tanrı'nın affını diliyorum. Her alanda Rabbim İsa Mesih'in Babası olan Tanrı'ya güvenmeyi seçiyorum.

İnsanlara beddua okumayı reddediyorum ve terk ediyorum. Ben bereket kaynağı olmayı seçiyorum.

Cinlerle aramdaki her türlü bağı koparıyorum ve reddediyorum. Karin hakkındaki İslami öğretiyi reddediyorum. Kötü ruhlarla aramdaki her bağlantıyı koparıyorum.

Tanrı'nın Sözünü yolumdaki ışık olarak benimseyip Kutsal Ruh'un izinde yürümeyi seçiyorum.

Muhammed'i Allah'ın resulü olarak takip ederken Tanrı yoluna aykırı her ne yaptıysam Tanrı'dan af diliyorum.

İsa Mesih'in gelişiyle birlikte, dünyadaki bütün insanları Muhammed'in şeriatına döndüreceğine ilişkin küfrü reddediyorum ve terk ediyorum.

Ben yalnızca İsa Mesih'i takip etmeyi seçiyorum.

İsa Mesih'in Tanrı'nın Oğlu olduğunu açıkça ilan ediyorum. İsa çarmıhta benim günahlarım için öldü ve kurtuluşum için ölümden dirildi. Mesih'in çarmıhı için Tanrı'yı övüyorum. Ben çarmıhımı yüklenmeyi ve Mesih'i takip etmeyi seçiyorum.

İsa Mesih'in herkesin Rab'bi olduğunu ilan ediyorum. Mesih gök ve yer üzerinde her şeye hakimdir. O benim hayatımın Rabbi'dir. Mesih'in ölülerle dirileri yargılamak için tekrar geleceğini ilan ediyorum. Mesih'e teslim oluyorum, ne gökte ne de yerde Mesih'ten başka beni kurtaracak bir isim olmadığını ilan ediyorum.

Bana yeni bir yürek, yani Mesih'in yüreğini vermesi için Baba Tanrımı davet ediyorum. Söylediğim her sözde ve yaptığım her şeyde bana rehberlik etmesi için dua ediyorum.

Sahte ibadetin her türlüsünü reddediyorum. Yaşayan Tanrı'ya, yani Baba, Oğul ve Kutsal Ruh'a ibadet etmek için bedenimi sunuyorum.

Amin.

Çalışma Rehberi

Ders 5

Bu dersin öğretişi, İsa Mesih'e ve Kutsal Kitap'a odaklandığı için, Kur'an ayetlerine yer verilmeyecek, yeni sözcük dağarcığı ya da yeni isimler olmayacaktır.

Aşağıdaki sorularda Kutsal Kitap ayetlerine yer verilmektedir.

Sorular Ders 5

- Durum çalışması hakkında söyleşin.

Zor bir başlangıç

1. İsa Mesih'in ve Muhammed'in hayatlarında ortak olan şey nedir?

2. İsa Mesih'in hayatının hangi dört açıdan acı verici başladığını söyleyebilirsiniz?

    1)

    2)

    3)

    4)

İsa Mesih sorgulanıyor

3. Ferisiler İsa Mesih'e hangi sorularla saldırdılar?

- Markos 3:2, ……………….. vb hakkında sorular.
- Markos 11:28, ……………….. vb hakkında sorular.
- Markos 10:2, ……………….. vb hakkında sorular.
- Markos 12:15, ……………….. vb hakkında sorular.
- Matta 22:36, ……………….. vb hakkında sorular.
- Matta 22:42, ……………….. vb hakkında sorular.
- Yuhanna 8:19, ……………….. vb hakkında sorular.
- Matta 22:23-28, ……………….. vb hakkında sorular.
- Markos 8:11, ……………….. vb hakkında sorular.
- Markos 3:22, ……………….. vb hakkında sorular.
- Matta 12:2, ……………….. vb hakkında sorular.
- Yuhanna 8:13, ……………….. vb hakkında sorular.

Reddedenler

4. İsa Mesih reddedilmenin hangi biçimlerine maruz kaldı?

- Matta 2:16 …
- Markos 6:3 vb. …
- Markos 3:21 …
- Yuhanna 6:66 …
- Yuhanna 10:31 …
- Yuhanna 11:50 …
- Markos 14:43-45 vb. …

- Markos 14:66-72 vb. ...
- Markos 15:12-15 vb. ...
- Markos 14:65 vb ...
- Markos 15:16-20 vb. ...
- Markos 14:53-65 vb. ...
- Yasa'nın Tekrarı 21:23 vb. ...
- Markos 15:21-32 vb. ...

İsa Mesih'in reddedilme karşısındaki tepkileri

5. İsa Mesih'in reddedilme karşısında gösterdiği tepkilerde Durie'nin şaşırtıcı bulduğu altı nokta nelerdir? (Matta 27:14; Yeşaya 53:7; Matta 21:24; Matta 22:15-20; Matta 12:19-20; Yeşaya 42:1-4; Luka 4:30 ayetlerine bakarak)

1)

2)

3)

4)

5)

6)

6. İsa Mesih'in reddedilme ayartısı karşısında gösterdiği eşsiz tepki neydi? (İbraniler 4:15'e bakarak.)

7. İsa Mesih neden kendisine karşı gelenlere saldırma ya da onları yok etme gereği duymadı?

Reddedilmeyi kucaklayın

8. Tanrı'nın planı doğrultusunda, O'nun Mesihi olarak İsa'nın görevinin temel parçası neydi? (Markos 12:10 vb. ve Yeşaya 52:3-5'e bakarak).

9. Tanrı'nın planının odak noktasında ne vardı? (Markos 8:31-32 vb.)

Şiddeti reddetmek

10. Matta 26:52'ye ve Yuhanna 18:36'ya göre İsa Mesih neyi reddediyor?

11. Matta 10:34'teki 'kılıç getirmeyi' Durie nasıl anlıyor?

12. İsa, Mesih olarak takipçilerini hayal kırıklığına uğratan hangi görüşleri reddetti? (Matta 22:21; Luka 17:21; Matta 20:16; Markos 10:43; Matta 20:26-27).

13. İlk kilise, bu öğretişi Hristiyan olan askerlere nasıl uyguladı?

Düşmanlarınızı sevmek

14. İsa Mesih insanlara nasıl muamele etmemiz gerektiğine ilişkin neler öğretti?

1) Kötülüğe karşılık vermekle ilgili olarak Matta 5:38-42,

2) İnsanları yargılamakla ilgili olarak Matta 7:1-5,

3) Düşmanlarla ilgili olarak Matta 5:44

4) Yumuşak huylulukla ilgili olarak Matta 5:5

5) Barış yapanlarla ilgili olarak Matta 5:9

6) Zulümle ilgili olarak 1 Korintliler 4:11 vd. , vb.

7) Örneğimizle ilgili olarak 1 Petrus 2:21-25

Zulme hazırlıklı olmak

15. İsa Mesih takipçilerine neyin kaçınılmaz olduğunu öğretti (Markos 13:9-13 vb.ne göre)?

16. Muhammed takipçilerine, acılara şiddetle karşılık vermeyi öğretirken İsa Mesih takipçilerine nasıl buyruk verdi? (Markos 6:11; Matta 10:13-14'e göre)

17. İsa Mesih acılığa düşmeden yolumuza devam etmemiz gerektiğini ne zaman örnekledi? (Luka 9:54-56'ya göre)

18. İsa Mesih öğrencilerine, şiddetle zulüm gördükleri taktirde yerine getirmeleri gereken hangi 3 buyruğu verdi? (Matta 10:19-20 vb.ne göre)

 1)

 2)

 3)

19. İsa Mesih'in zulümle karşılaşan öğrencilerine verdiği dördüncü özel öğretiş nedir? (Luka 6:22-23 vb.ne göre.)

20. Zulüm gören öğrencilere öğretilen beşinci gerçek nedir? (1 Peter 3:14 vb.ne göre.)

Barışmak

21. Durie'ye göre, Adem ve Havva'nın günahının insanlık için üç sonucu vardır. Bunlar nelerdir?

22. Tanrı'nın insanlığı kurtarma ve Tanrı ile insanın ilişkisine şifa verme tasarısı nasıl gerçekleşti?

23. Reddedilmeyi yenmenin anahtarını sağlayan nedir?

24. İsa Mesih reddedilmenin gücünü nasıl yendi? (Yuhanna 3:16'ya göre)

25. İsa'nın çarmıhtaki ölümüne işaret eden Eski Antlaşma simgesi ve peygamberliği nelerdir?

26. İsa Mesih'in kurbanı, reddedilmeye son verirken bizlere neyi bağışladı?

27. Romalılar 8'e göre, barışmak başka neyi alt eder?

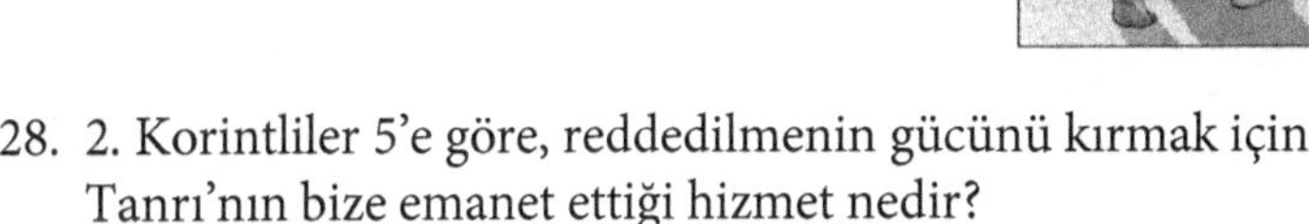

28. 2. Korintliler 5'e göre, reddedilmenin gücünü kırmak için Tanrı'nın bize emanet ettiği hizmet nedir?

Diriliş

29. Muhammed düşmanlarına ne yapmayı arzuluyordu?

30. Elçilerin İşleri 2:31-36'ya göre, İsa Mesih nasıl haklı çıkarılmıştır?

31. Durie'nin, Filipililer 2:4-10'u temel alan anlayışına göre, kendini alçaltan ve çarmıhta sunan Mesih'e Tanrı neyi bağışlamıştır?

Öğrenci olarak çarmıhı örnek almak

32. Mesih'in öğrencileri 'çarmıhlarını taşıdıkları' zaman, acı çekme deneyimlerini nasıl yorumlarlar? (Markos 8:34-35 vb.ne göre.)

Muhammed çarmıha karşıdır

33. Muhammed haçlardan ne kadar nefret ediyordu?

34. İslamiyet'e göre, İslami İsa'nın dünyaya dönüşüyle birlikte sözde hangi seçenek ortadan kalkacaktır?

35. Suudi Arabistan'a uçakla inen İngiliz Başpiskoposu George Carey'den ne gibi aşağılayıcı bir talepte bulundular?

Dua kısmı için lütfen aşağıdaki adımları takip edin:

1. Öncelikle bütün katılımcılar, 'İsa Mesih'i Takip Etme İlanı ve Duasını birlikte okusunlar.
2. Ardından bütün katılımcılara, tanıklıklar ve 'gerçek karşılaşma' ayetleri okunsun.
3. Ardından bütün katılımcılar, ayağa kalkarak birlikte '*Kelime'i şehadeti* reddederek gücünü kırma duasını ve ilanını' okusunlar
4. Diğer ayrıntılı talimatlar için Önderlik Rehberine bakınız.

6

Zimmetten özgürlük

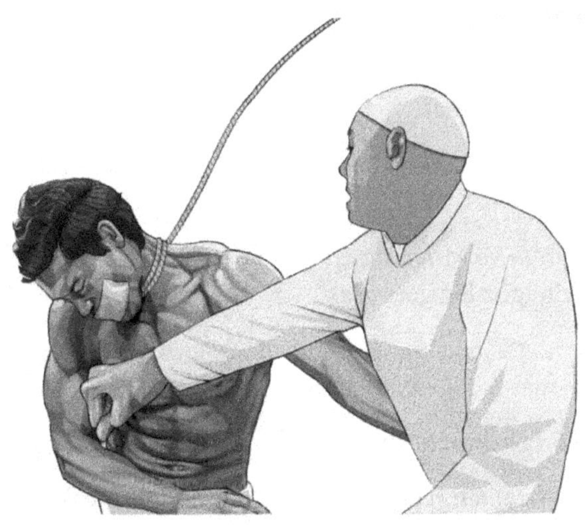

"Üstün bir anlam taşıyan serpmelik kan"
İbraniler 12:24

Ders hedefleri

a. Müslümanların, fethettikleri insanlara dayattıkları *zimmet* antlaşmasının ilahiyat temelini kavramak.

b. Müslümanların zapt ettikleri halkalara sundukları üç seçeneği ve "üçüncü seçeneğin" etkisini kavramak.

c. *Zimmet* antlaşmasının gayrimüslimler için çıkarımlarını açıklamak.

d. İslami edebiyata ve görgü tanıklarına dayanarak *zimmet* dayatmasının örnekleri üzerinde düşünmek.

e. Yıllık boyuna vurma geleneğinin psikolojik ve ruhsal etkisini kavramak.

f. Günümüzde *zimmetin,* Batı dünyasına dönüşünün örnekleri üzerinde düşünmek.

g. Bazı insanların neden *zimmet* antlaşmasını reddetmeleri gerektiğini anlamak.

h. İsa Mesih'in ve Muhammed'in reddedilme karşısındaki farklı tepkilerini gözden geçirmek.

i. *Zimmet* antlaşmasını reddetme dualarının neden bazı Hristiyanlar için gerekli olduğunu anlamak.

j. *Zimmetin* olumsuz ruhsal etkilerini kısaca sıralamak.

k. *Kelime-i şehadeti* reddetmeye hazırlanırken (önceki derste yapılmadıysa) 15 belirli gerçeği ilan eden Kutsal Yazı ayetleri üzerinde düşünmek

l. İtiraf duasını, 35 reddetme ve terk etme ilanını içeren reddetme duasını okuyarak *zimmetten* özgürlüğe kavuşmak.

Durum çalışması: Siz olsaydınız, ne yapardınız?

Siz ve dostlarınız, bir dinlenme tesisindeki dua toplantısına davet edildiniz. Gitmeye heveslisiniz ve diğer insanlarla tanışırken Müslüman geçmişi olan çok sayıda Hristiyan gördüğünüz için çok heyecanlısınız.

İlk akşam toplantısının sonunda, 10-12 kişilik gruplara ayrılmanız, ihtiyaçları paylaşmanız ve 30 dakika kadar dua etmeniz isteniyor. Grubunuzda Müslüman geçmişi olan birkaç imanlı var. Onların bazıları içini açıp diğer Hristiyanlarla bir araya geldikleri için ne kadar mutlu olduğunu paylaşıyorlar. Ancak gruptaki birkaç Hristiyan, kendilerini aşağılayarak müşrik muamelesi yapan, köylerinden dışlayan Müslümanların tacizlerini anlatmaya başlıyor. Ne kadar çok yara aldıklarını, korku, utanç ve nefret mağduru olduklarını paylaşıyorlar. Geçmişte Müslüman olan imanlılar ise şöyle karşılık veriyorlar: "Bunları duyduğumuza üzüldük ama onları bağışlayın, ne olacak! Neticede bu Müslümanlar ne yaptıklarını bilmiyorlardı."

Bu yanıtın, acılarını paylaşan kişileri yaraladığını görüyorsunuz. Onlar size ve gruptaki diğer kişilere dönerek şöyle soruyorlar: "Sadece 'Seni bağışlıyorum' diye geçiştirilemeyecek kadar derin bir durum yok mu?" Bu son sözlerin, Müslüman geçmişi olan imanlıları rahatsız ettiğini görüyorsunuz.

Ne söylersiniz ve yaparsınız?

Bu derste İslami hakimiyet altına giren gayrimüslimlere yönelik İslami politika ve muamele üzerinde duracağız. Hristiyanlar ve Yahudiler de dâhil olmak üzere bu insanlar, İslamiyet'te *zimmi* olarak bilinir.

Zimmet antlaşması

Papa Benedict, 2006 yılında ünlü Regensburg vaazını verdi. Muhammed'in, 'imanı kılıçla yayma buyruğuna' değinen Bizans İmparatoru Manuel II Palaeologus'un sözlerini aktardı.

Papa'nın yorumları, Müslümanların öfkeli tepkilerine neden oldu. Vaazının ardından dünya çapında patlak veren kargaşalarda 100'den çok insan öldü. En ilginç tepkilerden biri, Suudi Arabistan'ın baş müftüsü Şeyh Abdul Aziz el-Şeyh'den geldi. Bir basın toplantısı yapan müftü, İslamiyet'in zorbalıkla yayılmadığını söyledi. Bundan ötürü İslamiyet'i suçlamanın yanlış olduğunu çünkü gayrimüslimler üçüncü bir seçenekleri olduğunu öne sürdü: "Birinci seçenek İslamiyet, ikincisi kılıç, üçüncüsü ise kendi topraklarında kalmalarına izin verilen insanların teslim olarak cizye ödemeleri ve böylece Müslümanların koruması altında kendi dini icaplarını yerine getirmeleridir."

Baş müftü, okurlarına Muhammed'i örnek gösterdi. "Kur'an'ı ve Sünneti okuyanlar, gerçekleri anlayacaklardır" dedi.

Müftünün verdiği üç seçenek şöyledir:

1. İslamiyet'i kabul etmek;
2. Kılıç — ölmek ya da öldürmek; veya
3. İslami kuvvetlere teslim olmak.

İlk iki seçenek, aşağıdaki ifadenin sahibi olan Muhammed'e dayanmaktadır:

> Allah'tan başka ilâh olmadığına, Muhammed'in, Allah'ın elçisi olduğuna şehâdet edinceye, namazı kılıp zekâtı verinceye kadar insanlarla savaşmam bana emrolundu. Bunları yaparlarsa, - İslâm'ın hakkı olanlar hariç- canlarını, mallarını benden korumuş olurlar...

Bununla birlikte bu buyruk, Muhammed'in üçüncü bir seçenek tanıdığı diğer ifadelerle yumuşatılmıştır. İslamiyet ya da kılıç seçeneklerinin üçüncüsü *cizye* diye bilinen haraçtır:

> Allah'ın adında ve Allah'ın yolunda savaşın.
>
> Allah'ı inkâr edenlerle savaşın. Mukaddes bir savaş yapın...
>
> Müşrik düşmanlarınızla karşılaştığınızda, onları üç eyleme davet edin.
>
> Şayet bunlardan birine yanaşırlarsa, siz de kabul edin ve onlara herhangi bir zarar vermekten kaçının.
>
> Onları İslamiyet'e davet edin; şayet buna yanaşırlarsa onları kabul edin ve savaşı kesin...
>
> Eğer İslamiyet'i kabul etmeyi reddederlerse, onlardan *cizye* alın.
>
> Eğer *cizye* ödemeye yanaşırlarsa, bunu kabul edin ve ellerinizi onlardan çekin.
>
> Eğer *cizye* ödemeyi reddederlerse, Allah'tan yardım dileyin ve onlarla savaşın.

Cizye mecburiyeti, Kur'an'daki bir ayete de dayanır:

> Ehl-i kitap'tan Allah'a ve âhiret gününe inanmayan, Allah ve resulünün yasakladığını yasak saymayan ve hak dine uymayan kimselerle, yenilmiş olarak ve kendi elleriyle cizye verinceye kadar savaşın. (S9:29)

İslami yönetime boyun eğen toplumlar, İslami hukuk gereğince *zimmet* antlaşmasını kabul etmiş sayılırlar. Bu antlaşmaya göre, gayrimüslimler iki şarta tabidirler 1) Müslümanlara yıllık cizye ödemesini yapmalıdırlar ve 2) mağlup, mahcup ve rüsva bir tavır takınmalıdırlar.

İslam tefsircisi İbn Kesir, S9:29'dan söz ederken şöyle demiştir: "Müslümanlar, zimmileri onurlandırıp onları Müslümanlardan yukarı görmemelidir, çünkü onlar sefil, rezil ve rüsva haldedirler." İbn Kesir'e göre, onların sefaleti şeriatın yasalarıyla garanti altına alınmış, "sürekli rezil, aşağılık ve itibarsız" bir halde olmaları sağlanmıştır.

Şeriat, *zimmet* antlaşmasına boyun eğmenin karşılığında gayrimüslimlerin, fetihten önceki dinlerine bağlı kalmalarına izin verir. Bu şartlar altında yaşayan gayrimüslimlere *zimmi* denilir.

Zimmet sistemi, Kur'an'daki iki ilahiyat ilkesinin siyasal sonucudur.

1. İslamiyet tüm diğer dinlere galip gelmelidir:

> Bütün dinlerin üzerindeki yerini alsın diye resulünü doğru yol rehberi ve hak din ile gönderen O'dur. Buna tanık olarak da Allah yeter. (S48:28)

2. Müslümanlar İslamiyet'in, doğru ile yanlış hakkındaki öğretişini zorla uygulamalıdırlar:

> Siz, insanlar için ortaya çıkarılmış en hayırlı ümmetsiniz. İyiliği emredersiniz, kötülükten alıkoyarsınız ve Allah'a inanırsınız. (S3:110)

Cizye

İslami *şeriat* hukukuna göre, *zimmet* antlaşması uyarınca gayrimüslimlere, canları Müslümanlar tarafından esirgenen insan muamelesi yapılır. Bu muamele, İslamiyet'ten önceki döneme ait bir âdetti. Ele geçirilip sağ bırakılan insanlar, size başlarını borçlu olurlardı. Bundan ötürü yıllık kelle vergisi olarak *cizye* alınır ve bu vergi yetişkin zimmi erkekler tarafından İslami devlete ödenirdi. Yetkili İslami kaynaklara göre bu vergi zimmilerin, kendi kanlarına karşılık ödedikleri fidyeydi. *Cizye* sözcüğü, telafi, tazminat ya da haraç anlamına gelir. İslami sözlükçüler bu terimi şöyle açıklıyorlar:

> ... Müslüman bir hükümete tabi olan özgür gayrimüslümlerden alınan vergi (*zimmet* antlaşması), onların katledilmemeleri karşılığında âdeta bir telafidir ve korunmalarını garanti altına alır.[12]

On dokuzuncu yüzyılın Cezayirli tefsircilerinden Muhammed bin Yusuf Etafeyyiş, S9:29 tefsirinde bu ilkeyi açıklamıştır:

---

12. Edward W. Lane, *Arabic-English Lexicon.*

> Şöyle denilir: o (*cizye*) kanları karşılığında bir tazmindir. Onların katledilmemiş olmalarının telafisidir... Amacı öldürme ve köleleştirme görevlerine (*vecibe*) vekalet etmektir... Bu tazmin, Müslümanların yararınadır.

William Eton, 1798'de yayınlanan *19. Yüzyıl başında Osmanlı İmparatorluğu* isimli eserinde şöyle bir açıklama yapmıştır:

> Onların kendi ifadelerine göre Hristiyan kulların, o yıl kafalarının vücutlarının üzerinde kalmasına izin verilmesi karşılığında ödenen kelle vergisidir (*cizye*).

İtaatsizliğin cezası

İslami hukuka göre, *zimmet* antlaşmasına itaatsizlik etmenin ağır bir cezası vardı. Eğer bir *zimmi*, cizye vergisini ödemezse ya da zimmilere dayatılan kurallara uymazsa, bunun cezası *cihadı* yeniden başlatmaktı. Yani, savaş şartları anlamına geliyordu bu: *zimmilerin* varlıkları yağmalanacak, kadınları köleleştirilip tecavüze uğrayacak, erkekleri öldürülecekti (ya da kılıç zoruyla Müslüman yapılacaktı).

Zimmet antlaşmasının ünlü bir örneği, Ömer Antlaşması olarak bilinir. Bu antlaşmanın bir maddesi, Suriyeli Hristiyanlar tarafından kendilerine cihat cezası uygulanması hakkındadır:

> Güvenlik ve korunma karşılığında kendimize ve dinimizin takipçilerine koyduğumuz şartlar bunlardır. Sizin yararınıza kendimiz için belirlediğimiz bu vaatleri çiğnersek, o zaman zimmetimiz bozulmuş demektir ve bu durumda isyancılara ve başkaldıranlara nasıl muamele ediyorsanız, aynısını bize de yapma hakkınız vardır.

Ibn Kudame de aynı noktaya dikkat çekti. Eğer bir gayrimüslim *zimmet* antlaşmasının şartlarını yerine getirmezse, o *zimmi* canından ve mal varlığından olacak demekti:

> Koruma altındaki bir şahıs, koruma antlaşmasını çiğnerse, kelle vergisini (*cizye*) ödemeyi reddeder ve toplumun kanunlarına tabi olmazsa... kendi canını da malını da Müslümanlara helalliğine teslim etmiş demektir.

Çoğu *zimmi* toplumların geçmişi katliamlar, tecavüzler ve yağmalarla dolu tarihsel olaylara sahne olmuştur. Bu olaylar gayrimüslimleri sürekli gözdağının hedefinde tutmuş, *zimmetin* psikolojik ve ruhsal esaretini bütün topluma dayatmıştır. İki örnek vermek mümkündür:

- 1066 yılında 3000 kadar Granadalı Yahudi, Müslümanlar tarafından katledilmiştir. Müslüman sultanın hizmetinde, Granada veziri olarak hizmet eden Samuel ha-Nagid isimli bir Yahudi vardı. Onun yerine aynı göreve oğlu Yusuf ha-Nagid getirildi. Bu Yahudilerin başarıları, gayrimüslimlerin Müslümanlar'a hâkim oldukları bahanesiyle *zimmet* şartlarının ihlali olarak görüldü. *Zimmet* kuralları gerekçe gösterilerek kışkırtılan halk, Yahudilere karşı dini bir ayaklanma çıkardı ve bu da katliamla sonuçlandı. Kuzey Afrikalı hukukçu al-Maghili daha sonra şöyle yazacaktı: "Yahudiler sultana hizmet eden önemli bir mevkiyi işgal ettikleri zaman (*zimmi*) statülerine karşı daimî bir isyana kalkışmış olurlar ve bu statü artık onları koruyamaz." Başka bir deyişle, onların kanı helaldir.
- 1860 yılında, 5000'den fazla Şamlı Hristiyan katledildi. Buna yol açan gerekçe, Avrupalı yöneticilerin siyasal baskısı altında olan Osmanlıların, *zimmet* kanunlarını feshetmeleriydi. Şamlı Müslüman vaizler, gayrimüslimlerin iyileştirilmiş statülerine diş biliyorlardı ve Hristiyanların, artık *zimmete* tabi olmadıkları gerekçesiyle korumalı statülerini kaybettiklerini ilan ettiler. Bunun ardından patlak veren katliamlar, klasik cihat sürecinin uygulamaya konulmasıydı. Erkekler öldürüldü, kadınlar ve çocuklar köleleştirildi. Esir alınan kadınlara tecavüz edildi ve mülkler yağmalandı. Bazı Hristiyanlar, İslamiyet'e geçerek canlarını kurtardılar.

Rahatsız edici bir adet

Cizye vergisi, her yetişkin erkek tarafından yıllık ödenirdi ve bunun ardından belli bir adete yer verilirdi. *Zimmi* erkekler, yirminci yüzyıla kadar Müslüman dünyasında bu adete tabi oldular.

Cizye ödemesi adeti bir Müslümanın, zimmi kişinin boynuna vurma işareti yapmasıyla yerine getirilirdi. Bu adetin başka bir türü ise, boynuna ip bağlanan *zimminin* yerde sürüklenmesiydi. Bu adetler *zimminin*, ölümden ya da kölelikten kurtulmak için canı karşılığında vergi verdiğini temsil ediyordu. Yıllık cizye ödemesi yapan *zimmi*, kellesini kaybetmekten kurtulmuş oluyordu.

Hem Müslüman hem de gayrimüslim kaynaklar, dokuzuncu yüzyıldan yirminci yüzyıla dek Fas'tan Buhara'ya kadar bu adetin birçok uygulamasına yer vermiştir. Yemen ve Afganistan gibi bazı Müslüman ülkelerde, Yahudilerin İsrail'e göç ettiği 1940'ların sonundan 1950'lerin başına kadar devam eden bu adetin yeniden uygulanması için birçok radikal Müslüman çağrıda bulunmaktadır.

Boyun vurmanın temsili olan cizye ödemesi, (2. Derste incelenen) 'kan antlaşması' ya da 'kan yemini' olarak düşünülebilir. Bu antlaşmaya göre, katılımcı, kendi infazını canlandırarak antlaşmanın şartlarını çiğnediği taktirde öleceğini ortaya koymuş olur. Bu tür yeminler, gizli cemiyetlere ve okült gruplara katılım törenlerinde yüzyıllardır kullanılmıştır. Törenlere katılan insanları, itaate ve teslimiyete tabi kılmak için psikolojik ve ruhsal güçleri vardır.

Cizye adeti *zimminin*, canını borçlu olduğu *zimmet* antlaşmasının şartlarını çiğnediği taktirde kellesini kaybetmeye razı olduğunu temsil etmektedir. Kişi kendisine karşı beddua ederek, "Antlaşmanın şartlarını çiğnediğim taktirde benim başımı alabilirsin" demektedir. *Zimmi* kişi, halka açık bu adetle birlikte, antlaşmayı bozduğu taktirde ölüm cezasına mahkûm olduğunu önceden ilan etmektedir.

Bu kısımlarda, *zimmet* sisteminin, gayrimüslimler üzerindeki psikolojik etkisini ele alacağız.

Mütevazi minnettarlık

Klasik İslam hukukuna göre gayrimüslimler, kendi canlarını esasen Müslüman fatihlere borçludur. Bu nedenle alt seviyede bulunmanın tevazusuyla minnettar bir tutuma sahip olmalıdırlar. İslam tefsircileri bu konuda son derece açık ve nettir.

Gayrimüslimleri aşağı seviyeye ve çaresizliğe mahkûm etmek üzere tasarlanmış birçok şeriat kuralı vardır. Örneğin:

- *Şeriat* mahkemelerinde *zimmilerin* şahitliği kabul edilmezdi: bu durum onları her türlü zulüm karşısında savunmasız kılardı.

- *Zimmi* evleri Müslümanların evlerinden daha alçak olmalıydı.
- *Zimmilerin* ata binmeleri ve başlarını Müslümanlardan daha yukarıda tutmaları yasaktı.
- *Zimmiler* halka açık yollarda Müslümanlara yol vermeye ve onların geçmesi için yolun kenarına çekilmeye mecburlardı.
- *Zimmilerin* kendilerini savunmalarına izin yoktu. Müslümanlardan gelecek olan şiddet eylemlerine karşı savunmasızdılar.
- Gayrimüslümlerin dini simgelerinin ve törenlerinin halk arasında sergilenmesi yasaktı.
- Yeni kiliseler yapılamaz, hasarlı kiliseler onarılamazdı.
- İslamiyet'in eleştirilmesi yasaktı.
- *Zimmiler* farklı giyinmeli, elbiselerinin renkleri ve biçimleri ayırt edici olmalıydı.
- Müslüman erkekler *zimmi* kadınlarla evlenebilirdi ama çocuklarını Müslüman olarak yetiştirmek zorundaydılar. Bununla birlikte Müslüman bir kadın, *zimmi* bir erkekle evlenemezdi.
- Gayrimüslim toplumlara uygulanan başka çok sayıda aşağılayıcı ve ayrımcı kanunlar vardı.

Bu tür kanunlar Kur'an'ın buyurduğu gibi, 'mağlup olmanın' sosyal ve hukuki ifadeleri olarak anlaşılırdı (S113:29).

Zimmet sistemi, hâkim olduğu gayrimüslim toplumları aşağılamak ve küçük düşürmek için tasarlanmıştı. On sekizinci yüzyılın Faslı tefsircilerinden İbn Acibe, bu sistemi tanımlarken esas amacının insan canını öldürmek olduğunu söylemişti:

> [*Zimmi* kişiye], canını, talihini ve arzularını öldürmesi buyruluyor. Her şeyden çok yaşam sevgisini, önderliğini ve onurunu öldürmelidir. [*Zimmi* kişi] canının özlemlerini tersine çevirmeli, tamamen teslim olana kadar taşıyacağından büyük bir ağırlık yüklenmelidir. Ondan sonra onun kaldıramayacağı hiçbir şey olmayacaktır. Boyun eğmeye ya da kudrete karşı

kayıtsız olacaktır. Yoksulluk da zenginlik de onun için aynı şey olacaktır. Övgü de hakaret de onun için aynı şey olacaktır. Üstün çıkmak da yenik düşmek de aynı şey olacaktır. Kaybolmak da bulunmak da aynı şey olacaktır. Her şey aynı olduğunda canı teslim olacak ve vermesi gerekeni gönül rızasıyla verecektir.

Aşağı seviye psikolojisi

Zimmet terimi, *zimmet* antlaşmasının yarattığı bütün şartların tamamını tanımlar. Cinsiyetçilik ve ırkçılık gibi, '*zimmet* altında olmak' da sadece hukuki ve sosyal yapılarla değil, aşağı seviyede olmanın minnettarlığını, kulluk etme rızasını ve hâkimiyete tabi olan toplumun hayatta kalma gayretini yansıtan psikolojiyle ifade edilir.

Orta çağın İberyalı büyük Yahudi alimi Musa bin Meymun'un ifade ettiği gibi, "Gencimiz de yaşlımız da aşağılanmaya teslim olup bunu adet edindik..." Yirminci yüzyılın başlarında Sırp coğrafyacı Jovan Cvijic, Türklerin ve Müslüman Arnavutların hâkimiyetinde, kuşaktan kuşağa geçen zorbalığa uğrama korkusunun, Balkanlar'daki Hristiyan nüfusunu kökten değiştirdiğini ifade etmişti:

> [Onlar] efendilerine makbul olmaya, kendilerini onların önünde alçaltmaya ve onları memnun etmeye adayan alt seviyenin kul sınıfı olmaya alıştılar. Bu insanlar sıkı ağızlı, sır küpü, kurnaz kişilere dönüşerek insanlara güvenlerini tamamen kaybettiler. İkiyüzlülüğe ve rüsvalığa alıştılar çünkü şiddetli cezalardan kaçınmak ve hayatta kalmak için bu tutuma muhtaçtılar.
>
> Zulmün ve zorbalığın yarattığı direk etki, bütün Hristiyanlarda korku ve endişeydi. Makedonya'da insanların şöyle dediğini duydum: "Rüyalarımızda bile Türkler'den ve Arnavut'lardan kaçıyoruz."

Zimmet ehlinin aşağılanması, Müslümanların üstünlük hissini pekiştiriyor, *zimmilerin* hayatta kalmalarına izin verdikleri ve onların mallarına el koymaktan kaçındıkları için kendilerini cömert hissetmelerini sağlıyordu. Hristiyanlığa geçen bir İranlı bana şöyle dedi: "Hristiyanlık hâlâ alt seviyedeki insanların dini olarak görülüyor. İslamiyet efendilerin ve hâkimlerin dini, Hristiyanlık ise kölelerin dinidir."

Zimmet ehlinin dünya görüşü, gayrimüslimler için aşağılayıcı olduğu kadar Müslümanlar için de zararlıdır. Müslümanlar eşit rekabet etmeyi öğrenme imkânı bulamayacakları şartlar oluşturarak kendilerine zarar verirler. Ekonomik koruma politikaları, bir ulusun ekonomisinin çökmesine neden olabilir. Aynı şekilde, *zimmet* ehlinin dini koruma altında olması, Müslümanların sahte bir üstünlük hissine bel bağlamalarına neden olmuş, bu durum onları zayıflatmış, kendileri ve etraflarındaki dünyayla ilgili gerçek bir anlayışa kavuşmalarına engel olmuştur.

Zimmet sistemi, her iki tarafta da nesilden nesle aktarılarak müzminleşen tutumlar oluşturmuştur. Köleliğin feshedilmesinin ardından uzun yıllar geçtiği halde ırkçılığın devam etmesi gibi, *zimmet* düzeni ve *cizye* vergisi de uzak geçmişte kaldığı halde *zimmet* anlayışı Müslümanlar ile diğer insanlar arasındaki ilişkileri boğmaya ve zedelemeye devam etmektedir.

Zimmet psikolojisi, *şeriat* hükmünün altına girmemiş olan toplumları dahi etkileyebilir. Akademik araştırmaları zedeleyebilir, siyasi söyleve hasar verebilir. Örneğin, batılı siyasetçilerin büyük bir kısmı İslamiyet'i övmüş, huzur dini olduğunu ilan etmiş ve aynı zamanda minnetlerini ifade etmişlerdir. Bu tür övgü ve minnet ifadeleri, *zimmet* ehlinin İslami hâkimiyete verdiği karşılıkların aynısıdır.

Dini zulüm ve *zimmet* antlaşmasının dönüşü

On dokuzuncu ve yirminci yüzyıllarda Avrupalı güçler, *zimmet* sistemini yumuşatması ya da kaldırması için Müslüman dünyayı zorlamaya başlamıştı. Bununla birlikte geçen yüzyılda küresel bir şeriat uyanışı oldu. Bu uyanışın bir parçası olarak, *zimmet* kanunları ve dünya görüşü Müslüman dünyasına geri dönmeye başladı. Hristiyanlara ve diğer gayrimüslimlere karşı önyargı, gözdağı ve ayrımcılık ikliminde artış oldu. Laik bir anayasayla kurulan ama daha sonra İslami devlet olduğunu ilan eden Pakistan, bunun bir örneğidir. Orada *şeriat* mahkemeleri yeniden kurulmuş, gayrimüslimlere ayrımcılık yapan bir küfür kanunu yürürlüğe konulmuştur. *Şeriatı* canlandırma girişimi, Pakistanlı Hristiyanlara yönelik zulümleri artırmıştır.

Günümüz dünyasında, *şeriat* nerede canlansa, orada Hristiyanlar ve diğer gayrimüslimler için hayat zorlaşmaktadır. Hristiyanların zulüm gördüğü beş ülkeden dördü, İslamiyet'in hâkimiyetindedir. Bu ülkelerde Hristiyanlara zulüm biçimleri, ibadet binalarının kısıtlanması gibi baskılar, şeriat uyanışının bir parçası olan *zimmet* kanunlarıyla desteklenmektedir.

Bu kısımlarda *zimmet* antlaşmasının zararlı ruhsal etkisine ve onu reddetmenin neden zorunlu olduğuna değineceğiz.

Ruhsal bir çözüm

Muhammed'in yaşamı, derin reddedilme deneyimleriyle biçimlenmiş, bunlar yaralı ve gücenik bir ruh, mağdur zihniyeti, şiddet ruhu ve insanlara hâkim olma arzusu oluşturmuştu. Onun *cihat* çağrılarının ardında, başkalarını ezerek serbest kalmak isteyen ezilmiş bir ruhsallık vardı. Aşağılayıcı *zimmet* sistemi, bunun bir sonucuydu.

Bunun tersine İsa Mesih, reddedilmiş ama gücenmeyi, şiddete sarılmayı, başkalarına hâkim olmayı ve yaralı bir ruha teslim olmayı reddetmiştir. O'nun çarmıhı ve ölümden dirilişi, reddedilmeyi ve karanlığın güçlerini alt etmiştir. Hristiyanlar *zimmet* mirasından özgür olmak için Mesih'in çarmıhına gelebilirler.

Zimmetten özgürlük tanıklıkları

Zimmet antlaşmasını reddetme duası ederek özgürlüğe kavuşan insanların verdiği bazı tanıklıklar şöyledir:

Soyacağından gelme korkular

Dua ettiğim bir kadın, hayatının çeşitli alanlarında korkuyla mücadele ediyordu. Ataları 1860'ta büyük bir Hristiyan soykırımının gerçekleştiği Suriye'nin Şam kentinde *zimmi* olarak yaşamışlardı. *Zimmet* antlaşmasını reddetmek için dua etmesini teşvik ettiğim zaman korkunun gücü kırıldı ve günlük hayatındaki korkulardan büyük oranda özgür oldu.

Soykırım mirasından özgürlük

Ermeni kökenli bir adamın ataları, Yunan isimlerini kullanarak soykırımı atlatıp İzmir'den Mısır'a kaçtılar. Aradan yüz yıl geçtikten sonra, göçmenlerin soyundan gelen bu adam her gün ezici korkularla boğuşuyordu. Bütün kapıları ve pencereleri kilitlediğinden defalarca emin olmadan evden çıkamıyordu. Ancak geçmiş soykırımın travmalarıyla özdeş olan soyacağından gelen korkuyu reddedip özgürlük duası ettiği zaman derin bir ruhsal şifaya ve özgürlüğe kavuştu.

Müslümanlara daha etkili bir şekilde hizmet etmek

Yeni Zelandalı bir kadın, *zimmet* antlaşmasını ve *zimmi* statüsünü reddettikten sonra Müslümanlara yönelik hizmetinin nasıl değiştiğini anlattı:

> Seminerinizde *zimmet* duasını ettikten sonra kişisel bir ilişkideki korku ve gözdağından derin bir şekilde özgür oldum. Aynı zamanda Müslümanlara daha etkili bir şekilde müjdelediğimi fark ettim. 1989'dan beri Müslümanlara müjdeliyorum... Sizin seminerlerinize katılan başka bir kişi, *zimmeti* reddettikten sonra Ortadoğulu kadınlara çok daha etkili bir şekilde müjdeliyor.

Korkudan cesarete: müjdeleme eğitimi

Arapça konuşan bir Hristiyan grubu, bir Avrupa ülkesini turist olarak dolaşan Müslümanlara müjdelemeye hazırlanırken bu kitaptaki duaları kullanmış. Özgür bir ülkede yaşayan bu Hristiyanlar, yine de imanlarını paylaşmaktan korkuyorlarmış. *Zimmet* konusu, yüreklerini açarak korkudan şifa bulma ihtiyacını ortaya çıkarmış. Bir önder bunu, "sizin adınıza yapılan antlaşma yüzünden korku içinizde yaşıyor" diyerek açıkladı. Bu insanlar, *zimmet* antlaşmasını ayrıntılarıyla görüştükten sonra özgürlük duası ettiler ve *zimmeti* reddettiler. Programın son gününde onlardan biri şöyle bir tespitte bulundu:

> Sonuçlar şaşırtıcıydı. Katılımcıların hepsi, hiçbir istisna olmadan bunun temel bir hizmet eğitimi konusu olduğunu, derin bereketler ve gerçek özgürlük için bir fırsat bulduklarını söylediler. *Zimmet* antlaşmasını reddetme ve İsa Mesih'in kanı aracılığıyla Mesih'le yapılan antlaşmayı ilan etme olanağına kavuştular. İsa Mesih'in kanı sayesinde bu antlaşmadan duayla özgür olduğumuz için Tanrı'ya şükrediyoruz.

Kıpti bir Hristiyan, Müslümanlara müjdelemek için özgürlüğe kavuşuyor ve kuvvet buluyor

Kıpti bir Hristiyan avukat şöyle bir tanıklık verdi:

> İslami bir ülkedeki hukuk eğitimimin esas bir parçası olarak dört yıl boyunca *şeriatı* inceledim. *Zimmet* kuralları da dâhil olmak üzere *şeriat* altında yaşayan Hristiyanların nasıl aşağılandığına ayrıntılarıyla tanık oldum. Ancak bu tür öğretişlerin benim karakterim üzerinde oluşturduğu şahsi etkiyi anlamama engel olan bir şey vardı. Ben adanmış bir Hristiyan'dım ve Rab İsa Mesih'i seviyordum ama Müslüman arkadaşlarımı gücendiririm diye onların önünde İsa'nın Rabbim olduğunu söyleyemiyordum.
>
> *Zimmet* statüsüyle ilgili bir tanıtıma katıldığım zaman kendi ruhsal halimin ışığa çıktığını hissettim. İç varlığımdaki derin hüsranlar birer birer açığa çıkıyordu. Atalarımın ülkesini işgal edip orada yaşayan Müslümanların üstünlüğünü seve seve savunduğum birçok vakayı hatırladım. Uzun yıllar boyunca *zimmi* olmanın itibarsızlığını kabul etmiş ve hatta hayatıma uygulamıştım. Duaya yöneldim ve anında Mesih'teki büyük özgürlüğe kavuştum.
>
> Aynı gece eve döndüm ve yakın bir Müslüman dostumu aradım. İsa Mesih'in onu sevdiğini ve çarmıhta onun için öldüğünü söyledim. O günden beri Müslümanlara yönelik hizmetim çok etkili oldu. Birçoklarının İsa Mesih'i Rab ve Kurtarıcı olarak kabul ettiklerini gördüm.

Zimmet antlaşmasını reddetmenin nedenleri

Bu dersi takip eden ilanları ve duaları birkaç nedenle okumak isteyebilirsiniz:

- Siz ya da atalarınız, İslami bir hâkimiyet altında gayrimüslimler olarak yaşamış, *zimmet* antlaşmasını kabul etmiş ya da cihat ve *zimmet* ilkelerinden etkilenen şartlara maruz kalmış olabilirsiniz.
- *Cihadın* yarattığı ya da *zimmet* şartlarının oluşturduğu tacizlerden ötürü şahsi ya da aile tarihiniz travmatik olayların etkisi altında kalmış olabilir. Bu olayları duymamış

bile olabilirsiniz ama aile geçmişinizin bir parçası olarak bunlarla ilgili kuşkularınız olabilir.

- İslami *cihat* tehdidi altında kalmış olabilirsiniz ve geçmişinizde İslamiyet'in hâkimiyetinde yaşamadığınız halde korkudan ve gözdağından özgür olmak isteyebilirsiniz.
- Siz ya da atalarınız Müslüman olarak yaşamış, dolayısıyla *zimmet* antlaşmasına ve onun bütün sonuçlarına katkıda bulunmuş olabilirsiniz.

Bu dualar, *zimmet* antlaşmasını bütün ruhsal sonuçlarıyla iptal etmek ve hayatınız üzerindeki yetkisine son vermek için tasarlanmıştır. Bunlar aynı zamanda İslami bir devlette yaşayan bir *zimmi* olarak size ya da atalarınıza yönelik bütün lanetlere karşı koyup onları kırmak için tasarlanmıştır. Bu duaları okurken, geçmişte bu bilgiye sahip olmadığınız için üzüntü duyabilirsiniz ama Tanrı'nın Sözündeki gerçeğe bağlı olduğunuzu ifade edebilirsiniz. Bunlar zimmetin her türlü olumsuz ruhsal etkilerinden özgürlüğe kavuşmanız için tasarlanmıştır. Bu etkileri şöyle sıralamak mümkündür.

- yaralar
- korkular
- gözdağı
- utanç
- suçluluk duyguları
- aşağılık hisleri
- kendinizden nefret ve kendinizi reddetme
- insanlardan nefret etme
- depresyon
- hile
- aşağılanma
- kabuğa çekilme ve tecrit
- sessizlik

Şimdi *zimmet* antlaşmasını reddetme duasına geleceğiz. Bu dua günümüzde kendisi ya da ataları İslami hakimiyet altında yaşamış olan Hristiyanları özgür kılmak için tasarlanmıştır.

Gerçekle karşılaşmak

Önceki derste bunu yapmadıysanız, *zimmet* antlaşmasını reddetme duasını okumadan önce, 5. Dersteki 'gerçekle karşılama' ayetlerini sesli okuyun.

Zimmeti reddetme duası, bütün katılımcılar tarafından birlikte ayakta okunmalıdır.

Zimmeti Reddetme ve Gücünü Kırma İlanı ve Duası

İtiraf duası

Sevgiyle dolu Tanrı, günah işlediğimi ve sana sırt çevirdiğimi itiraf ediyorum. Tövbe ederek Kurtarıcım ve Rabbim İsa Mesih'e dönüyorum. Özellikle başkalarına gözdağı verdiğim, onlara alt seviye muamelesi yapıp aşağıladığım zamanlar için lütfen beni affet. Gururum için beni affet. Başkalarını taciz edip onlara egemenlik tasladığım zamanlar için beni affet. Bunların hepsini İsa Mesih'in adında reddediyorum.

Ey Rabbimiz İsa Mesih'in Babası Tanrım, İsa'nın çarmıhta kazandığı bağışlama armağanı için seni övüyorum. Beni kabul ettiğin için sana teşekkür ediyorum. Çarmıh aracılığıyla seninle ve diğer insanlarla barıştığım için sana teşekkür ediyorum. Senin çocuğun olduğumu ve Tanrı'nın Egemenliğinin mirasçısı olduğumu bugün ilan ediyorum.

İlanlar ve Terk Etmeler

Baba, korkuya teslim olmadığıma ve senin sevginin çocuğu olduğuma dair seninle aynı fikirdeyim. İslamiyet'in Muhammed tarafından öğretilen taleplerini reddediyorum ve terk ediyorum. Kuran'ın Allah'ına teslimiyetin her türlüsünü reddediyorum ve yalnızca Rabbimiz İsa Mesih'in Tanrısına taptığımı ilan ediyorum.

Atalarımın zimmet antlaşmasına ve ilkelerine teslim olmakla işledikleri günahları reddediyorum ve onların günahları için senin affını diliyorum.

Benim ve atalarım tarafından İslami ümmete ve ilkelere teslim olmakla yapılan bütün antlaşmaları iptal ediyorum ve feshediyorum.

Zimmeti ve bütün şartlarını tümüyle reddediyorum. Cizye ödemekle ilgili olan boyna vurma adetini, temsil ettiği her şeyle birlikte reddediyorum. Bu adetin temsil ettiği kafa kesmeyi ve ölümü özellikle reddediyorum.

Zimmet antlaşmasının Mesih'in çarmıhına çivilendiğini ilan ediyorum. Zimmet yenilmiş ve açıkça gözler önüne serilmiştir. Benim üzerimde hiçbir gücü ya da hakkı yoktur. Zimmet antlaşmasının ruhsal ilkelerinin, Mesih'in çarmıhında açığa çıkarıldıklarını, silahlarının alındığını, yenik düştüklerini ve aşağılandıklarını ilan ediyorum.

İslamiyet'e yönelik sahte minnet duygularını reddediyorum.

Sahte suçluluk duygularını reddediyorum.

Hileyi ve yalanları reddediyorum.

İsa Mesih'le ilgili imanım hakkında sessiz kalmamı gerektiren bütün anlaşmaları reddediyorum.

Zimmet ya da İslamiyet hakkında sessiz kalmamı gerektiren bütün anlaşmaları reddediyorum.

Ben konuşacağım ve sessiz kalmayacağım.

"Gerçeğin beni özgür kılacağını"[13] *ilan ediyorum ve hayatımı İsa Mesih'te özgür bir insan olarak sürdürmeyi seçiyorum.*

İslamiyet'in adında bana ve aileme yönelik bütün bedduaları reddediyorum ve iptal ediyorum. Atalarıma yönelik bütün bedduaları reddediyorum ve iptal ediyorum.

Özellikle ölüm lanetini reddediyorum ve gücünü kırıyorum. Ölüm, senin benim üzerimde hiçbir yetkin yoktur!

---

13. Yuhanna 8:32.

Bu lanetlerin benim üzerimde hiçbir yetkisi olmadığını ilan ediyorum.

Ruhsal mirasım olarak İsa Mesih'in bereketlerini talep ediyorum.

Gözdağı karşısında teslim olmayı reddediyorum. İsa Mesih'te cesur olmayı seçiyorum.

Manipülasyonu ve kontrolü reddediyorum.

Tacizi ve şiddeti reddediyorum.

Korkuyu reddediyorum. Reddedilme korkusunu reddediyorum. Malımı mülkümü kaybetme korkusunu reddediyorum. Yoksulluk korkusunu reddediyorum. Köleleşme korkusunu reddediyorum. Tecavüz korkusunu reddediyorum. Tecrit edilme korkusunu reddediyorum. Ailemi kaybetme korkusunu reddediyorum. Ölüm ve öldürülme korkusunu reddediyorum.

İslamiyet korkusunu reddediyorum. Müslümanlar'dan korkmayı reddediyorum.

Halk arasında bulunma ve siyasal faaliyetlere katılma korkusunu reddediyorum.

İsa Mesih'in herkesin Rab'bi olduğunu ilan ediyorum.

Hayatımın her alanında Rabbim olarak İsa Mesih'e teslim oluyorum. Benim evimin Rab'bi İsa Mesih'tir. Şehrimin Rab'bi İsa Mesih'tir. Ulusumun Rab'bi İsa Mesih'tir. Bu ülkedeki bütün halkların Rab'bi İsa Mesih'tir. İsa Mesih'e Rabbim olarak teslim oluyorum.

Aşağılanmayı reddediyorum. Mesih'in beni kabul ettiğini ilan ediyorum. Sadece O'na kulluk etmeyi seçiyorum.

Utancı reddediyorum. Çarmıh aracılığıyla bütün günahlarımdan temizlendiğimi ilan ediyorum. Utancın benim üzerimde hakkı yoktur ve ben Mesih'le birlikte yücelik içinde egemenlik süreceğim.

Ya Rab, benim ve atalarımın Müslümanlara yönelik her türlü nefretini bağışla. Müslümanlara ve diğer insanlara yönelik her türlü nefreti reddediyorum. İsa Mesih'in Müslümanları ve dünyadaki bütün insanları sevdiğini ilan ediyorum.

Kilisenin günahlarından ve kilise önderlerine yanlış bir şekilde tabi olmaktan tövbe ediyorum.

Yabancılaşmayı reddediyorum. İsa Mesih aracılığıyla Tanrı'nın beni affettiğini ve kabul ettiğini ilan ediyorum. Ben Tanrı'yla barıştım. Ne yerde ne de gökte hiçbir güç Tanrı'nın tahtının önünde beni suçlayamaz.

Babamız Tanrı'ya, tek Kurtarıcım İsa Mesih'e ve bana hayat veren Kutsal Ruh'a övgülerimi ve şükranımı ilan ediyorum.

Rabbim İsa Mesih'e diri bir tanık olmak için kendimi adıyorum. Çarmıhtan utanmıyorum. Dirilişten utanmıyorum.

Ben yaşayan Tanrı'nın, İbrahim'in, İshak'ın ve Yakup'un Tanrısının çocuğu olduğumu ilan ediyorum.

Tanrı'nın ve Mesih'inin zaferini ilan ediyorum. Baba Tanrı'nın yüceliği için her dizin çökeceğini ve her dilin İsa Mesih'in Rab olduğunu söyleyeceğini ilan ediyorum.

Zimmet sistemini uyguladıkları için Müslümanları bağışlıyorum.

Baba Tanrı, beni lütfen zimmetten, zimmet ruhundan ve zimmet antlaşmasıyla ilgisi olan her türlü Tanrı karşıtı ilkeden özgür kıl.

Beni şimdi Kutsal Ruh'unla doldurman, üzerime İsa Mesih'in egemenliğinin bütün bereketlerini dökmen için dua ediyorum. Senin Sözünü net bir şekilde anlayabilmem ve hayatımın her alanına uygulayabilmem için bana lütfet. Bana vaat ettiğin gibi umut ve yaşam sözleri bağışla. Bana Müslümanlara karşı derin bir sevgi ve İsa Mesih'in sevgisini onlarla paylaşabilmem için tutku ver.

Bunları Rabbim ve Kurtarıcım İsa Mesih'in adında ilan ederek diliyorum.

Amin.

Çalışma Rehberi

Ders 6

Söz Dağarcığı

Zimmet
zimmi
Regensburg vaazı
'üç seçenek'
Baş Müftü
cizye
vacip
cihat
Ömer Antlaşması
helal
kafa kesme adeti
gerçekle karşılaşma

Yeni isimler

- Papa Benedict XVI (b. 1927): Almanya doğumlu Joseph Ratzinger, 2005-2013 yılları arasında Papa
- Bizans İmparatoru Manuel II Palaeologus (1350-1425; 1395-1425 yılları arasında yönetimdeydi)
- Şeyh Abdul Aziz el-Şeyh: 1999'dan beri Suudi Arabistan'ın Baş Müftüsü (d. 1943)
- Ibn Kesir: Suriyeli tarihçi ve alim (1301-1373)
- Muhammed ibn Yusuf Atfeyiş: Cezayirli Müslüman alim (1818-1914)
- William Eton: Türkiye ve Rusya'da çalışan İngiliz araştırmacı, *19. Yüzyılın Başında Osmanlı İmparatorluğu* adlı eseri yayınladı.
- Ibn Kudame: Filistinli Sünni alim ve Sufi (1147-1223)
- Samuel ha-Nagid (993-1055/56) ve Yusuf ha-Nagid (1035-1066): Granada'nın Yahudi Vezirleri
- Muhammad al-Maghili: Cezayirli alim (c. 1400-c. 1505)
- Ibn Acibe: Faslı Sünni Sufi alim (1747-1809)
- Musa bin Meymun: İberyalı Sefarad Yahudi alim (1138-1204)
- Jovan Cvijic: Sırp coğrafyacı ve etnolog (1865-1927)

Bu derste Kur'an

S9:29 S48:28 S3:110

Ders 6 soruları

- Durum çalışması hakkında söyleşin.

Zimmet antlaşması

1. Bizans İmparatoru **Manuel II Palaeologus'**a ait olan ve **Papa Benedict** XVI'ın 2006'daki **Regensburg vaazında** aktardığı, dünya çapındaki Müslümanların ayaklanmasına ve 100 kadar kişinin ölmesine neden olan sözler nelerdir?

2. Baş müftü **Şeyh Abdul Aziz el-Şeyh'in** Papa Benedict'e yaptığı düzeltme neydi?

3. İslamiyet, fethettiği yerlerdeki gayrimüslimlere hangi **üç seçeneği** sunar?

4. Durie, *Sahih El-Buhari'nin* bir hadisini aktarıyor ("Bana... emrolundu"). Bu ifadeye göre Allah'ın emri nedir?

5. Daha sonra Durie, Sahih *Müslim'in* bir *hadisini* aktarıyor: "Allah'ı inkâr edenlerle savaşın..." İslamiyet'te fethedilenlere sunulan üç seçenek nelerdir?

6. S9:29'un fethedilen gayrimüslimler'den beklediği iki şey nedir?

7. Teslimiyet antlaşmasının adı nedir?

8. Bu antlaşmaya bağlı yaşamaya çağrılan gayrimüslimlere ne deniliyor?

9. ***Zimmet*** sistemini destekleyen iki Kur'an ilkesi nelerdir?

Cizye

10. İslam alimleri, ***zimmiler*** üzerindeki yıllık ***cizye*** vergisini, neden onların kanının kurtuluşu olarak ifade ederler?

11. İmam **Etafeyyiş**, öldürmek ve köleleştirmek yerine ***cizye*** vergisi alınmasının kimlerin yararına olduğunu söylüyor?

12. **William Eton'a** göre, ***cizye*** vergisi neyin telafisidir?

İtaatsizliğin cezası

13. ***Zimmet*** antlaşmasına uymayan ***zimmileri*** bekleyen nedir?

14. **Ömer antlaşması**, ***zimmilerin*** kendilerini neyle bağlamalarını zorunlu kıldı?

15. **İbn Kudame**, itaatsiz ***zimminin*** canının ve malının ***helalliğine*** teslim edilmesinden söz ederken ne demek istiyordu?

16. ***Zimmi*** toplumların tarihinde ne gibi travmatik olaylar yaşanmıştır?

17. Granadalı Yahudiler, 1066 yılında neden öldürüldüler?

18. Şamlı Hristiyanlar, 1860'ta neden katledildiler? Bazıları ölümden kurtulmak için hangi yola başvurdu?

Rahatsız edici bir adet

19. Durie, hangi adetin bin yıl boyunca Fas'tan Buhara'ya kadar yaygın olduğunu söylüyor?

20. Bu adetin anlamı neydi?

21. Bu adete maruz kalan ***zimmi***, kendisine karşı hangi bedduayı harekete geçiriyordu?

22. ***Cizye*** vergisini ödeyenler, böyle yapmakla kendilerini neyle bağlamış oluyorlar?

23. ***Cizye*** vergisini ödeyen ***zimmi***, bunu yapmakla neyi canlandırmış oluyor?

Mütevazi minnettarlık

24. Durie'ye göre gayrimüslimlerin, Müslümanlara karşı takınması gereken iki tutum nedir?

25. Gayrimüslimleri aşağı seviyeye mahkûm etmek için dayatılan *şeriat* kurallarının örnekleri üzerinde düşünün:

- *Zimmilerin* şahitliği
- Zimmilerin evleri
- Zimmilerin atları
- *Zimmilerin* halka açık yollarda yürümeleri
- *Zimmilerin* kendilerini savunmaları
- *Zimmilerin* dini simgeleri
- *Zimmilerin* kiliseleri
- *Zimmilerin* İslamiyet eleştirileri
- *Zimmilerin* giysileri
- Zimmilerin evlilikleri

26. S9:29'un, Müslüman hâkimiyetinde yaşayan gayrimüslimlere buyruğu nedir?

27. İbn Acibe 'üçüncü seçeneği' nasıl tanımladı?

Aşağı seviye psikolojisi

28. ***Zimmet*** terimi neyi tanımlar?

29. Orta çağın İberyalı Yahudi alimi **Musa bin Meymun'a** göre *zimmet* antlaşması, *zimmileri* neler yapmaya mecbur ediyordu?

30. Sırp coğrafyacı **Jovan Cvijic'e** göre, Türkler'in Balkan nüfusa uyguladığı şiddet ***zimmeti***, psikolojik yönden neye neden oldu?

31. Hristiyanlığa geçen bir İranlı, Mark Durie'yle konuşurken, Müslümanların Hristiyanlıkla bağlantılı olarak kendi dinlerini nasıl algıladıklarını söyledi?

32. ***Zimmet*** Müslümanlar için de hangi açıdan zararlıdır?

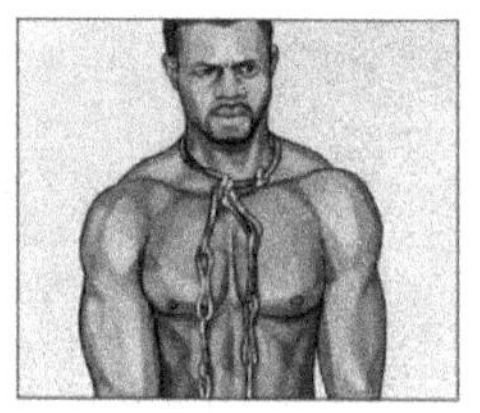

33. Durie ***zimmet*** antlaşmasını, Amerika Birleşik Devletindeki hangi tarihsel durumla karşılaştırıyor?

34. Durie'ye göre, akademik araştırmalara ve siyasal söyleve hasar verebilecek olan şey nedir?

Dini zulüm ve *zimmet* antlaşmasının dönüşü

35. Müslüman dünyasını, ondokuzuncu ve yirminci yüzyıllarda ***zimmet*** sistemini kaldırmaya zorlayan ne oldu?

36. Durie'ye göre, Pakistanlı Hristiyanlara ve yine birçok diğer ulusta Hristiyanlara yönelik zulmü artıran ne olmuştur?

Ruhsal bir çözüm

37. Durie, Muhammed'in büyük reddedilme deneyiminin hangi beş ruhsal sonucunu sıralıyor?

38. Muhammed'in ***cihat*** çağrısının ardında yatan neydi?

39. İsa Mesih'in, reddedildiği zaman başvurmayı reddettiği dört şey nedir?

Zimmetten özgürlük tanıklıkları

40. Durie'nin paylaştığı beş tanıklığın ortak noktası nedir?

Zimmet antlaşmasını reddetmenin nedenleri

41. Kendisi ya da ataları ***zimmet*** antlaşmasına bağlı yaşamış bir kişiyi duaya yönelten üç etki neler olabilir?

42. ***Zimmet*** antlaşmasıyla ilgili dualar, hangi iki amaç doğrultusunda tasarlanmıştır?

43. ***Zimmetin*** neden olduğu 13 olumsuz ruhsal etki listesine bakın. Tanrı'nın Sözündeki gerçeğe dayanan dualar, bunlara karşı nasıl işlev görecektir?

Dua kısmı için aşağıdaki adımları takip edin:

1. Dersteki **gerçekle karşılaşma** ayetleri, eğer henüz okunmadıysa, bütün katılımcılara sesli okunsun.
2. Bundan sonra, bütün katılımcılar ayağa kalksın ve birlikte, '*Zimmeti* Reddetme ve Gücünü Kırma İlanı ve Duasını' birlikte okusunlar.
3. Daha ayrıntılı talimatlar için 'Önderler için Rehber'e bakınız.

7

Yalan Söylemek, Sahte Üstünlük ve Beddua

"Dil ölüme de götürebilir, yaşama da. Konuşmayı seven, dilin meyvesine katlanmak zorundadır."
Özdeyişler 18:21

Ders hedefleri

a. İslamiyet'in insanlara yalan söyleme ve onları aldatma izni üzerinde düşünmek ve bunu reddetmek.

b. İslami hileyi reddetmeye hazırlanırken 20 belirli gerçeği ilan eden Kutsal Yazı ayetlerini düşünmek.

c. Sekiz önemli ilanı ve reddetmeyi içeren duayı okuyarak hile tutsaklığından ruhsal özgürlüğe kavuşmak.

d. İslamiyet'in bir insanı diğerinden üstün gören anlayışını fark etmek ve reddetmek.

e. İslami üstünlüğü reddetmeye hazırlanırken, belirli gerçekleri ilan eden Kutsal Yazı ayetlerini düşünmek.

f. 11 önemli ilan ve reddetme içeren duayı okuyarak sahte üstünlükten ruhsal özgürlüğe kavuşmak.

g. Camide ibadet eden ümmetin, kâfirlere hep birlikte beddua etme adeti üzerinde düşünmek.

h. İslamiyet'te lanetle ilgili değişik tutumları dikkate almak.

i. Beddua adetine katılanların hissettiği duygusal bağı ve enerjiyi dikkate almak.

j. Beddua adetini reddetmeye hazırlanırken altı belirli gerçek içeren Kutsal Yazı ayetlerini düşünmek.

k. 19 önemli ilan ve reddetme içeren duayı okuyarak beddua adetlerinden ruhsal özgürlüğe kavuşmak.

Durum çalışması: Siz olsaydınız, ne yapardınız?

Alexander, Samuel ve Pierre isimli üç Hristiyan meslektaşınızla birlikte kilisenin minibüsünde seyahat ediyorsunuz. Müslümanlar arasında Mesih'in öğrencisi olmak konulu bir konferansa gidiyorsunuz. Kiliseniz, aileniz ve siyaset hakkında konuştuktan sonra, Pierre bir soru soruyor. Rüyalarında Mesih'i gören çok sayıda Müslüman militan ile İslamiyet'in yükselişi hakkında diğerlerinin düşüncelerini öğrenmek istiyor. Acaba bunlar Mesih'in gelişinden önceki son zamanlar mıdır? İsa Mesih'i kabul eden Müslümanların, O'nu Mesih olarak kabul eden Yahudiler gibi özel bir öğrencilik eğitimi almaları gerekir mi?

Alexander iğneleyici bir tutumla şöyle der: "Mesih'i kabul eden Müslümanların, Yahudiler'den ya da Budistler'den ne farkı var ki özel bir muamele görsünler? Hepimiz aynı Kutsal Kitap'ı okumuyor muyuz, aynı imana bağlı değil miyiz? Müslümanların 'yeniden doğma' deneyiminin farklı olduğuna, özel vaftiz ya da öğrencilik eğitimi almaları gerektiğine dair ne gibi bir kanıt var ki?"

Samuel şöyle cevap verir: "İsa Mesih her dizin çökeceğini vaat etti ve bence bu vaade göre milyonlarca Müslüman Mesih'i kabul edecektir. Yahudiler'e yaptığımız gibi onlara özel ilgi göstermemiz, ev halkından oluşan özel kiliselere dâhil etmemiz gerekecektir. Hem Elçi Pavlus hem de Petrus'un, Yahudiler'e müjdeyi duyurma tarzları diğer uluslara müjdeleme tarzlarından farklıydı. Bizler Müslümanlara 'Yahudi kuzenler' gibi davranmalı, onların ruhsal ihtiyaçlarını dikkate alarak özel bir öğrenci yetiştirme sistemi kullanmalıyız."

Ardından Pierre şöyle der: "Ama Samuel, elçilerin hepsi, ilk kilise topluluğunu eğitmek için aynı öğretileri kullandılar. Elçilerin bütün mektupları hem Yahudilere hem de diğer uluslara yönelik değil mi? İsa Mesih'i kabul eden Müslümanların ihtiyaçları diğerlerinden farklı değil: bir vaftiz kursu, vaazlar, Pazar Okulu dersleri ve Kutsal Kitap çalışmaları. Aslında onlara özel bir muamele yapmakla onları var olan kiliselerimizden koparmış oluruz."

Ardından Samuel size döner ve sorar, "İslamiyet'ten gelen Mesihçilere nasıl bir eğitim verilmelidir?

Yalandan özgürlük

Bu kısımlarda İslamiyet'in yalan söyleme hakkındaki öğretişi üzerinde düşünecek ve yalanları reddetmeyi seçeceğiz.

Gerçek değerlidir

İslami *cihat* aleyhinde konuştuğu gerekçesiyle Endonezya'da iftiralarla hapse atılan Pastör Damanik, gerçek hakkında şöyle demişti:

> ... gerçek çok zor ve çok pahalı olduğu halde bizim başka bir seçeneğimiz yoktur. Yüksek bedeli ödemeye razı olmalıyız. Bunun alternatifi, gerçekle vedalaşmaktır. Gerçeği seven insan, demir iradeli olabilmek için sıkı bir mücadele vermeli, aynı zamanda pak ve şeffaf (cam gibi) bir yüreğe sahip olmalıdır. Demir irade güçlüdür; eğilmesi mümkün değildir. Gerçeğe bağlılık yolundan asla sapmaz. Cam yürek, kişinin kendi menfaatinden ve şahsi gündeminden temizlenip arınmıştır. Gerçeği seven kişi, tıpkı cam gibi hassastır, dünyadaki adaletsizlik ve sahtelikten ötürü kolaylıkla kırılabilir. Bu hassas yüreklilik bir zayıflık değil, kuvvet ve kudret işaretidir. Böyle bir yürek güçlü iradelidir ve keskin diliyle etrafındaki yalanlara ve sahtekârlığa karşı sesini çıkarabilir. Yüreği sessiz ya da sakin kalamaz. Yüreği her zaman adaletsizliğe karşı mücadeleyle doludur.

Tanrı'nın gerçekten yana olması, O'nunla ilişkiye girmemiz için temel oluşturur. Tanrı ilişki kurmak ister: kendisini insanlıkla ilişkilere adar.

Şeriat kültürü

Kur'an'a ve İslamiyet'in öğretişlerine göre, belli durumlarda yalana izin vardır. Ders 3'te, yalana nasıl izin verildiğini ve hatta bazen zorunlu olduğunu gördük.

Kur'an'da Allah'ın bile insanları aldattığı, yanlış yönlendirdiği yazılıdır:

Allah, dilediğini saptırır, dilediğini de doğru yola iletir. O, mutlak güç sahibidir, hüküm ve hikmet sahibidir. (S14:4).

Şeriat hukukunun uygun gördüğü yalan türleri şöyledir:

- Savaşta yalan söylemek
- Kocaların karılarına yalan söylemesi
- Kendini savunmak için yalan söylemek
- *Ümmeti* savunmak için yalan söylemek
- Müslümanların, tehlikede olduklarına inandıkları zaman kendilerini korumak için söyledikleri yalan (*takiyye*). Bu durumda bir Müslüman kendi imanını bile inkâr yoluna gidebilir (S16:106).

Bu dini değerler, İslami kültürlere derinlemesine nüfuz etmiştir.

Gerçekle karşılaşma

İslamiyet'in aksine bir Hristiyan'ın imanını inkâr etmesine izin yoktur:

> "İnsanların önünde beni açıkça kabul eden herkesi, ben de göklerdeki Babam'ın önünde açıkça kabul edeceğim. İnsanların önünde beni inkâr edeni, ben de göklerdeki Babam'ın önünde inkâr edeceğim." (Matta 10:32-33)

İsa şöyle dedi: "'Evet'iniz evet, 'hayır'ınız hayır olsun." (Matta 5:37)

Tanrı, Yaratılış 17'de İbrahim'le ne oluşturuyor?

> Antlaşmamı seninle ve soyunla kuşaklar boyunca, sonsuza dek sürdüreceğim. Senin, senden sonra da soyunun Tanrısı olacağım. Bir yabancı olarak yaşadığın toprakları, bütün Kenan ülkesini sonsuza dek mülkünüz olmak üzere sana ve soyuna vereceğim. Onların Tanrısı olacağım. (Yaratılış 17:7-8)

89. Mezmur'a göre Tanrı, Davut'la ne oluşturuyor?

> Dedin ki, "Seçtiğim adamla antlaşma yaptım, Kulum Davut'a şöyle ant içtim: 'Soyunu sonsuza dek sürdüreceğim, Tahtını kuşaklar boyunca sürekli kılacağım." (Mezmur 89:3-4)

Okuduğunuz bu iki metin, Tanrı'nın kendi halkıyla sadık antlaşmalar yaptığını gösteriyor.

Aşağıdaki metinlerde Tanrı'nın, ilişkiye dayalı hangi iki vasfını görüyorsunuz?

> Tanrı insan değil ki, yalan söylesin; İnsan soyundan değil ki, Düşüncesini değiştirsin. O söyler de yapmaz mı? Söz verir de yerine getirmez mi? (Çölde Sayım 23:19)
>
> Şükredin RAB'be, çünkü O iyidir, sevgisi sonsuzdur. (Mezmur 136:1)
>
> [Yahudiler'den söz ederken] ... İsrailliler Müjde'yi reddederek sizin uğrunuza Tanrı'ya düşman oldular; ama Tanrı'nın seçimine göre, ataları sayesinde sevilmektedirler. Çünkü Tanrı'nın armağanları ve çağrısı geri alınamaz. (Romalılar 11:28-29)
>
> Tanrı'nın seçtiği kişilerin iman etmeleri, Tanrı yoluna uygun gerçeği anlamaları için Tanrı'nın kulu ve İsa Mesih'in elçisi atanan ben Pavlus'tan selam! Elçiliğim, yalan söylemeyen Tanrı'nın zamanın başlangıcından önce vaat ettiği sonsuz yaşam umuduna dayanmaktadır (Titus 1:1-2)
>
> Tanrı da amacının değişmezliğini vaadin mirasçılarına daha açıkça belirtmek istediği için vaadini antla pekiştirdi. Öyle ki, önümüze konan umuda tutunmak için Tanrı'ya sığınan bizler, Tanrı'nın yalan söylemesi olanaksız olan bu iki değişmez şey aracılığıyla büyük cesaret bulalım. Canlarımız için gemi demiri gibi sağlam ve güvenilir olan bu umut, perdenin arkasındaki iç bölmeye geçer. (İbraniler 6:17-19)
>
> Tanrı'nın güvenilirliği hakkı için diyorum ki, size ilettiğimiz söz hem "evet" hem "hayır" değildir... O'nda yalnız "evet" vardır. Çünkü Tanrı'nın bütün vaatleri Mesih'te "evet"tir. Bu nedenle Tanrı'nın yüceliği için Mesih aracılığıyla Tanrı'ya "Amin" deriz. (2 Korintliler 1:18-20)

Tanrı, ilişkilerinde değişmezdir ve sadıktır. O daima sözünde durur.

Levililer'e göre, Tanrı insanlardan ne istiyor?

> RAB Musa'ya şöyle dedi: "İsrail topluluğuna de ki, 'Kutsal olun, çünkü ben Tanrınız RAB kutsalım" (Levililer 19:1-2)

Kutsal Kitap'ın gerçek Tanrısı, bizlerden kendisi gibi kutsal olmamızı istiyor.

Aşağıdaki üç ayete göre, hayatlarımızda Tanrı'nın kutsallığını nasıl gösteririz?

> Çünkü sevgini hep göz önünde tutuyor, Senin gerçeğini yaşıyorum ben. [14] (Mezmur 26:3)

> Ruhumu ellerine bırakıyorum, Ya RAB, sadık Tanrı, kurtar beni. (Mezmur 31:5)

> Ya RAB, esirgeme sevecenliğini benden! Sevgin, sadakatin hep korusun beni! (Mezmur 40:11)

Bizler Tanrı'nın kutsallığını gerçeğe bağlı kalarak ve gerçekte yaşayarak gösterebiliriz. Çünkü Tanrı gerçektir ve kendi Sözüne sadıktır. Şeytan bizim yüreklerimize yalanlar koymayı sevdiği halde Tanrı'nın gerçeği bizleri korur.

Davut'un şu mezmuruna göre, gerçek bize ne yapar?

> Nitekim suç içinde doğdum ben, Günah içinde annem bana hamile kaldı. Madem sen gönülde sadakat istiyorsun, Bilgelik öğret bana yüreğimin derinliklerinde. Beni mercanköşkotuyla arıt, paklanayım, Yıka beni, kardan beyaz olayım. (Mezmur 51:5-7)

Bu mezmur, gerçeğin bizi temizlediğini ifade eder.

Şu ayete göre, İsa Mesih'in hayatını dolduran neydi?

> Söz, insan olup aramızda yaşadı. O'nun yüceliğini Baba'dan gelen, lütuf ve gerçekle dolu biricik Oğul'un yüceliğini gördük. (Yuhanna 1:14)

İsa Mesih gerçekle doluydu.

Biz nerede yaşamaya çağrıldık?

> Ama gerçeği uygulayan kişi yaptıklarını, Tanrı'ya dayanarak yaptığını göstermek için ışığa gelir. (Yuhanna 3:21)

Biz gerçekte yaşamaya çağrıldık

---

14. Burada 'gerçek' diye çevrilen sözcük, 'sadakat' anlamına da gelir.

Aşağıdaki iki ayete göre, Tanrı'yı sadece hangi şekilde tanıyabiliriz?

> Tanrı ruhtur, O'na tapınanlar da ruhta ve gerçekte tapınmalıdırlar." (Yuhanna 4:24)
>
> İsa, "Yol, gerçek ve yaşam Ben'im" dedi. "Benim aracılığım olmadan Baba'ya kimse gelemez. (Yuhanna 14:6)

İsa Mesih bizlere, Tanrı'ya yalnızca gerçek aracılığıyla gelebileceğimizi söyler. (Müjde kitaplarında İsa, 78 kez "Size doğrusunu söyleyeyim" der.)

Elçi Pavlus'un aşağıdaki metnine göre, Mesih'in yoluna aykırı olan şey nedir?

> Çünkü biliyoruz ki, Yasa doğrular için değil, yasa tanımayanlarla asiler, tanrısızlarla günahkârlar, kutsallıktan yoksunlarla kutsala karşı saygısız olanlar, anne ya da babasını öldürenler, katiller, fuhuş yapanlar, oğlancılar, köle tüccarları, yalancılar, yalan yere ant içenler ve sağlam öğretiye karşıt olan başka ne varsa onlar için konmuştur. (1 Timoteos 1:9-11)

Elçi Pavlus, yalan söylemenin Mesih'in yoluna karşıt olduğunu açıklıyor.

Hileyi reddetme duası, bütün katılımcılar tarafından ayakta ve sesli okunmalıdır.

Hileyi Reddetme İlanı ve Duası

Göksel Baba, gerçeğin Tanrısı olan sana teşekkür ediyorum, çünkü sen ışığınla en karanlık geceyi aydınlatırsın. Ben bugün karanlıkta yaşamayı değil, senin ışığında kalmayı seçiyorum.

Lütfen beni söylemiş olduğum bütün yalanlar için affet. Ben doğru olanı yapmak yerine sık sık rahat ve kolay yolu seçtim. Ya Rab, dudaklarımı Tanrı yoluna aykırı olan her şeyden arındır. Bana gerçeği duymaktan zevk alan bir yürek, gerçeği başkalarına söylemeye hazır bir ağız ver.

Lütfen bana gerçeğe güvenmek ve yalanları reddetmek için cesaret ver.

Bugün hayatımın her gününde yalana başvurmayı reddediyorum ve terk ediyorum.

Takiyye de dâhil olmak üzere İslamiyet'in yalan söylemeyi haklı çıkarmak için kullandığı bütün öğretişleri reddediyorum. Yalanın ve hilenin her türlüsüne sırt çevirmeyi seçiyorum. Yalnızca gerçekte yaşamayı seçiyorum.

İsa Mesih'in yol, gerçek ve yaşam olduğunu ilan ediyorum. O'nun gerçeğinin koruması altında yaşamayı seçiyorum.

Güvenliğimin sende olduğunu ve gerçeğin beni özgür kılacağını ilan ediyorum.

Göksel Baba, bana lütfen senin gerçeğinin ışığında nasıl yaşamam gerektiğini göster. Senin gerçeğine dayanarak söyleyeceğim sözleri bana sen ver ve yürüyeceğim yolu sen göster.

Amin.

Sahte üstünlükten özgürlük

Bu kısımda İslamiyet'in, bazı insanları diğerlerinden üstün gören öğretişleri üzerinde düşünecek ve bunları Kutsal Kitap'ın öğretişleriyle karşılaştıracağız. Ardından sahte üstünlük duygularını reddetmeyi seçeceğiz.

İslamiyet'in üstünlük iddiası

İslamiyet'in üstünlükle ilgili olarak, kimin 'en hayırlı' olduğu hakkında büyük bir vurgusu vardır. Kur'an Müslümanların, Hristiyanlardan ve Yahudiler'den daha hayırlı olduğunu söyler:

> Siz, insanlar için ortaya çıkarılmış en hayırlı ümmetsiniz. İyiliği emredersiniz, kötülükten alıkoyarsınız ve Allah'a inanırsınız. Ehl-i kitap da inanmış olsalardı elbette onlar için hayırlı olurdu; içlerinden inananlar da var, fakat çoğu yoldan çıkmıştır. (S3:110)

İslamiyet'in diğer dinlere hükmedeceği iddia edilir:

> Bütün dinlerin üzerindeki yerini alsın diye resulünü doğru yol rehberi ve hak din ile gönderen O'dur. Buna tanık olarak da Allah yeter. (S48:28)

İslamiyet'te aşağı seviyede olmak utanç vericidir. Muhammed'in, üstünlüğü fazlaca vurguladığı birçok *hadis* vardır. Tirmizi'nin bildirdiği bir *hadise* göre, Muhammed kendisinin dünyaya gelen bütün insanlardan üstün olduğunu söylemiştir:

> Övünmek için söylemiyorum, ama ben (dünyada ve ahirette) Âdemoğullarının efendisiyim. Kıyamet günü yer yarıldığında ondan ilk çıkacak olan benim. İlk olarak şefaat edip şefaati kabul olunacak da benim. O gün livâü'l-hamd sancağı elimde olacak ve onun altında Âdem ve ondan sonra gelenler (müminler) bulunacak.

İslamiyet dini, Arap kültürünü derinden etkilemiş, bin yıldan fazla bir süre onu biçimlendirmiştir. Arap kültüründe onur ve utanç kavramları çok önemlidir. İnsanlar başkalarından aşağı seviyede görünmekten nefret ederler. Anlaşmazlık içinde olan insanlar, güceniklikle hareket ederek birbirlerini aşağılamak için ellerinden geleni yaparlar.

Eğer bir kişi İslamiyet'i terk eder ve İsa Mesih'i takip etmeye karar verirse, kendisini başkalarından üstün hissettiren, bundan beslenen ve utanmaktan korkan duygusal dünya görüşünü reddetmelidir.

Gerçekle karşılaşma

Yılan, Aden bahçesinde Havva'yı ayartarak onun Tanrı gibi olabileceğini söyledi. Havva yılana kulak verip onun isteğini yerine getirdi. Böylece Adem ve Havva günaha düştü. Aşağıdaki metin bize, üstün olma arzusunun tehlikesine ilişkin neler öğretiyor?

> Kadın, "Bahçedeki ağaçların meyvelerinden yiyebiliriz" diye yanıtladı, "Ama Tanrı, 'Bahçenin ortasındaki ağacın meyvesini yemeyin, ona dokunmayın; yoksa ölürsünüz' dedi."
>
> Yılan, "Kesinlikle ölmezsiniz" dedi, "Çünkü Tanrı biliyor ki, o ağacın meyvesini yediğinizde gözleriniz açılacak, iyiyle kötüyü bilerek Tanrı gibi olacaksınız."
>
> (Yaratılış 3:2-5)

Üstünlük arzusu insanlar için bir tuzaktır. Başkalarından üstün olmak isteyen insanlar, bu dünyada büyük acılara ve felaketlere neden olurlar.

İsa Mesih'in takipçileri zaman zaman aralarında kimin en iyi olduğuna dair bir soru sordular. Yakup ile Yuhanna, İsa Mesih'in egemenliğinde en saygın mevkide kimin olacağını bilmek istedi. İnsanların çoğu, Yakup ve Yuhanna gibi en iyi konumların ya da en yüksek mevkilerin peşindedirler. Peki İsa Mesih bu konuda ne dedi?

> Zebedi'nin oğulları Yakup ile Yuhanna İsa'ya yaklaşıp, "Öğretmenimiz, bir dileğimiz var, bunu yapmanı istiyoruz" dediler.
>
> İsa onlara, "Sizin için ne yapmamı istiyorsunuz?" diye sordu.
>
> "Sen yüceliğine kavuşunca birimize sağında, ötekimize de solunda oturma ayrıcalığını ver" dediler...
>
> Bunu işiten on öğrenci Yakup'la Yuhanna'ya kızmaya başladılar.
>
> İsa onları yanına çağırıp şöyle dedi: "Bilirsiniz ki, ulusların önderleri[15] sayılanlar, onlara egemen kesilir, ileri gelenleri de onlara ağırlıklarını hissettirirler. Sizin aranızda böyle olmayacak. Aranızda büyük olmak isteyen, ötekilerin hizmetkârı olsun. Aranızda birinci olmak isteyen, hepinizin kulu olsun. Çünkü İnsanoğlu bile hizmet edilmeye değil, hizmet etmeye ve canını birçokları için fidye olarak vermeye geldi."
>
> (Markos 10:35-45)

İsa Mesih onların bu arzusuna yanıt olarak, kendisini gerçekten takip etmek isteyen öğrencilerin, insanlara hizmet etmeyi öğrenmeleri gerektiğini söyler.

Üstünlük hissinin tehlikesi, kaybolan oğul öyküsünde de ortaya çıkar (Luka 15:11-32). 'İyi oğul' kendisinin üstün olduğunu düşünüyordu ve kaybolan oğlun dönüşünde babasının şenliğine katılmadı. Bu nedenle, babası onu azarladı. Tanrı'nın gözünde gerçek başarıya götüren yol, insanlara hizmet etmeyi arzulamak, onlara tepeden bakmamak ve egemenlik taslamamaktır.

Filipililer 2. bölümdeki harika metinde, kendimizi başkalarından üstün görme eziyetinden bizi özgür kılan anahtar nedir?

---

15. İsa Mesih burada bütün ulusların önderlerinden söz etmektedir.

Böylece Mesih'ten gelen bir cesaret, sevgiden doğan bir teselli ve Ruh'la bir paydaşlık varsa, yürekten bir sevgi ve sevecenlik varsa, aynı düşüncede, sevgide, ruhta ve amaçta birleşerek sevincimi tamamlayın. Hiçbir şeyi bencil tutkularla ya da boş övünmeyle yapmayın. Her biriniz alçakgönüllülükle öbürünü kendinden üstün saysın. Yalnız kendi yararını değil, başkalarının yararını da gözetsin.

Mesih İsa'daki düşünce sizde de olsun. Mesih, Tanrı özüne sahip olduğu halde, Tanrı'ya eşitliği sımsıkı sarılacak bir hak saymadı. Ama kul özünü alıp insan benzeyişinde doğarak ululuğunu bir yana bıraktı. İnsan biçimine bürünmüş olarak ölüme, çarmıh üzerinde ölüme bile boyun eğip kendini alçalttı. Bunun için de Tanrı O'nu pek çok yükseltti ve O'na her adın üstünde olan adı bağışladı.

Öyle ki, İsa'nın adı anıldığında gökteki, yerdeki ve yer altındakilerin hepsi diz çöksün ve her dil, Baba Tanrı'nın yüceltilmesi için İsa Mesih'in Rab olduğunu açıkça söylesin.

(Filipililer 2:1-11)

Kendimizi başkalarından üstün görme eziyetinden özgür olmanın anahtarı, İsa Mesih'in örneğidir.

İsa Mesih'in yüreği oldukça farklıdır. O egemenlik taslamayı değil hizmet etmeyi seçmiştir. Can almayı değil, kendi canını başkaları uğruna vermeyi seçmiştir. İsa Mesih çok pratik şekillerde kendisini alçaltmanın, 'ululuğunu bir yana bırakmanın' (Filipililer 2:7) hatta o günkü en aşağılayıcı idam yöntemi olan çarmıha dahi razı olmanın ne demek olduğunu bizzat göstermiştir.

Mesih'in gerçek takipçisi de aynısını yapar. Üstünlük hissinden hiçbir zevk almaz. Gerçek Mesih takipçisi utançtan ya da başkalarının kendisi hakkında ne düşündüğünden korkmaz, çünkü Tanrı'nın kendisini haklı çıkaracağına ve koruyacağına dair güven duyar.

Sahte üstünlük hissini reddetme duası, bütün katılımcılar tarafından ayakta ve sesli okunmalıdır.

Üstünlüğü Reddetme İlanı ve Duası

Baba, ben harika bir şekilde yaratılmışım, çünkü beni yaratan sensin. Beni sevdiğin ve sana ait olduğumu söylediğin için teşekkür ederim. İsa Mesih'i takip etme ayrıcalığı için sana teşekkür ederim.

Kendimi üstün hissetme arzusu taşıdığım için lütfen beni bağışla. Bu tür arzuları tümüyle reddediyorum ve terk ediyorum. Başkalarından daha iyi olduğumu hissetmenin rahatlığına sığınmayı reddediyorum. Herkes gibi ben de bir günahkârım ve sensiz hiçbir şey başaramam.

Ayrıca üstün bir gruba ya da geçmişe sahip olma duygularından tövbe ediyorum ve bunları reddediyorum. Bütün insanların senin gözünde eşit olduğunu itiraf ediyorum.

İnsanlara küçümseyici sözler söylediğim ve onları reddettiğim için tövbe ediyorum, bütün bu sözler için senin affına sığınıyorum.

İnsanları ırkına, cinsiyetine, zenginliğine ya da eğitimine bakarak değerlendirmeyi reddediyorum.

Senin huzurunda sadece Tanrı'nın lütfuyla durabileceğimizi kabul ediyorum. Kendimi her türlü insan yargısından ayırıyorum ve beni kurtarman için sadece sana umut bağlıyorum.

İslamiyet'in, doğruların üstünlüğüyle ilgili öğretisini, İslamiyet'in insanları başarılı kıldığını ve Müslümanların gayrimüslimlerden daha hayırlı olduğu iddiasını reddediyorum.

Erkeklerin kadınlardan üstün olduğu iddiasını reddediyorum ve terk ediyorum.

Göksel Baba, her türlü sahte üstünlük öğretisine sırtımı çeviriyorum ve bunun yerine sana hizmet etmeyi seçiyorum.

Ya Rab, başkalarının başarılarına sevinmeyi seçiyorum. Başkalarına yönelik her türlü kıskançlığı ve hasedi reddediyorum.

Ya Rab, sende kim olduğuma dair sağlam ve doğru bir değerlendirmede bulunabilmemi sağla. Senin gözüne nasıl göründüğüme ilişkin bana gerçeği öğret. Beni nasıl bir kişi olarak yarattıysan, o halimden memnun olabilmeme yardımcı ol.

Amin

Bedduadan özgürlük

Bu kısımlarda İslamiyet'in, insanlara beddua etme adetine bakacağız, bu adeti reddedeceğiz ve bize karşı edilen bedduaları iptal edeceğiz.

İslamiyet'te beddua

İmanlılar Ders 2'deki kaynakları kullanarak, insanların birçok farklı tutsaklıktan özgür kılınmasına yardımcı olacak dua stratejileri geliştirebilirler. 'Önderler için Rehber' kısmında bu tür dua örnekleri vardır.

Bu kısımda belli bir İslami adeti ele alarak bunu reddetmek için bir dua sunacağız. Bu duaya yer vermemizin nedeni, Müslüman geçmişi olan bir Hristiyan'ın, bana bu adetin geçmişteki dini deneyiminin önemli bir kısmını oluşturduğunu ve ruhsal kudret taşıdığını söylemesiydi.

Kur'an, Mesih'in Tanrılığını kabul eden Hristiyanların lanetlendiğini ileri sürer: "Gelin, çocuklarımızı ve çocuklarınızı, kadınlarımızı ve kadınlarınızı, kendimizi ve kendinizi çağıralım, sonra da Allah'ın lâneti yalancıların üzerine olsun diye dua edelim" (S3:61). Ancak hadislerin, bedduayla ilgili çelişkili açıklamaları vardır. Bir yandan çeşitli *hadisler* Muhammed'in, Yahudiler'i, Hristiyanlar'ı, karşı cinsi taklit eden erkekler ya da kadınlar da dâhil olmak üzere çeşitli insan gruplarını lanetlediğini bildirir. Öte yandan, lanetin tehlikelerine karşı uyarıda bulunan ve Müslümanların asla diğer Müslümanlar'a beddua etmemesi gerektiğini öne süren *hadisler* de vardır.

Bu çelişkili kayıtlardan ötürü İslam alimleri Müslümanların, insanlara beddua etmelerinin meşru olup olmadığı hakkında farklı fikirler ortaya atmışlardır. Ancak gayrimüslimlere beddua etmek, İslami kültürlerde oldukça yaygındır. Edward Lane 1836'da Mısır'daki okullu çocuklara, Hristiyanlara, Yahudilere ve İslamiyet'i inkâr eden herkese beddua etmenin öğretildiğini yazmıştır. [16]

---

16. Edward W. Lane, *An Account of the Manners and Customs of the Modern Egyptians*, syf. 276.

Beddua adeti

Değişik ülkelerden gelen ve geçmişte Müslüman olan kişiler, camide toplu beddua faaliyetine katılmanın adetten olduğunu söylemişlerdir.

Bir arkadaşımız, cami hocasının Cuma namazını kıldırırken yönettiği bu faaliyetlerden birini aktarmıştır. Erkekler 'omuz omuza' vererek saf oluşturmuşlar, imamı tekrarlayarak hep birlikte İslamiyet'in düşmanlarına beddua etmeye başlamışlar. Bu lanetler ritüel bir şekilde yineleniyormuş. Arkadaşım beddua edenlerin duygusal bir zirve yaşadıklarını, nefret ve heyecan hislerinin çok güçlü olduğunu ve yoğun bir ruhsal enerji (bedenlerinden akan bir güç hissi) oluşturduğunu söyledi. Bu adet, babadan oğula geçiyor ve onların arasında bağ oluşturuyormuş. Kendisiyle babası arasında böyle bir bağ kurulduğunu ve hatta onun aracılığıyla da büyükbabası ve atalarıyla bağ kurulduğunu söyledi. Hepsi de 'omuz omuza' vererek İslamiyet adına insanlara beddua ediyormuş.

Şimdi Hristiyan olan Suudi Arabistan'lı başka bir arkadaşım, oruç tutulan Ramazan ayındaki belli bir günü hevesle beklediğini, o gün binlerce erkeğin Mekke'deki Büyük Cami'de bir araya geldiğini söyledi. Büyük kalabalığın gayrimüslimlere lanetler ettiği o anı heyecanla beklermiş. Bedduralara katılırken kendisi de ruhsal "enerjiyi" hissetmiş. İmam, kâfirlere beddualar yağdırırken gözyaşlarına boğulurmuş. Orada bulunan herkes, imamın bedduralarına destek oluşturarak enerjilerini ve nefretlerini birleştirip odaklarmış.

Böyle bir adet İsa Mesih'in, bedduayı yasakladığı öğretişine aykırıdır (Luka 6:28). Hristiyanlar, insanlara beddua etmemeyi, bedduaya kutsamayla karşılık vermeyi öğrenirler. Böyle bir adet, ibadet eden kişiyle imam arasında ve birlikte beddua ettiklerinde babayla oğul arasında Tanrı'ya karşıt bir 'can bağı' kurar. Bu beddua deneyimleri, İsa Mesih'i tanımadığı çocukluk günlerinde arkadaşım üzerinde büyük bir etki yaratmış.

'Can bağı' ifadesi ne anlama gelir? Bir kişinin canının başkasına bağlanmış olduğu ve onların birbirinden özgür olmadıkları anlamına gelir. Can bağı, Ders 2'de ele almadığımız açık bir kapı ya da dayanaktır. Esasen can bağı, iki kişiyi birbirine bağlayarak ruhsal etkinin birinden diğerine geçmesini sağlar. Bazı can bağları iyidir ve gerçekten de bereket kaynağı olabilirler. Ana babayı çocuklara bağlayan Tanrı yoluna uygun bir can bağı böyle bir bağdır ama diğerleri kötülük kaynağıdır.

Tanrı yoluna aykırı bir can bağı söz konusu olduğunda, o bağı koparmak önemlidir. Başkalarını bağışlamayan bir kişi, onunla arasındaki Tanrı yoluna aykırı can bağını canlı tutmaktadır.

Can bağları, Tanrı yoluna karşıt olabilir. Ne mutlu ki Hristiyanlar, Tanrı yoluna aykırı can bağlarını koparıp atabilirler. Ders 2'de bu süreç tanımlanmıştır: itiraf, reddetme, kırma, kovma ve en sonunda kutsama.

Lanet nasıl kırılır

Bir konferansta ders verirken, genç bir adam bana yaklaşıp yardım istedi. Ailesiyle birlikte Ortadoğu'daki bir ülkeye taşınmışlar ve orada müjdeleme eğitimi alıyormuş. Bununla birlikte, ailesi üst üste kazalar ve hastalıklarla boğuşmaya başlamış. Şartlar o denli zorlaşmış ki pes edip evlerine dönmeyi düşünmüşler. Genç adam evlerinin lanetli olabileceğini düşünmeye başlamış ama ne yapacağını bilememiş. Ona laneti nasıl kıracağını anlattım. O da bu tavsiyemi dikkate alıp evleri için yetkiyle dua etmiş ve bütün lanetleri kırmış. O günden itibaren ailesinin yaşadığı sıkıntılar son bulmuş ve evlerinde huzur içinde oturmaya başlamışlar.

Müslümanlara yönelik ruhsal hizmete katılan birçok kişi, Müslüman geçmişi olan imanlılar da dâhil olmak üzere Müslümanların beddualarına hedef olmuştur. Bu beddualar Allah'ın adında edilebileceği gibi büyüye de başvurulabilir.

Eğer kendinizin ya da sevdiğiniz birinin lanetlendiğini düşünüyorsanız, laneti kaldırmanın dokuz adımını aşağıda bulabilirsiniz:

- Öncelikle, bütün günahlarınızı itiraf edin, bunlardan tövbe edin ve bütün hayatınızı İsa Mesih'in kanıyla örtün.
- Ardından evinizde bulunan Tanrı yoluna aykırı ve başka gayelere adanmış eşyaları kaldırın.
- Daha sonra kendiniz de dahil olmak üzere gerekçesi ne olursa olsun, bedduayı eden kişiyi affedin.
- İsa Mesih'teki yetkinizi onaylayarak talep edin.

- *"İsa Mesih'in adında bu laneti reddediyorum ve kırıyorum"* diyerek karanlığa ait her şeyin üzerinde İsa'nın mutlak yetkisini ve gücünü talep edin.
- Mesih'in çarmıhta tamamlanan işlerinden ötürü Mesih'te her türlü kötülükten özgür olduğunuzu ilan edin.
- Lanetle ilişkili olan her cine sizi, ailenizi ve evinizi terk etmesini buyurun.
- Bunun ardından kendinizi, ailenizi ve evinizi, duruma uygun Kutsal Kitap ayetleriyle her lanetin karşılığı olan bereketle kutsayın. Örneğin, "Ölmeyecek, yaşayacağım, RAB'bin yaptıklarını duyuracağım" (Mezmur 118:17).
- Sevgisi, kudreti ve lütfu nedeniyle Tanrı'yı övün.

Gerçekle karşılaşma

Aşağıdaki ayete göre, bizler lanetlerden nasıl özgür oluruz?

> Tam bir bilgelik ve anlayışla üzerimize yağdırdığı lütfunun zenginliği sayesinde Mesih'in kanı aracılığıyla Mesih'te kurtuluşa, suçlarımızın bağışlanmasına kavuştuk. (Efesliler 1:7)

Bizler Mesih'in kanı sayesinde kurtulduğumuz için lanetlerden özgür oluruz.

Bir Hristiyanın, kötülüğün gücü üzerinde ne gibi bir yetkisi vardır?

> "Ben size, yılanları ve akrepleri ayak altında ezmek ve düşmanın bütün gücünü alt etmek için yetki verdim. Hiçbir şey size zarar vermeyecektir." (Luka 10:19)

Lanetler de dâhil olmak üzere Mesih'te, düşmanın bütün gücü üzerinde yetki sahibi olduğumuzu kabul etmeliyiz.

Aşağıdaki ayete göre İsa Mesih dünyaya neden gelmiştir?

> Günah işleyen, İblis'tendir. Çünkü İblis başlangıçtan beri günah işlemektedir. Tanrı'nın Oğlu, İblis'in yaptıklarına son vermek için ortaya çıktı. (1 Yuhanna 3:8)

İsa Mesih bütün lanetler de dâhil olmak üzere Şeytan'ın gücünü, yok etmeye gelmiştir.

İsa'nın çarmıha gerilmesi, Yasanın Tekrarı 21:23'ündeki yasayı nasıl yerine getiriyor?

> İbrahim'e sağlanan kutsama Mesih İsa aracılığıyla uluslara sağlansın ve bizler vaat edilen Ruh'u imanla alalım diye, Mesih bizim için lanetlenerek bizi Yasa'nın lanetinden kurtardı. Çünkü, "Ağaç üzerine asılan herkes lanetlidir" diye yazılmıştır. (Galatyalılar 3:13-14)

Yasanın Tekrarı 21:23'e göre, ağaca asılan bir kişi lanetlidir. İsa Mesih çarmıha gerilmekle, bizi lanetlerden özgür kılmak için kendisi lanetli olmuştur. Bizim kutsamaya kavuşmamız için kendisi bizim yerimize laneti üstlenmiştir.

Aşağıdaki ayet, hak edilmemiş lanetle ilgili ne diyor?

> Öteye beriye uçuşan serçe ve kırlangıç gibi, hak edilmemiş lanet de tutmaz. (Özdeyişler 26:2)

Bu ayet çarmıhta akıtılan kanın ve özgürlüğün korumasını talep ederek bunu içinde bulunduğumuz duruma uyguladığımızda lanetlerden özgür olduğumuzu ve korunduğumuzu bize hatırlatır.

Aşağıdaki ayet, Mesih'in kanının lanetler üzerindeki gücü hakkında ne diyor?

> Herkesin yargıcı olan Tanrı'ya, yetkinliğe erdirilmiş doğru kişilerin ruhlarına, yeni antlaşmanın aracısı olan İsa'ya ve Habil'in kanından daha üstün bir anlam taşıyan serpmelik kana yaklaştınız. (İbraniler 12:24)

İsa Mesih'in kanı, kardeşi Kayin tarafından katledilen Habil'in kanından daha üstün bir anlam taşımaktadır. Mesih'in kanı, bizi hedef alan lanetlerden de daha üstün bir anlam taşımaktadır.

Luka 6'da ve Elçi Pavlus'un mektuplarında Hristiyanlara verilen olumlu buyruk ve örnek nedir?

> "Ama beni dinleyen sizlere şunu söylüyorum: Düşmanlarınızı sevin, sizden nefret edenlere iyilik yapın, size lanet edenler için iyilik dileyin, size hakaret edenler için dua edin." (Luka 6:27-28)
>
> Size zulmedenler için iyilik dileyin. İyilik dileyin, lanet etmeyin. (Romalılar 12:14)

> Kendi ellerimizle çalışıp emek veriyoruz. Bize sövenlere iyilik diliyoruz, zulmedilince sabrediyoruz. (1 Korintliler 4:12)

Hristiyanlar hem dostlarını hem de düşmanları kutsamaya çağrılmaktadır.

Aşağıdaki duanın amacı, beddua faaliyetine katılmanın etkilerinden ve başkalarının ettiği beddualardan özgür olmaktır. Bu dua Ders 2'deki ilkeleri uygular.

Beduaları Reddetme İlanı ve Duası

Atalarım, ana babam ve kendim tarafından İslamiyet'in adında insanlara beddua etme günahlarını itiraf ediyorum.

Atalarımı, babamı ve onları bu lanetlere sevk ederek bu günahları işlememe ve hayatımdaki sonuçlarına neden olan herkesi bağışlamayı ve serbest bırakmayı seçiyorum.

Bana ya da aileme beddua eden herkesi bağışlamayı seçiyorum.

Ya Rab, insanlara beddua ettiğim için beni affetmeni diliyorum.

Şimdi senin affını kabul ediyorum.

Ya Rab, senin affını temel alarak ben insanlara beddua ettiğim için kendimi bağışlamayı seçiyorum.

Beddua günahını ve bu günahın yarattığı her laneti reddediyorum.

İnsanlara yönelik nefreti reddediyorum.

Beddua adetinin insanlara karşı uyandırdığı yoğun duyguları reddediyorum.

Hayatımdaki (ve atalarım hayatlarındaki) bu güçleri, İsa Mesih'in çarmıhta sağladığı kurtarışla kırıyorum.

Ya Rab, benim dâhil olduğum bütün bedduaları kaldırmanı ve lanetlediğim herkesi Tanrı'nın Egemenliğinin bereketleriyle kutsamanı diliyorum.

İsa Mesih'in adında bana karşı okunan bütün bedduaları reddediyorum ve kaldırıyorum.

Her türlü nefret ve lanet ruhunu reddediyorum ve kovuyorum. Hepinize İsa Mesih'in adında beni terk etmenizi buyuruyorum.

Bana ve aileme yönelik bütün lanetler için Tanrı'nın özgürlüğünü kabul ediyorum. Başkalarını kutsamak için esenliği, uysallığı ve yetkiyi kabul ediyorum.

Hayatımın her gününde dudaklarımı, övgü ve bereket sözlerine adıyorum.

İsa Mesih'in adında sağlık, sevinç ve yaşam dahil olmak üzere kendim ve ailem üzerinde Tanrı'nın Egemenliğinin bütün bereketlerini ilan ediyorum.

İnsanlara beddua etmek de dahil olmak üzere İslami adetlerde bana liderlik eden imamlarla ve diğer Müslüman liderlerle aramdaki Tanrı yoluna aykırı bütün ilişkileri, can bağlarını ve bağlantıları itiraf ediyorum ve reddediyorum.

Tanrı yoluna aykırı can bağlarını kurdukları ve devam ettirdikleri için bu liderleri affediyorum.

Tabi olduğum bütün Müslüman liderlerle Tanrı yoluna aykırı bu can bağlarını devam ettirdiğim için kendimi affediyorum.

Ya Rab, bu can bağlarını kurarken ve devam ettirirken işlediğim bütün günahlar için, özellikle de insanlara yönelik nefret ve beddua günahları için beni affetmeni diliyorum.

Şimdi Müslüman liderlerle aramdaki Tanrı yoluna aykırı her türlü can bağını ve bağlantıyı koparıp atıyorum ve kendimi onlardan (ya da isim) ve onları (ad isim) kendimden özgür kılıyorum.

Ya Rab, lütfen zihnimi Tanrı yoluna aykırı her türlü hatıradan temizle, öyle ki kendimi sana özgürce sunayım.

Tanrı yoluna aykırı bu can bağlarını devam ettirmeye çalışan bütün cinleri reddediyorum ve onların her türlü faaliyetini iptal ediyorum. İsa Mesih'in adında hepinize beni terk etmenizi buyuruyorum.

Ben kendimi yalnızca İsa Mesih'e bağlıyorum ve yalnızca O'nu takip etmeyi seçiyorum.

Amin.

Çalışma Rehberi

Ders 7

Söz Dağarcığı

takiyye *imam* can bağları

Yeni isimler

- Rinaldy Damanik: Endonezyalı pastör (doğumu 1957)

Bu derste Kutsal Kitap ayetleri

Matta 10:32-33
Matta 5:37
Yaratılış 17:7-8
Mezmur 89:3-4
Çölde Sayım 23:19
Mezmur 136:1
Romalılar 11:28-29
Titus 1:1-2
İbraniler 6:17-19
2 Korintliler 1:18-20
Levililer 19:1-2
Mezmur 26:3
Mezmur 31:5
Yuhanna 4:24
Yuhanna 14:6
1 Timoteos 1:9-11
Yaratılış 3:2-5
Markos 10:35-45
Luka 15:11-32
Filipililer 2:1-11
Luka 6:28
Mezmur 118:17
Efesliler 1:7
1 Yuhanna 3:8
Yasa'nın Tekrarı 21:23
Galatyalılar 3:13-14

Mezmur 40:11	Özdeyişler 26:2
Mezmur 51:5-7	Luka 6:27-28
Yuhanna 1:14	Romalılar 12:14
Yuhanna 3:21	1 Korintliler 4:12

Bu derste Kuran ayetleri

S14:4 S16:106 S3:110 S48:28 S3:61

Ders 7 soruları

- Durum çalışması hakkında söyleşin.

Yalandan özgürlük

Gerçek değerlidir

1. **Pastör Damanik**, Kutsal Yazı'ya dayalı olan hangi kanaatle cezaevine girmeye razı oldu?

2. Tanrı neden kendisini insanlıkla ilişkilere bağlı görür?

Şeriat kültürü

3. Durie'ye göre Kur'an'da neye izin verilmektedir?

4. S14:4'e göre, Allah insanları nasıl yönlendirir?

5. *Şeriat* hukukunun izin verdiği yalan türlerinden bazıları nelerdir?

6. S16:106'ya göre, Müslümanlar'ın yapmasına izin verilen (Matta 10:28-33'e göre) ama Hristiyanlar'ın yapmasına izin verilmeyen şey nedir?

Gerçekle karşılaşma

'Gerçekle karşılaşma' ayetleri, bütün katılımcılara okunur.

Dua

'Gerçekle karşılaşma' ayetleri bütün gruba okunduktan sonra katılımcıların hepsi ayağa kalkıp 'Hileyi Reddetme İlanı ve Duasını' birlikte okurlar.

Sahte üstünlükten özgürlük

İslamiyet'in üstünlük iddiası

7. S3:110 ve S48:28'e göre, Kur'an'da Müslümanlara vaat edilen şey nedir?

8. En üstün olduğunu iddia eden kişi kimdi?

9. Arap kültüründe son derece önemli olan kavramlar nelerdir?

10. Bir kişi İslamiyet'i terk ettiği zaman reddetmesi gereken şeylerden biri nedir?

Gerçekle karşılaşma

'Gerçekle karşılaşma' ayetleri bütün katılımcılara okunur.

Dua

Gerçekle karşılaşma ayetleri bütün gruba okunduktan sonra, bütün katılımcılar ayağa kalkarak 'Üstünlüğü Reddetme İlanını ve Duasını' birlikte okurlar.

Bedduadan özgürlük

İslamiyet'te beddua

11. Müslüman alimlerin, İslamiyet'te bedduayla ilgili neden farklı düşünceleri vardır?

12. Edward Lane'e göre, Mısır'daki okullu Müslüman çocuklara 1836'da ne öğretiliyordu?

Beddua adeti

13. Durie, İslamiyet'ten gelen bir Hristiyan'ın katıldığı bir adetten söz ediyor. Bu adete dâhil olmak, kendisini nasıl hissetmesine neden oldu?

14. Durie **can bağını** nasıl tanımlıyor?

15. **Can bağlarıyla** mücadele ederken bağışlama konusu neden önemlidir?

16. 'Bedduaları Reddetme İlanı ve Duası' üzerinde düşünün. Şu beş adımın uygulandığı noktaları tanımlar mısınız? İtiraf, reddetme, kırma, kovma ve kutsama (Bkz. Ders 2)

17. Bu duada reddedilen ve kırılan neler var?

18. Lanetler yerine hangi bereketler talep ediliyor? Bu bereketler nelerdir?

19. Bu duada kimler bağışlanıyor?

Lanet nasıl kırılır

20. Mark Durie'yle konuşan genç adam, ailesinin problemlerine neyin sebep olduğunu düşünüyordu?

21. Neden problemi kendisi çözemedi?

22. Genç adamın, huzur içinde yaşayabilmek için ne yapması gerekiyordu?

23. Müslümanlara yönelik ruhsal hizmete dahil olan birçok kişinin karşılaştığı zorlukların sebebi nedir?

24. Durie'nin lanetleri kırmak için tavsiye ettiği dokuz adım nelerdir?

Gerçekle karşılaşmak

'Gerçekle karşılaşma' ayetleri bütün katılımcılara okunur.

Dua

'Gerçekle karşılaşma' ayetleri bütün gruba okunduktan sonra, katılımcılar ayağa kalkarak hep birlikte 'Beddualar Reddetme İlanı ve Duası' okurlar.

8

Özgür bir Kilise

"Bende kalan ve benim kendisinde kaldığım kişi çok meyve verir."
Yuhanna 15:5

Ders hedefleri

a. İslamiyet'ten gelen imanlıların, olgun imana sahip öğrenciler olma yolunda yürürken karşılaştıkları değişik zorlukları öğrenmek.

b. Bir kişiyi Mesih'e kazandırmanın yeterli olmadığını anlamak: Onları Hristiyan olgunluğuna eriştirmek de gerekir.

c. Sağlıklı öğrenciler yetiştiren sağlıklı bir kilisenin önemi üzerinde düşünmek.

d. İmanlının özgür olabilmek için düşmana bütün kapıları kapatması ve İsa Mesih'teki iyiliklerle dolu olması gerektiğini görmek.

e. Kilisenin imanlılara bu yolda yardımcı olma rolünü görmek.

f. Sadece İslamiyet'le ilgili konularda değil, her konuda özgürleştirme hizmetinin önemini anlamak.

g. İslamiyet'in özellikle zayıflığa sebep olduğu alanlarda öğrencileri güçlendirmek için 'boşlukları doldurma' öğretişine ağırlık vermek.

h. Hristiyan yaşamına güçlü bir başlangıç yapmanın değerini vurgulamak. İslamiyet'in antlaşmalarını reddetmek ve İsa Mesih'e Rab olarak tamamen teslim olmak bu başlangıca dâhildir.

i. Titiz imanlının duasını dikkate almak.

j. İslamiyet'ten gelen önderlere mentorluk yapmanın önemini görmek.

k. Önder yetiştirmenin bazı anahtar yönlerini dikkate almak.

Durum çalışması: Siz olsanız, ne yapardınız?

Siz birkaç başarılı kiliseye önderlik etmiş deneyimli bir pastörsünüz. Diğer pastörlere bilgece öğüt vermekle tanınıyorsunuz. Başka bir şehirdeki bir akrabanızı ziyaret ediyorsunuz ve biri sizden iyi arkadaşı Rıza'yla görüşmenizi istiyor. Rıza, İslamiyet'ten gelen 100 kadar İranlı imanlıdan oluşan bir topluluğun önderidir. Akrabanız size, Rıza'nın kilisesinin sıkıntıda olduğunu söylüyor. İmanlılar arasında çekişmeler varmış; bazı kilise üyeleri Rıza'yı diktatörlükle suçlayarak kiliseden ayrılmış, ondalıklar azalmış ve kilise artık pastörün maaşını ödeyemiyormuş. Siz Pastör Rıza'yı arıyorsunuz, akrabanızın selamlarını iletiyorsunuz ve bir süre kahve eşliğinde sohbet ederek kilisede işlerin nasıl gittiğini soruyorsunuz. O da size, "Harika! Tanrı'ya hamdolsun, her şey yolunda" diye cevap veriyor.

Nasıl karşılık verirsiniz?

Bu ders İslamiyet'ten gelen imanlılar (İGİ) için sağlıklı bir öğrenci yetiştirme yolunu ve sağlıklı bir kilise ortamı oluşturmayı desteklemek için öneriler sunar. Her öğrencinin, Tanrı'nın özel amaçlarına hizmet etmek için hazır ve istekli olması iyidir (2. Timoteos 2:20-21). Ama bunu başarmak için, onların olgunlaşmasını destekleyecek sağlıklı bir kilise ortamı olmalıdır. Bunu nasıl oluşturacağınızı düşünmeden önce, Mesih'e iman edenlerin karşılaştığı üç zorluğu ele alacağız: Mesih'ten ayrılarak İslamiyet'e dönmek, ürünsüz öğrencilik ve sağlıksız kiliseler.

Mesih'i Terk Etmek

Mesih'i takip etmek için İslamiyet'i bırakan bazı insanlar, yeniden İslamiyet'e dönüyor. Bunun birçok nedeni var. Nedenlerden biri, Müslüman ailenin ve arkadaşların, Hristiyanlığa geçen kişiyi reddetmelerinin sonucunda cemiyeti kaybetmenin yarattığı sancıdır. Başka bir neden ise İslamiyet'in, dinden çıkanların önüne koyduğu çok sayıda köstek ve engeldir. Bir diğer neden, direk zulme maruz kalmaktır.

Hristiyanların ve kilisenin yarattığı hayal kırıklığı, başka bir neden oluşturabilir. İslamiyet'i reddetmeye çalışan insanlar, etraflarındaki Hristiyanlar'dan yardım ve rehberlik almaya ihtiyaç duyarlar. Hristiyan topluluğu tarafından tam olarak kabul edilmeyi beklerken reddedilmeyle ve beklenmedik engellerle karşılaşabilirler. Kiliseler tarafından kabul görmeyebilirler. Bunun nedeni zimmilerin, dini terk eden kişilere yardım etmelerine engel olmak için İslamiyet'in yarattığı korkudur. İslamiyet'i terk eden bir kişiye yardım etmek, Hristiyan toplumunu riske atar çünkü gayrimüslimlere sağlanan 'korumayı' ortadan kaldırır.

Mesih'i kabul eden kişinin Hristiyanlar tarafından reddedilmemesi için kilise *zimmet* antlaşmasını anlamalı; hem antlaşmayı hem de oluşturduğu yükü reddetmelidir. Kiliseler ve bireysel Hristiyanlar, ruhsal yönden *zimmetin* etkisine tutsak kaldıkları sürece, İslamiyet'i terk edenlere yardımcı olmamak için büyük bir ruhsal baskı altında olacaklardır. Bu sorunun çözümü kilisenin *zimmet* sistemine karşı direnmesi, onu reddetmesi ve terk etmesidir.

İnsanların Mesih'i terk etmelerinin başka bir nedeni, İslamiyet'in canları üzerindeki etkisinin devam etmesi, düşüncelerini ve insanlarla ilişkilerini biçimlendirmesidir. Bu nedenle, Hristiyan olarak yaşamaktansa İslamiyet'e dönüş yapmak insanlara daha kolay gelir. Yeni bir ayakkabı denemeye benzer bu: bazen eski ayakkabılar daha uyumludur ve kendinizi daha rahat hissetmenizi sağlar.

Ürünsüz öğrencilik

İkinci bir sorun ürünsüz öğrenciliktir. İslamiyet'ten gelen insanlar, güçlü duygusal ve ruhsal engellerle karşılaşabilir. Bunlar ruhsal gelişimi engeller. Yaygın sorunlar arasında korku, güvensizlik duygusu, para sevgisi, reddedilme hisleri, mağduriyet duygusu, gücenme, insanlara güvensizlik, duygusal acı, cinsel günah, dedikodu ve yalan vardır. Bunların hepsi insanların gelişimini durdurur.

Bu tür sorunların altında İslamiyet'in kontrolcü etkisi vardır. Örneğin İslamiyet'te, başkalarından üstün olma vurgusu vardır ve Müslümanların gayrimüslimlerden üstün oldukları düşünülür. Üstünlük kültüründe insanların, kendilerini başkalarından daha iyi görmeleri rahatlık hissi verir. Bu durum kilisede rekabete yol açar. Örneğin bir kişi önderliğe atandığı zaman diğerleri, kendileri atanmadığı için gücenirler. Üstün olma hissi, dedikodu kültürünü de besler ve bu durum diğer insanları aşağıya çekmenin yolunu açar. Başka bir sorun, güceniklik ruhudur. Bu ruhu güçlendiren, Muhammed'in reddedilme karşısındaki tepkisidir.

Iraklı genç bir adam, Hristiyanlığı benimsedi ve Kanada'ya iltica başvurusunda bulundu. Kiliselere katılmaya çalışıyor ama her gittiği yeni kilisede gücenecek bir şey buluyor, kiliseye gelenleri ikiyüzlülükle suçluyordu. Bu adam kendisini tecrit ederek çok yalnız bir hayat sürmeyi seçti. Kendisi hala Hristiyan'dı ama Hristiyan toplumdan tümüyle kopmuştu. Mesih'in öğrencisi olarak gelişimi de tamamen durmuştu ve iman hayatında olgunluk gösteremedi. Bu nedenle Mesih'te ürün veremedi.

Sağlıksız kiliseler

Yeni imanlıların önündeki en büyük sınavlardan biri, sağlıklı bir kilise bulmaktır. Kiliseler doğru kişiler için bir sayfiye yeri değil, günahkârlar için bir hastanedir. En azından, bunun böyle olması gerekir. Günahkârlar kiliseye aittir ama insanlar tıpkı bir hastanede hastalığa yakalanabileceği gibi, kilise üyeleri de iman hayatında olgunlaşmadıkları sürece, günahları ve sorunları giderek büyür ve bütün topluluğa zarar verecek hale gelir. Bu durum kiliseleri parçalar ve çökmesine neden olur. Sağlıksız Hristiyanlar nasıl sağlıksız kiliseler oluşturuyorsa, sağlıksız kiliseler de üyelerin sağlıklı olgunluğa kavuşmalarını zorlaştırır.

Eğer kilise üyeleri oturup pastör hakkında dedikodu yapıyorlarsa sonunda pastöre hasar verecekler ya da pastörsüz kalacaklardır. Bunun acısını herkes çekecektir. Kilise topluluğunda bölünmeler ve ayrılıklar patlak verecek, böyle bir kilisede pek az kişi önderlik yapmak isteyecektir. Başka bir örnek, kilise üyelerinin rekabetçi kafa yapısı, başkalarından üstün olma arzusudur. Bu da aynı şehirdeki kiliselerin birbirlerini yargılamasıyla sonuçlanacak, her kilise kendisini en iyi kilise olarak görecektir. Bu kiliseler birlikte çalışmanın muazzam bereketini yaşamak yerine birbirlerini Müjde'de emektaş olarak değil tehdit olarak göreceklerdir.

Özgür kalma ihtiyacı

2. derste Şeytan'ın suçlayıcı olduğunu, en büyük stratejisinin de imanlıları suçlamak olduğunu belirtmiştik. Onları suçlayabilmek için onlara karşı 'yasal haklardan' istifade edecektir. Bu haklar itiraf edilmeyen günahlar, bağışlamama, bizi bağlayan sözler (yeminler, antlar, antlaşmalar), can yaraları ve soyacağından gelen lanetlerdir. Mesih'in öğrencileri, özgür olmak için bu 'yasal hakları' iptal etmeli, açık kapıları kapatmalıdır.

İsa Mesih, Matta 12:43-45'te kötü bir ruhun kişiden çıktıktan sonra tekrar o kişiye dönebileceğine dair bir benzetme anlatır. Hatta kötü ruh kendisinden beter yedi ruh daha çağırıp o kişinin durumunu eskisinden de korkunç bir hale getirecektir. İsa'nın kullandığı benzetme, boşaltılan, süpürülen ve yeniden işgal edilmeye hazırlanan bir evdir. Peki ruhlar bu evi nasıl yeniden işgal edecektir? Öncelikle, bir kapının açık bırakılmış olması, ikinci olarak da evin boş olması gerekir (Matta 12:44).

Burada iki sorun var:

4. Bir kapı açık bırakılmıştır.
5. Ev boş durumdadır.

Sağlıklı bir kilise oluşturmak için sağlıklı Hristiyanlar gerekir. Sağlıklı bir Hristiyan, özgürdür. Şeytan'ın kullanmak isteyeceği bütün açık kapıları kapatmalı, kovulan kötülüğün yerini iyi şeylerle doldurmalıdır.

Bütün kapılar kapatılmalıdır. Her biri! Ruhsal özgürlüğün önemli bir gereği, sadece tek bir kapıyı kapatmakla yetinmemektir. Hepsinin kapatılması gerekir. Evin arka kapısına en sağlam kilitleri takıp ön kapıyı ardına kadar açık bırakmanın hiçbir yararı yoktur. Şeytan'ın bir kişiye karşı kullandığı yasal hakkı iptal edersek ama diğer haklarla ilgilenmezsek, o kişi henüz özgür değil demektir.

Özgür olmak bir şeydir, özgür kalmak başka bir şeydir. Kapıları kapatmakla eşit derecede önemli olan diğer bir şey evi boş bırakmayıp doldurmaktır. Bunu yapmanın yolu, Kutsal Ruh'la dolmak için dua etmektir. Aynı zamanda Tanrı yoluna yaraşan bir hayat sürmek, canımızı iyi şeylerle doldurmaktır.

Bir kişinin tutsaklığının inandığı ve söylediği yalanlar olduğunu varsayalım. Kişinin bu yalanları reddetmesi ve buna ek olarak gerçeği kucaklayarak onun üzerinde derin düşünmesi, gerçekten zevk alması gerekir. O halde yalanlar dışarı atılmalı, gerçekler içeri alınmalıdır!

Farklı bir durum düşünün: Bir kişi nefret cininin etkisi altındadır, kötü eylemlerde bulunmakta, insanlara nefretle beddualar etmektedir. Nefret cini kovulduktan sonra kişinin yalnızca nefreti reddetmekle ve terk etmekle yetinmeyip insanları sevmeye ve onlara hayırduaları etmeye dayalı bir hayat tarzı kurması gerekir. İnsanları yıkmak yerine onları geliştirmeye yönelmelidir. Bunun için alışkanlıklarını ve düşünce yapılarını değiştirmesi gerekecektir. Kilise topluluğunun, kişilerin özgür kalmalarına yardımcı olmakta temel bir rolü vardır. Kişilerin canlarını yenileyebilir, onları yeniden inşa edebilir ve değişmiş hayatlar sürmelerine yardımcı olabilir.

Elçi Pavlus bu süreçten mektuplarında sık sık söz eder. İmanlıların sevgide ve gerçekte gelişmeleri için sürekli dua etmekte ve gayret göstermektedir. İmanlıların bir zamanlar hangi durumda olduklarını daima hatırlamakta, onlara da bunu hatırlatmakta ve gelişmeleri için onları teşvik etmektedir.

> Çünkü bir zamanlar biz de anlayışsız, söz dinlemez, kolay aldanan, türlü arzulara ve zevklere köle olan, kötülük ve kıskançlık içinde yaşayan, nefret edilen ve birbirimizden nefret eden kişilerdik. (Titus 3:3)

Ancak Mesih'in öğrencileri artık böyle yaşamak zorunda değildir. Bizler değiştirildik. Kusursuz olan ve Şeytan'a hiçbir yasal hak vermeyen İsa'ya daha çok benzer olmak üzere değiştirilmeye devam ediyoruz. Elçi Pavlus, Filipililere böyle yazmıştır:

> Duam şu ki, sevginiz, bilgi ve her tür sezgiyle durmadan artsın. Öyle ki, üstün değerleri ayırt edebilesiniz ve böylece Tanrı'nın yüceltilip övülmesi için İsa Mesih aracılığıyla gelen doğruluk meyvesiyle dolarak Mesih'in gününde saf ve kusursuz olasınız. (Filipililer 1:9-11)

Sevgide ve bilgelikte gelişen, pak ve lekesiz bir hayat süren, Tanrı'yı yüceltecek ürünler veren bir öğrenciyi tanımlayan harika bir resim! Böyle bir kişi, sadece özgür kılınmakla kalmamıştır. Evini tehlikeli bir şekilde boş bırakmak yerine İsa Mesih'e ait iyi şeylerle doldurmaktadır.

Kilisenin ve pastörün önemli bir rolü, öğrencilerin böyle yaşamalarına, Şeytan'a bütün kapıları kapatmalarına ve Mesih'e ait iyiliklerle dolup taşmalarına yardımcı olmaktır.

Öğrenci yetiştirmek büyük bir çağrıdır ve bu konuda öğrenecek çok şey vardır. Biz burada, İslamiyet'in tutsaklığından özgür kalan öğrencilerin sağlıklı gelişimini nasıl destekleyebileceğimizi ele alacağız.

Şifa ve özgürlük

Biz bütün kapıları kapatmamız ve bütün dayanakları ortadan kaldırmamız gerektiğini vurgulamıştık. Bunlar İslamiyet'in direk etkisinden ötürü bir öğrencinin yaşamında yer etmiş olabilir. Burada sağlanan dua kaynakları, İslamiyet kapısının kapanmasını sağlayacaktır.

Bununla birlikte, Mesih'in öğrencilerinin hayatında, direk olarak İslamiyet'ten gelmeyen başka tutsaklıklar bulunabilir. Bunlar, 2. Derste açıklanan alanlardan herhangi biri nedeniyle olabilir: itiraf edilmeyen günah, bağışlamamak, can yaraları, sözler ve adetler, yalanlar, soyacağından gelen lanetler. Önceden Müslüman olan bazı kişilerin hayatlarında, aşağıdaki nedenlerin hasar verici etkilerini görmek mümkündür:

- İnsanları bağışlamamak
- tacizci babalar
- ailenin dağılması (boşanma, çok eşlilik)
- uyuşturucu bağımlılığı
- okült ve büyücülük
- cinsel travma (saldırı, tecavüz, akraba ile cinsel ilişki)
- şiddet
- soyacağından gelen lanetler
- öfke
- reddedilme ve kendini reddetme

- kadınların erkeklere yönelik nefreti ve güvensizliği
- erkeklerin kadınları hor görmesi

Bu alanların çoğu, İslamiyet'in kültür ve aile hayatı üzerindeki etkisiyle ağırlık kazanabilir. Ancak insanların, hayat boyu biriktirdikleri ruhsal yükleri de vardır. Hristiyan olgunluğuna erişmek için, sadece İslamiyet'ten değil, bunlardan da özgür kılınmamız gerekir.

Genç bir adam, bir aile şartından ötürü ciddi mide sorunları çekiyordu. Akrabalarının çoğu mide kanserinden ölüp gitmişti. İran'daki ve Avustralya'daki doktorlar, sürekli ilaç kullandığı için kansere yol açacak bir durumu olduğunu söylediler. Genç adam bu durumun, ailesindeki bir lanetten kaynaklanabileceğini seziyordu. Soyacağından gelen bu laneti reddederek gücünü kırdı ve kendisini yeniden Tanrı'ya adadı. Sonuç olarak tamamen şifa buldu ve bütün ilaçlardan kurtuldu. Bu olayın dikkat çekici yönü, genç adamın aynı zamanda kolayca strese girme ve kaygıya kapılma eğiliminden de özgür olmasıydı. Çok daha sakin bir ruh haline kavuşarak hayatındaki şartlar için Tanrı'ya daha çok güvenmeye başladı. Bu şifa ve özgürlük, pastörlüğün streslerine göğüs germeye hazırlanabilmesi için ciddi bir adım oldu.

Sağlıklı bir kiliseye sahip olmak için *bütün* açık kapaları kapatan ve *bütün* dayanakları ortadan kaldıran bir ruhsal hizmet yapısı olmalıdır. Bunlar, imanlılara sunulan pastörlük hizmetinin normal bir parçası olmalıdır.

Boşluklara Öğretiş Vermek

Eski ve harap bir ev hayal edin. Çatısı akıyor ve çatlaklarından gökyüzü görünüyor. Bir zamanlar cam olan pencereler kırılmış ve aralarından rüzgâr giriyor. Kapılar menteşelerinden çıkmış, yerde duruyor. İçeride duvarlar parçalanmış, delikler açılmış. Zemin çürümüş. Temeller çatlamış ve çökmüş. Üstelik evsiz insanlar evi işgal etmiş. İçinde bulunmamaları gereken evi mahvediyorlarmış.

Evi onarmak için yapılması gereken çok şey var. Öncelikle evin güvenli olması gerekiyor: çatı onarılmalı, yeni pencereler takılmalı, kapılar sağlamlanıp kilitlenmelidir. Böylelikle eve yabancıların girmesi önlenmiş olacaktır. Özgürlük hizmetinin ilk adımı budur:

bütün kapıları kapatın. İlk yapılması gereken şey budur; çünkü eğer kapılar kapanmamışsa, işgalciler (cinler) açık kapılardan içeri dalacaktır.

Evin güvenliği sağlandıktan sonra diğer işler başlayabilir: temellerin güçlendirilmesi, duvarların onarılması, evin güzelleştirilip konfora kavuşturulması gereklidir.

Müslümanlar İsa Mesih'i kabul ettikleri zaman İslamiyet'in ve İslam kültürünün neden olduğu can zedeleriyle birlikte gelirler. Bunların iyileşmesi gereklidir.

İmanlı kişinin canı bir kovaya benzer. İçinde bulunması gereken şey pak ve tatlı sudur: İsa Mesih'ten kaynaklanan yaşam suyuyla dolup taşmalıdır. Bizim hayatımız böyle olmalıdır. Ancak eğer kovada bir delik ya da oluk varsa - yani karakterimizde bir kusur varsa - kovanın fazla su tutması mümkün değildir. Kova yalnızca en dipteki deliğe kadar su tutacaktır. Bu kovanın daha çok su tutması için deliklerin tıkanması gerekir.

İslamiyet'in kök saldığı her yerde insanların can hasarları benzer niteliktedir. Don Little'ın işaret ettiği gibi, "İslamiyet'in değişik şartlardaki etkisi, Mesih için yaşamak isteyenlerde benzer engeller yaratıyor."[17]

Bunu anlamanın başka bir yolu, kötü bir kaza geçiren ve iyileşmesi uzun süren bir kişiyi düşünmektir. Normal olarak kullanılmayan kasları zayıflayacak ve hatta erimeye başlayacaktır. Bu kişinin tamamen iyileşmesi için zayıf kasları çok belirli hareketlerle çalıştırması (fizyoterapi) gerekecektir. Bu hareketler uzun sürebilir ve acı verici olabilir ama bunlar esasen bedenin normal işlevine kavuşmasını sağlayacaktır.

Aynı şekilde kilisenin, Müslüman geçmişi olan imanlıların hasarlarını dikkate alan titiz ve sistemli bir öğretiş programı uygulaması gerekir. Biz buna "Boşluklara öğretiş vermek" diyoruz. Kutsal Kitap gerçeği, daha önce yalanların egemen olduğu alanlara uygulanmalıdır ve gerçeğin uygulanması gereken çok sayıda değişik alan vardır.

---

17. Don Little, *Effective Discipling in Muslim Communities*, syf. 170.

Muhammed'in vurgularından biri, bir insanın diğerinden daha üstün olduğudur. Örneğin Müslümanların, gayrimüslimlerden daha üstün olduğunu öne sürmüştür. Diğer insanlardan alt ya da aşağı seviyede olmanın utanç verici olduğunu düşünüyordu. İslami toplumlarda diğer insanlardan daha iyi olma arzusu, kültürel ve duygusal dünya görüşünün bir parçasıdır. Bir Hristiyan, İran kültüründe birisi sokakta düşerse ya da sınavda başarısız olursa diğer insanların mutlu olduklarını söylemişti. Düşen ya da başarısızlığa uğrayan kişinin yerinde kendileri olmadığı için mutlu oluyorlar, kendilerini onlardan üstün hissediyorlardı.

İnsana bu şekilde değer vermek, kiliselerde birçok sorun doğurabilir. Örneğin bir kilisedeki insanlar, kendi kiliselerinin diğer kiliselerden daha üstün olduğunu iddia edebilir. Bu tutum güceniklik doğurur, böylece bir bölgedeki kiliseler birlikte çalışmaya yanaşmayabilir. Bu tutumun hâkim olduğu yerde, bir kişi önderlik rolüne atandığında başka bir kişi reddedilmiş hissedip kıskançlığa kapılabilir. "Neden beni seçmediler ki? Beni yeterince iyi görmüyorlar mı?" gibi sorular sormalarına neden olabilir. Bu sorun öyle kötü bir hale gelebilir ki insanlar, kilisedekiler tarafından saldırıya uğrama ya da eleştirilme korkusuyla önderlik rolünü reddebilir.

Bu tutum hâkim olduğu zaman insanlar, alçakgönüllü bir yürekle kilisenin yaşamını geliştirebilecek yapıcı yorumlarda bulunmaktan kaçınırlar. Kendileri birer uzmanmış edasıyla, gururla konuşurlar ve diğer insanları duyarsız bir şekilde düzeltirler.

Böyle bir tutum dedikoduyu da fitiller çünkü insanlar başkalarını alaşağı etmekten zevk alırlar.

Bu derin sorunu çözmek için insanlarda hizmetkâr bir yürek oluşması temeldir. İnsanlar, İsa Mesih'in neden öğrencilerin ayaklarını yıkadığını ve onlara da aynısını yapmalarını buyurduğunu öğrenmelidir. Ayrıca başkalarının kendileri hakkında neler söylediğini ya da düşündüğünü değil, Mesih'teki kimliklerini bulmayı öğrenmelidirler. Zayıflıklarına 'sevinmeleri' ve bunlarla 'övünmeleri' gerektiğini öğrenmelidirler (2. Korintliler 12:9-10). İmanlılara sevgiyle gerçeği nasıl söyleyecekleri öğretilmelidir. Dedikodunun yıkıcı etkilerini, bir kardeş hakkında şikâyet olduğu zaman nasıl karşılık vereceklerini öğrenmelidirler.

İslamiyet'ten Mesih'e gelen insanlarla ilgili başka bir sorun, doğruyu söylemeyi öğrenmek olabilir. İslami kültürlerde insanlar, utançtan kaçınmak için genellikle açık ve şeffaf olmamak üzere eğitilirler. Örneğin, kilisedeki bir Hristiyanı gördüğünüzde ve sıkıntıda olduğunu sezdiğinizde, "Nasılsın? İyi misin?" diye sorarsınız. Gerçekten de bir sorun vardır ve kişi kendini iyi hissetmemektedir ama, "İyiyim, teşekkürler. Her şey yolunda" diye karşılık verir. Böylelikle, maskelerini çıkarmazlar. İslamiyet'i terk eden kişilerde yaygın olan bir sorun, sorunları saklama eğilimidir. Şeytan, öğrencilerin gelişimini durdurmak ve yardım istemelerine engel olmak için bunu kullanır.

Bu sorunla başa çıkmak için öğrencilere tekrar ve tekrar birbirimize gerçeği söylemenin önemi öğretilmelidir. Ayrıca bunun kişisel gelişim ve özgürlük için neden çok önemli olduğu anlatılmalıdır.

İslami kültürlerin diğer alanlarında da 'Boşluklara öğretiş vermek' gereklidir:

- bağışlamanın gerekliliğini ve bunun nasıl uygulanacağını bilmek.
- reddedilme ve gücenme hislerine kolayca kapılma eğiliminin üstesinden gelmek.
- insanlarla güven oluşturan bir hizmet yolunu öğrenmek.
- büyücülük adetlerini reddetmek
- kadınların ve erkeklerin birbirlerine saygı duymayı, ilişkilerinde gururdan yoksun, alçakgönüllü ve sevecen bir şekilde doğruyu söylemeyi öğrenmeleri
- ana babaların çocuklarına beddua etmek yerine onları kutsamayı öğrenmeleri.

(İslamiyet'in ve Muhammed'i örnek almanın yarattığı sorunların listesi için 4. Dersin sonuna bakınız.)

"Boşluklara öğretiş vermenin', sistemli ve kapsamlı olması gerektiğini vurgulamak çok önemlidir. İnsanların duygusal ve ilahiyat açısından sağlıklı bir dünya görüşüne sahip olmaları için bu sorunlar derinlemesine ele alınmalıdır.

Bu kısımlarda, imanlıları ve önderleri nasıl biçimlendireceğimiz konusuna değineceğiz.

İyi başlayın

Don Little, Kuzey Afrika'daki Müslümanlar arasında çalışan iki müjdeciyi karşılaştırır. İkisi de orada yıllarca emek vermiştir.[18]

Steve Müslümanları kolaylıkla Mesih'e yönlendirmekte, hatta bunu bazen onlarla ilk sohbet sırasında yapmaktadır. Ancak Mesih'e iman eden bu kişilerin hepsi, genellikle bu karardan birkaç hafta içinde Mesih'ten uzaklaşmaktadır. Mesih'te bir yılı geçkin kalanların sayısı çok azdır. Steve'in tekniği, insanları Mesih'teki imana hızlıca yönlendirmek, gelişmeleri ve Hristiyan inancı hakkında öğrenmeleri için onları Kutsal Ruh'a teslim etmektir.

Cheri'nin yaklaşımı ve başarı oranı ise bunun tam tersidir. İnsanları Mesih'e yönlendirmesi bir hayli zaman almakta, hatta bazen yıllarca sürmektedir. Müjdelediği kadınlar, Mesih'e tümüyle teslim olmanın anlamını iyice kavradıktan sonra onları öğrenciliğe kabul etmektedir. Kadınların zulüm görecekleri ve hatta kocaları tarafından boşanabilecekleri olasılığını dahi onlara açıklamaktadır. Cheri'nin Mesih'e yönlendirdiği her kadın, kendisi Kuzey Afrika'dan kovulduktan sonra bile güçlü ve adanmış birer imanlı olarak yoluna devam etmektedir.

Müslümanları Mesih'e yönlendirmenin ve öğrenci olarak yetiştirmenin başlangıcı tam kapsamlı olmalıdır. Ders 5'te Mesih'i takip etmenin altı adımını hatırlayın.

1. İki itiraf:

- Ben günahkârım ve kendimi kurtaramam.
- Günahlarımı kaldırmak amacıyla canını vermek için Oğlu İsa'yı gönderen tek Yaratıcı Tanrı vardır.

2. Günahlarımdan ve kötü olan her şeyden tövbe ederek bunları terk ediyorum.

---

18. Don Little, *Effective Discipling in Muslim Communities*, syf. 26-27.

3. Bağışlanmayı, özgürlüğü, sonsuz yaşamı ve Kutsal Ruh'u diliyorum.
4. İsa Mesih'e hayatımın Rab'bi olarak kendimi teslim ediyorum.
5. Hayatımı İsa Mesih'e hizmet etmeye adıyorum ve bunun sözünü veriyorum.
6. İsa Mesih'teki kimliğimi ilan ediyorum.

Steve yeni imanlıları ilk iki adımdan ve belki 3. adımdan geçiriyor ama 4'ten 6'ya kadar olan adımları ihmal ediyordu. Teslimiyetimizi Mesih'e aktarmak, İslamiyet bağlarının koparılmasını ve bunların tam olarak İsa Mesih'e sunulmasını gerektiriyor (4. Adım). Adanma ve söz verme aşaması (5. Adım) ise zulüm gerçeğini kabullenmeyi ve Kutsal Kitap ahlakının anlaşılmasını gerektiriyor. Kendinizi adamak için nasıl bir hayata adanacağınızı bilmelisiniz. Yeni bir kimliğin ilanı (6. Adım), Allah'a teslim olmak yerine Hristiyan kimliğinin ve İsa Mesih aracılığıyla Tanrı'nın çocuğu olmanın anlaşılmasını gerektiriyor. Ayrıca *ümmetteki* eski kimliğinizi kaybetmek ve hatta dostlarınız ve aileniz tarafından reddedilmek de bilinmesi gereken olasılıklardır.

Bunlara ek olarak 3. Adım, Mesih'te özgür olmanın, insanları bağışlamanın ve Kutsal Ruh'taki yaşamın ne demek olduğuna dair olgun bir anlayış gerektirir.

Bu adımlara gerçek anlamda derin bir adanmışlık için öğrencilik sürecine ilişkin tam bir anlayış zorunludur. Bu süreç aracılığıyla kişi, İslami bakışı dikkatli ve düşünceli bir şekilde terk ederek onun yerine Kutsal Kitap bakışını yerleştirmeyi öğrenebilir.

Bir kişi İsa Mesih'e döndüğü ve O'nu takip etmeye kendisini adadığı zaman, esasen Şeytan'a karşı savaş ilan etmektedir. Şeytan'ın haklarını yağmalama ve hayatındaki bütün hakları İsa Mesih'e teslim etme kararı vermektedir. Bu karar basit ve yüzeysel bir karar değildir. Kişinin tüm anlayışını ve iradesini gerektirmektedir.

Bu nedenlerle müjdenin hizmetkârları, İsa Mesih'i takip etmeleri ve vaftiz olmaları için insanları yönlendirirken ağır davranmalıdır. İnsanlar bunların kendileri ve sevdikleri için ne anlama geldiğini tümüyle kavramalıdır.

Ayrıca Ders 5'te yer alan '*Kelime-i Şehadeti* Reddetme ve Gücünü Kırma Duası ve İlanını' tam bir anlayış ve adanmışlıkla okumadan önce kimsenin vaftiz edilmesini önermem. Okuma eylemi, ilanın anlamı öğretildikten sonra gerçekleşmelidir. Bunun vaftizden bir süre önce yapılması gerekir. Vaftiz töreni sırasında yine bir reddetme duası edilebilir. Bu reddetme kişinin, kendisini 4. Adıma tam olarak adamasına izin verir. Böylelikle İslamiyet'in kişinin hayatındaki bütün talepleri reddedilir ve teslimiyet Rab İsa Mesih'e aktarılır.

Gelişen önderlere mentorluk yapın.

Günümüz dünyasında İslamiyet'ten gelen imanlıların yüzleştiği en büyük ihtiyaçlardan biri, kendileri de İslamiyet'ten gelen olgun pastörlerdir. İnsanların olgunluğa ve özgürlüğe doğru ilerlediği sağlıklı bir kilise için sağlıklı önderler şarttır. İslamiyet'ten gelen ve sağlıklı kiliselere önderlik edecek kişilerin yetişmesi için büyük emek verilmelidir. Yıllarca sürecek bir ilgi ve destek emeği olacaktır bu.

Potansiyel önderlere emek vermeden önce onları bulmalısınız! Bunun anahtar ilkesi, insanları önderlik için yetiştirirken acele etmeyin. Eğer hızlı hareket ederseniz, daha sonra daha iyi birisi çıktığı zaman pişman olabilirsiniz. İslamiyet'ten gelen kişiler reddedilme ve rekabet gibi şeylerle mücadele edebilir: Bu nedenle, bir önderi yetiştirmeden önce aşağıdakileri dikkate alın:

- çağrılmaya hazır olsunlar.
- önderlik rolünü üstlenecek alçakgönüllülüğe sahip olsunlar.
- öğretilebilir olsunlar
- kaçınılmaz eleştiriyle baş edebilmek için dayanıklı olsunlar.

Eğer İslami geçmişiniz varsa ve bir kiliseye önderlik etmeye çağrıldığınızı hissediyorsanız, hazırlanmak için en hızlı ve en kolay yolu seçmeyin. Alçakgönüllü bir tutumla hazırlanmanın vakit alacağını kabullenin. Eğitime tabi olmaya razı olun. Sabırlı olun. Öğretilebilir olun.

İslamiyet'ten gelen önderler, çok hızlı yetiştirildikleri taktirde kibirlenebilir ve alçakgönüllülüğü öğrenmeyebilir. Bilmeleri gereken her şeyi bildiklerini, eğitime ve biçimlenmeye gerek duymadıklarını sanabilirler. Potansiyel önderlere ilk başta kısa görevler vermek, onları deneyip sınamak bilgece olur. Onlar, çağrılarını topluluğun gözünde bu şekilde kanıtladıktan sonra daha kalıcı önderliğe doğru ağır ağır ilerlesinler. Eğer topluluğun gözünde çağrılarını ve uygunluklarını kanıtlama fırsatı verilmeden alelacele önderliğe getirilirlerse, reddedilmeyle baş etmeye hazır olmadan önce reddedilebilirler ve bu da onların biçimlenmesine hasar verebilir.

Sağlıklı önderleri yetiştirmek son derece zaman alır ve olgun önderleri yetiştirmek için uzun süreli bir bakış açısı gerekir. Önderlik potansiyeli taşıyan yeni bir imanlının Hristiyan olgunluğuna erişmesi yıllar alacaktır. İslamiyet'ten gelen insanlar için öğrenecek çok şey vardır, çünkü hayatla ve ilişkilerle ilgili düşünme ve hissetme kalıplarının tümden yeniden inşa edilmesi gerekecektir.

Önderleri olgunlaştırmak için 12 anahtar:

1. Yetişen kişi, eğitmenle düzenli olarak en az haftada bir kez görüşmelidir.

2. Yetişen önderlere ilahiyata dayalı düşünmeyi, hayat deneyimlerini imanla birleştirmeyi öğretin. Bunu yapmanın yolu, iman ve Kutsal Kitap kaynaklarını günlük yaşama ve hizmetin pratik güçlüklerine uygulamayı öğrenmektir. İlahiyata dayalı düşünen bir kişinin karakteri gerçeğe ifşa olacak, İsa Mesih'in örneğine giderek daha çok benzer olacaktır.

3. Eğitim şeffalık ve dürüstlük içinde gerçekleşmelidir: Bu konuda yüksek beklentileriniz olsun. Eğer yetiştirilen kişi, bir maske takıyorsa, olgunlaşan tek şey o maske olacaktır. Bir gün gerçek kişi odadan çıkıp gidebilir ve maskeyi geride bırakabilir. O zaman zannettiğiniz gibi bir kişi olmadığını keşfedeceksiniz.

   Ayrıca mentorluk yapan kişi, şeffaflığın ne demek olduğunu kendisi örnekliyorsa, potansiyel önderin de mücadeleleri hakkında açık davranmasını bekleyebilir.

   İslamiyet'ten gelen kişilerin oluşturduğu bir kilise için potansiyel önderler yetiştiriyordum. İlk toplantıda onlara şöyle sordum: "Hiç sorunlarınız var mı?"

   "Hayır" dediler.

Ertesti hafta yine buluştuk ve tekrar sordum: "Hiç sorunlarınız var mı?"

Yine "hayır" cevabı geldi.

Üçüncü hafta bir kez daha sordum, "Hiç sorunlarınız var mı?"

Yanıt yine hayırdı.

Ben de şöyle dedim: "Bunu duyduğuma çok üzüldüm. Ya sorunlarınız var ve bunu bilmiyorsunuz ya da sorunlarınız var ve bana söylemiyorsunuz. Bunların ikisi de iyi değil. Peki hangisi doğru?"

O zaman çift açılmaya başladı: Sorunları vardı, ama İslami kültür onlara, zayıflıklarını ve zorluklarını başkalarına açmanın utanç verici olduğunu öğretmişti. Bununla birlikte, onlar o günden başlayarak yüzleştikleri zorlukları ve sıkıntıları paylaştıkça ilişkimiz değişim geçirmeye başladı. Ben de o noktadan itibaren onlara yardımcı olabildim. Bu süreçte aramızda güven oluştu ve onlar Hristiyan olgunluğuna doğru hızlı adımlarla yol aldılar.

4. Hem potansiyel önder hem de eğitmen, uğraşılması gereken sorunları etkin ve kasıtlı bir şekilde gündeme getirmelidir. Yetiştirilen kişiye, sorunları kasıtlı bir şekilde fark ederek toplantınıza getirmesi için teşvik edin.

5. Yetiştirilen kişi, topluluğun hayatıyla ilgili anahtar sorunlarla ve kararlarla baş etmeyi mentorla birlikte öğrenmelidir. Böyle yetiştirilen bir önder, pastörlük hizmetinin çetin sorunlarıyla Tanrı yoluna ve Kutsal Kitap'a uygun bir şekilde baş edebilir.

6. Bir kişiyi önder olarak yetiştirirken onun özgürlük içinde yürümesine yardımcı olun. Hemen herkes hizmet eğitiminin bir parçası olarak bir şeylerden özgür kılınmalıdır. Eğer tutsaklıklar ele alınmazsa ve yaralar iyileşmezse, özgürlük ve şifa yoksunluğu kişinin gelecekteki ürünlerini sınırlandıracaktır. Eğer kişisel özgürlüğün kısıtlı olduğu bir alana gelirseniz, Mesih'te sahip olduğumuz kaynakları söz konusu alana uygulayın. Bunlar 2. Derste tanımlanıyor. Ayrıca özgürleşme sürecinde olan bir kişi,

başkalarının özgürleşmesine nasıl yardımcı olabileceğini daha iyi anlayacaktır.

7. İslamiyet'ten gelen önder adayına kendi hayatına özen göstermeyi öğretin. Önder adayının kendi canına ve ailesine özen göstermesinin büyük bir öncelik olduğunu öğrenmesi önemlidir. Bu zorlu ruhsal hizmette çok çetin sıkıntılar vardır ama eğer pastör kendi canına ve ailesine özen göstermezse, hizmeti fazla uzun sürmeyecektir. Kendi canına ve ailesine gerekli özeni göstermeyen bir pastöre güven olmaz. İnsanlar, "Kendi ailesine bakmayan adam kiliseye nasıl bakacak?" diye soracaklardır.

8. Eğer yetiştirdiğiniz önderler bir çiftse, birbirini kontrol etmeye ve baskın çıkmaya değil de hizmetkâr bir yürekle karşılıklı sevgi ve saygıya dayalı Hristiyan evliliğinin ne demek olduğunu anlamak ve bu anlayışı geliştirmek için desteğe ihtiyaçları olacaktır.

9. Ruhsal hizmette öz farkındalığın önemini vurgulamak gerekir. İnsanlar rekabetçi, şeffaflikten yoksun ve üstünlük taslayan kişiler oldukları zaman gerçek hallerinin farkında olmayacaklardır. İslamiyet'in verdiği hasar kısmen böyle bir şey olabilir. Yetiştirilen kişi, olgunlaşmak için kendisiyle ilgili yorumlara ve eleştirilere kıymetli bir armağan ve kaynak olarak değer vermeyi öğrenmelidir. Savunmacı olmamayı, kendini tehdit altında hissederek gücenikliğe ya da reddedilme duygularına kapılmamayı adet edinmelidir. Aynı zamanda mentorun, yorumlara ve eleştirilere karşı açık ve kabullenici bir tutumla örnek oluşturması gerekir. Eğer yetiştirilen kişiler, mentorun eleştiriyi kabul edebildiğini görürlerse, kendileri de bunu daha iyi yapmayı başaracaklardır.

10. Hayal kırıklıklarına Tanrı yoluna uygun bir şekilde göğüs germeleri ve dayanıklı olmaları için yetiştirilen kişiye yardımcı olun. İslamiyet'ten gelen önder adayını, başkaları tarafından hayal kırıklığına uğradığında ya da hayat şartlarının altında ezildiğinde Kutsal Kitap imanını nasıl uygulaması gerektiğine dair donatın.

11. Önder adayını ruhsal savaş için donatın. Mesih'i kabul eden insanların hizmet etmesi, daima kötü olanın saldırısına neden olur. Bundan kaçınmak mümkün değildir. İslamiyet'ten gelen imanlılar, Şeytan'ın saldırısı karşısında sağlam durmak için eğitilmelidirler.
12. Diğer imanlılarla güven ve iş birliği konusunda örnek oluşturun. Diğer hizmetlerle Tanrı yoluna uygun ortaklıklar oluşturun. İslamiyet'ten gelen kişilerin, Mesih'in bedenini ayırt etmeyi öğrenmeleri için bu bir temel oluşturur. Böyle yapmak Tanrı'yı onurlandırır ve kiliseniz için Tanrı'nın bereketlerini almanın bir yoludur. Aynı zamanda bu, alçagkönüllüğü öğretmenin iyi bir örneğidir.

Çalışma Rehberi

Ders 8

Bu dersin ayetleri

2 Timoteos 2:20-21

Matta 12:43-45

Titus 3:3

Filipililer 1:9-11

2 Korintliler 12:9-10

Romalılar 12:15

1 Korintliler 12:26

Bu derste Kur'an ayetleri, yeni söz dağarcığı ya da yeni isimler yoktur.

Ders 8 soruları

- Durum çalışması hakkında söyleşin.

Mesih'i Terk Etmek

1. İnsanların İsa Mesih'i takip etme kararı verdikten sonra İslamiyet'e neden dönüş yaptıklarına dair Durie'nin verdiği dört gerekçe nelerdir?

2. Kiliseler, İsa Mesih ve Hristiyanlık hakkında öğrenmek için soru soran Müslümanları neden geri çeviriyor?

3. Kiliseler Müslümanların Mesih'e dönmelerine destek olmak için neler yapmalı?

Ürünsüz öğrencilik

4. Durie'ye göre, İslamiyet geçmişi olan Hristiyanların karşılaştığı yaygın sorunlar nelerdir?

5. Bu sorunların çoğunun altında yatan neden nedir?

6. Bir önder atamak, kilisede ne gibi sorunlar doğurabilir?

7. Kanada'ya iltica eden kişi, neden diğer Hristiyanlarla ilişkisine son verdi?

Sağlıksız kiliseler

8. Üstün hissetme arzusu, kiliselerin birlikte çalışmalarına nasıl engel olabilir?

Özgür kalma ihtiyacı

9. İsa Mesih'in boş ev benzetmesindeki iki sorun nelerdir?

10. Sağlıklı bir kilise oluşturmak için neye ihtiyacınız var?

11. Bir kişi özgür kılındıktan sonra değişmesi gereken şey nedir?

12. Elçi Pavlus neden Titus'a, geçmişte ne halde olduklarını hatırlatıyor?

13. Elçi Pavlus'un eski hayatı, İsa Mesih'i takip etmeden önceki hayat tanımına nasıl uyuyor?

14. Elçi Pavlus'un Filipililer 1:9-11'de yazdıklarına göre, bir imanlı canının 'evini' boş bırakmak yerine nasıl doldurabilir?

Şifa ve özgürlük

15. Durie, Mesih'e iman edenlerin hayatlarındaki 12 olumsuz etkiye işaret ediyor. Bunların kaçına siz de tanık oldunuz?

16. Kansere yol açan bir mide rahatsızlığı olan genç adam, şifa almak için ne yaptı? İyileştikten sonra onun hayatında başka ne gibi bir değişiklik oldu?

17. Bir evi uygun bir şekilde güvenli kılmak için yapılması gereken önemli şey nedir?

Boşluklara öğretiş vermek

18. Özgürlük hizmetinin ilk adımı nedir ve bu neden ilk adımdır?

19. İnsan canı hangi açıdan bir kova suya benzer?

20. Don Little'ın, bütün dünyada İslamiyet'ten gelen imanlılar arasında gözlemlediği benzerlikler nelerdir?

21. İnsanların dertlerini duymak bazı kişileri neden mutlu eder?

22. İmanlılar, diğerlerinden daha üstün olmak istediklerinde kiliselerin yaşadığı sorunların bazıları nelerdir?

23. Bir kişinin kendisini başkalarından üstün hissetme arzusunu düzeltmek için hangi altı öğretiş öneriliyor?

24. Durie, doğruyu söylememenin hangi sorunu doğurabileceğini söylüyor?

25. Durie'ye göre, İslami kültürün hangi altı alanında 'boşluklara öğretiş vermek' gereklidir?

26. 'Boşluklara öğretiş vermek' neden sistemli ve tam kapsamlı olmalıdır?

İyi başlayın

27. Steve ile Cheri'nin yaklaşımları arasındaki farklar nelerdi ve Cheri'nin yaklaşımı neden başarılıydı?

28. 'İsa Mesih'i Takip Etmeye Adanma Duası ve İlanının' altı adımını ezberden sıralayabilir misiniz? Eğer bunu yapamazsanız, herkes doğru sırayla ezberden sayabilene dek bunları grup halinde tekrarlayın.

29. Altı adımın ışığında, Steve insanları Mesih'e yönlendirirken hangi adımları atlıyordu?

30. Mesih'e dönmekle kime karşı savaş ilan edersiniz?

31. İslamiyet'i terk eden bir kişi, vaftize hazırlanırken neler yapılmalıdır?

Gelişen önderlere mentorluk yapın

32. Günümüz dünyasında İslamiyet'ten gelen imanlıların en büyük ihtiyacı nedir? Buna katılıyor musunuz?

33. Durie'ye göre, önderleri ağır ağır geliştirmenin nedeni nedir?

34. Eğer önderler, fazla hızlı yetiştirilirse neler olabilir?

35. Bir önder adayına mentorluk yaparken, Durie'ye göre onlarla ne kadar sık buluşmalısınız?

36. İlahiyata dayalı düşünmek nedir ve insanların olgunlaşmasına nasıl yardımcı olur?

37. Mentorun, yetiştirdiği kişiye karşı açık ve şeffaf olması neden önemlidir?

38. Durie'nin anlattığı öyküdeki önder adayı yüzleştiği sorunlar için yardım istemekte neden gönülsüz davranıyor?

39. Mentor kilisenin yaşamındaki önemli sorunlar hakkında karar verirken neden önder adayını da bu sürece dâhil etmelidir?

40. Önder olmak üzere yetişen bir kişiyi özgür kılmak neden önemlidir?

41. Kendi hayatına özen göstermek neden ruhsal hizmette önemlidir?

42. Hristiyan evliliği neye dayanmalıdır?

43. Öz farkındalık neden büyük önem taşıyor ve İslamiyet'in etkisi buna nasıl engel olabilir?

44. Bir mentorun eleştiriyi kabul etmeye açık olması neden önem taşır?

45. İslamiyet'ten gelen insanların oluşturduğu bir kilise, neden ruhsal savaş eğitimi almalıdır?

46. İslamiyet'ten gelen insanların oluşturduğu bir kilisenin, diğer kiliselere saygı duymayı ve onlarla birlikte çalışmayı öğrenmesi neden önem taşır?

Ek Kaynaklar

Burada İslamiyet hakkında öğretilen birçok konu hakkında daha fazla bilgi edinmek için Mark Durie'nin, *Üçüncü Seçenek: İslamiyet, Zimmet ve Özgürlük* isimli kitabına bakın.

Luke4-18.com sitesinde dualar da dâhil olmak üzere birçok dilde *Tutsaklara Özgürlük* kaynağına ulaşmak mümkündür.

İnsanları cinlerden özgür kılma adımları için Mark Durie, Pablo Bottari'nin *Mesih'te Özgür* isimli kitabını tavsiye ediyor. Bu kitabı İngilizce ve İspanyolca dillerinde bulmak mümkündür. Ayrıca, freeming.org sitesindeki eğitim kaynakları da (İngilizce ve bazı başka dillerde) tavsiye edilmektedir.

İnsanları özgür kılmaya yarayacak bazı ek duaları aşağıda bulabilirsiniz.

Bağışlama Duası[19]

Göksel Baba, bana herkesi bağışlamam gerektiğini açık ve net bir şekilde gösterdin. Bağışlamanın getirdiği şifayı ve özgürlüğü benim yaşamamı istiyorsun.

Ben bugün günaha girmeme neden olan (isimlerini verin) ve beni yaralayan herkesi bağışlamayı seçiyorum. Onların her birini (yaptıklarını sayın) serbest bırakıyorum.

Onlara karşı yüreğimde tuttuğum bütün yargılardan vazgeçiyorum. Onları (isimlerini verin) senin eline teslim ediyorum, çünkü sen tek doğru yargıçsın.

Ya Rab, benim de başkalarını ve kendimi yaralayan tepkilerimi sen bağışla.

Senin affını temel alarak, bu yaranın tutumlarımı ve davranışlarımı etkilemesine izin verdiğim için ben de kendimi bağışlıyorum.

---

19. Bu dua ve sonraki iki dua, Chester ve Betsy Kylstra'nın *Restoring the Foundations* adlı serine dayalıdır.

Kutsal Ruh, bağışlayabilmem ve bağışlamaya devam edebilmem için bana verdiğin lütuf için sana teşekkür ederim.

İsa Mesih'in adında,

Amin.

Yalanları (Tanrı Yoluna Aykırı İnançları) Reddetme Duası

Göksel Baba, (yalanın ismi) yalanına inandığım için günahımı (ve atalarımın günahını) itiraf ediyorum.

Tanrı yoluna aykırı bu inancın bende oluşmasına katkıda bulunan kişileri, özellikle (isimlerini verin) bağışlıyorum.

Bu günahtan tövbe ediyorum ve Tanrı yoluna aykırı bu inancı kabul ettiğim, hayatımı buna dayanarak devam ettirdiğim ve başkalarını bu yüzden yargıladığım için Rab'bin affını diliyorum. Şimdi senin affını kabul ediyorum (bekleyin ve Tanrı'dan alın).

Ya Rab, senin bağışlamanı temel alıp ben de bu yalana inandığım için kendimi bağışlıyorum.

Tanrı yoluna aykırı olan bu inançla aramdaki bütün anlaşmaları reddediyorum ve iptal ediyorum. Karanlığın egemenliğiyle aramdaki her türlü antlaşmayı iptal ediyorum. Cinlerle yaptığım bütün antlaşmaları reddediyorum ve iptal ediyorum.

Ya Rab, bana bu sahte inançla ilgili olarak açıklamak istediğin gerçek nedir? (Bekleyin, Rab'bi dinleyin ve yalanın yerine ilgili gerçeği ilan edin).

Ben (gerçeğin adı) gerçeğini ilan ediyorum.

İsa Mesih'in adında,

Amin.

Soyacağından Gelen Günah için Dua

Atalarımın, ana babamın, kendimin (günahlarını adı) günahlarını itiraf ediyorum.

Bu günahlar, neden oldukları lanetler ve hayatımdaki sonuçları (tam isimlerini verin) için atalarımı ve beni etkileyen herkesi bağışlıyorum ve hepsini serbest bırakıyorum.

Ya Rab, bu günahları işlediğim ve lanetlere teslim olduğum için beni bağışla. Senin affını kabul ediyorum.

Ya Rab, senin bağışlamanı temel alarak ben de bu günahları işlediğim için kendimi bağışlıyorum.

Günahları ve lanetleri (isimlerini verin) reddediyorum.

İsa Mesih'in çarmıhtaki kurtarışı aracılığıyla bu günahların ve lanetlerin hayatımdaki ve soyumun hayatlarındaki gücünü kırıyorum.

Bu günahlar ve neden oldukları lanetler için senin özgürlüğünü kabul ediyorum. (İmanla Tanrı'dan aldığınız bereketleri sayın)

İsa Mesih'in adında,

Amin.

Yanıtlar

Ders 1 yanıtları

1. Kutsal Ruh ona, İslamiyet'i reddetmesini söyledi.
2. En acil ihtiyaçlardan biri, İslamiyet'i reddetmektir.
3. *Kelime-i şehadet* ve *zimmet.*
4. İsa Mesih'i takip etme kararı veren insanlar.
5. Gayrimüslimlerin.
6. İslamiyet dinine teslimiyet ve İslami hâkimiyet altındaki gayrimüslimlerin teslimiyeti.
7. Allah'ın mutlak birliğinin ve Muhammed'in peygamberliğinin ilanı.
8. Hristiyanların statüsünü belirleyen İslam hukuku.
9. Hiç Müslüman olmamış olsalar dahi, Hristiyanların *zimmet* taleplerini reddetmelerinin gerektiği.
10. Şeriat hukukunun üstünlüğünü, tüm diğer adalet ve yetki ilkelerine hâkim olmasının gerektiğini.
11. İsa Mesih dışında canları üzerindeki her türlü ruhsal talebi.
12. Ruhsal karanlıktan İsa Mesih'in egemenliğine.
13. Siyasal ve toplumsal eylemler, insan hakları savunuculuğu, akademik girişimler, medya kullanımı ve zaman zaman ulusal hükümetlerin askeri müdahaleleri.
14. Müslüman olmak, siyasal teslimiyet ya da kılıç.
15. Bin yıldan fazla.
16. Hristiyanlığı savunurken can verdikleri taktirde cennete girecekleri güvencesini verdi.
17. İslamiyet'in gücünün kökü ruhsaldır.
18. Daniel peygamberin bildirisindeki sert yüzlü ve entrikacı kral.

19. İslamiyet'in
    - üstünlük iddiası
    - başarı ihtirası
    - hile kullanımı
    - başkalarının kuvvetini ve zenginliğini gasp ederek kullanması
    - sahte bir güvenlik duygusu olan ulusları alt etmesi…
    - Tanrı'nın Oğlu'na karşı düşmanlığı
    - Hristiyanları ve Yahudileri mahvetme geçmişi
20. İnsan gücüyle değil.
21. İsa Mesih'in gücü ve çarmıhı.

Ders 2 yanıtları

1. Muhammed'in adını ağzına alamıyordu.
2. Öfkeden özgür oldu, etkili bir şekilde müjdelemeye ve öğrenci yetiştirmeye başladı.
3. Her imanlının doğum hakkı, Tanrı'nın çocukları olmanın yüce özgürlüğüdür.
4. Nasıra'da.
5. Özgürlük vaadini.
6. Umutsuzluktan, açlıktan, hastalıktan ve cinlerden.
7. Mahkûm, açık olan kapıdan dışarı çıkmalıdır. Ruhsal özgürlük bizim seçmemiz gereken bir şeydir.
8. Hırsız. Bu dünyanın egemeni. Bu çağın ilahı. Havadaki egemenliğin hükümranı. Bunlar bize Şeytan'ın bu dünyada gücü olduğunu öğretir.
9. Şeytan'ın gerçek ama sınırlı bir güce ve egemenliğe sahip olduğunu öğretir.
10. İslamiyet'in dünya görüşünü ve ruhsal gücünü.

11. Cin kaynaklı güçlere tutsaktır.
12. Şeytan'ın ve karanlığından gücünden.
13. İsa Mesih'in egemenliğine aktarılır, bağışlanır ve özgür kılınırız.
14. İsa Mesih'in egemenliğine aktarıldıkları için şükretmelerini istiyor.
15. Beş yön: 1) Şeytan'ı ve her türlü kötülüğü reddetmek. 2) Diğer insanlarla Tanrı yoluna aykırı bağları reddetmek. 3) Tanrı yoluna aykırı olan her türlü antlaşmayı reddetmek 4) Tanrı yoluna aykırı yetenekleri reddetmek. 5) Hayatını Rab olan İsa Mesih'e teslim etmek.
16. Tanrı ile Şeytan arasındaki savaşta; iki egemenlik arasındaki savaşta bulurlar.
17. Kilise savaş sahası olabilir ve kötülük tarafından yağmalanabilir.
18. Hristiyanlar çarmıh aracılığıyla kazanılan zaferden emin olabilirler.
19. Roma zaferi benzetmesi, cinlerin güçlerini kaybettiklerini ve aşağılandıklarını gösteriyor.
20. Suçlayıcı ya da düşman.
21. Hristiyanları uyanık olmaları için uyarıyor.
22. Günahlarımız ve hayatlarımızın Şeytan'a teslim olan yönleri.
23. Günah, bağışlamama, sözler, can yaraları, Tanrı yoluna aykırı inançlar (yalanlar), soyağacından gelen günahlar ve bunların neden olduğu lanetler.
24. Şeytan'ın bize yönelik taleplerini isimlendirmek ve reddetmek.
25. Açık kapı, Şeytan'a verilen bir giriş noktasıdır. Dayanak ise canımızda Şeytan'ın taleplerine verilen yerdir.
26. Yasal hakları; Şeytan'ın işgal ettiği ruhsal zemini.
27. Şeytan'ın hak talep etmek için bulabileceği bir şey yoktu.
28. Şeytan, İsa Mesih'e karşı hak talep edebileceği hiçbir günah bulamıyordu.

29. İsa'nın günahsızlığı önemlidir, çünkü Şeytan, çarmıhın sadece bir ceza olduğunu iddia edemezdi.
30. Açık kapıları kapatmalı ve dayanakları ortadan kaldırmalıyız.
31. Günahlarımızdan tövbe ederek.
32. Öncelikle insanları bağışlamalıyız.
33. Bağışlamamızı bize karşı bir dayanak talebi olarak kullanabilir.
34. İnsanları bağışlamak; Tanrı'nın affını kabul etmek; kendimizi bağışlamak.
35. Hayır: bağışlamak ile unutmak birbirinden farklıdır.
36. Şeytan can yaralarını bize yalan söylemek için kullanır.
37. Evindeki 'konukların' tacizlerinin yarattığı travmalardan şifa buldu. Gözdağını reddetmesi gerekiyordu.
38. Canınızı Rab'be dökün; şifa dileyin; yarayı açan kişiyi bağışlayın; korkuyu (ya da diğer zararlı etkileri) reddedin; yalanları itiraf edin ve reddedin.
39. Ağzımızdan çıkan her sözün.
40. Çünkü sözlerimizi bize karşı kullanacak bir fırsat bulmak ister.
41. İsa Mesih'in kanı.
42. Ben de bu hayvan gibi olayım: eğer antlaşmayı çiğnersem bana da aynısı olsun.
43. Antlaşmaya dahil olan kişiyi ölüm lanetine maruz bırakır.
44. Kafalarının kesilmesini.
45. Şeytan bize yalan söyler.
46. Daha önce gerçek olarak kabul ettiğimiz yalanları tespit ederek reddetmek.
47. "Erkek adam ağlamaz."
48. Gerçek duygusu veren yalan.
49. Gerçekle karşılaşmak, eskiden inandığımız yalanları itiraf etmemizi, reddetmemizi ve terk etmemizi sağlar.
50. Kötü bir ruhsal miras.

51. Ana babanın etkisi ve kötü örnekler.
52. Bereketlerden ve lanetlerden oluşan bir sisteme bağladı.
53. Adem ve Havva kuşaktan kuşağa geçen lanetlere neden oldu: acılar, egemenlik taslama, çürüme ve ölüm.
54. Bu vaat Mesih'in çağıyla ilgilidir ve O'nun egemenliğinde geçerlidir.
55. Atalarımızın ve kendimizin günahlarını itiraf etmek, bunları reddetmek ve terk etmek: bağlantılı olan bütün lanetleri iptal etmek.
56. Şeytan üzerindeki yetkinin.
57. Her şeyin putlarla birlikte tamamen yok edilmesi gerektiğini söylüyor.
58. İsa Mesih'in çarmıhı, yaptığımız kötü antlaşmaları kırma gücüne sahiptir.
59. Net ve belirli eylemler.
60. "Bir daha asla birisini sevmeyeceğim." Susan acılık ve düşmanlıkla doldu. O yemini reddetti.
61. Beş adım: 1 Günahların itirafı ve tövbe. 2. Reddetme. 3. Kırma. 4. Kovma. 5. Kutsama ve doldurma.
62. Günahları itiraf etmesi ve gerçeği ilan etmesi.
63. Onlara eziyet eden ne varsa, onun tersi olan bereketlerle kutsamalısınız.

Ders 3 yanıtları

1. Mutlak hâkim olarak Allah'a teslimiyet.
2. Müslüman olursunuz.
3. Allah'ın resulü olan Muhammed.
4. Kur'an Muhammed'in vahiylerini, *sünnet* ise onun öğretilerini ve eylemlerini içerir.
5. Muhammed'in örneği *hadislerde* (rivayetlerde) ve *siyerlerde* (Muhammed'in hayat öykülerinde)

6. Muhammed.
7. Muhammed'in yaptığı her şey standart haline gelmiştir.
8. Allah'a ve resulüne itaat edenlere.
9. Cehennem ateşi.
10. Muhammed'in mesajını reddedenlerle.
11. Cinayet, işkence, tecavüz, kadınların suiistimali, kölelik, hırsızlık, hile ve gayrimüslimlere karşı tahrik.
12. Kur'an'ı okumak ve itaat etmek zorundasınız.
13. *Sünnet* beden, Kur'an ise omurga gibidir.
14. Müslümanlar alim azınlığa güvenirler.
15. *Şeriat* olmadan İslamiyet olamaz.
16. *Şeriat'ın* ilahi buyruk olduğu düşünülür.
17. Başarıya çağrıdır.
18. İnsanlar galipler ile diğerler, yani mağluplar olmak üzere ikiye ayrılır.
19. Müslümanlara, kendilerinin gayrimüslimlerden üstün oldukları öğretilir. Dindar Müslümanlar da diğer Müslümanlardan üstündür.
20. Hakiki Müslümanlar, münafıklar, müşrikler ve Ehl-i Kitap.
21. *Müşrik*
22. Dört suçlama vardır: 1) Kutsal Kitapları tahrif edilmiştir. 2) İslamiyet'in bozulmuş bir halini takip etmektedirler. 3) Yoldan sapmışlardır. 4) Cahildirler ve Muhammed tarafından özgür kılınmaları gereklidir.
23. Olumlu yönden bakıldığında bazı Hristiyanların ve Yahudilerin sadık oldukları ve gerçekten inandıkları söylenmektedir.
24. Dört iddia: 1) Hristiyanlar onların hâkimiyeti altında yaşamalıdır. 2) Müslümanlar bize hâkim olacaklardır. 3) Bize karşı savaşmaları gereklidir. 4) Bizim cehenneme gideceğimiz söylenir.

25. Yahudilerin Müslümanlara karşı düşmanlığı Hristiyanlardan daha büyük olacaktır.
26. Kur'an'da en iyi bilinen suredir ve her gün okunması zorunludur. Bazıları günde 17 kez ya da yılda 5.000 kez okurlar.
27. Sapkın olanlar Hristiyanlar, Allah'ın gazabını hak edenler ise Yahudilerdir.
28. Muhammed'in hayatı ve öğretişi.
29. İslamlaştırma.
30. Altı sorun: 1) Kadınlar aşağı statüdedir. 2) *cihat* öğretisi. 3) acımasız ve aşırı cezalar. 4) Şeriat kimseyi iyi insana dönüştüremez. 5) yalan söylemenin teşvik edilmesi. 6) Hristiyanlar da dâhil olmak üzere gayrimüslimlere zulmedilmesi.
31. Nijerya'da *şeriat* mahkemeleri kuruldu.
32. Hâkim, Muhammed'in örneğini takip etti.
33. 1) Aşırıdır. 2) Acımasızdır. 3) Taşlamayı yapan erkekleri zedeler. 4) Kadınları hedef alır. 5) Çocukları öksüz bırakır. 6) Tecavüz ihtimalini görmezden gelir.
34. Gayrimüslimlerden gelebilecek tehlikeler karşısında yalana başvurabilirler. Kocalar eşlerine yalan söyleyebilir. Kendilerine bir sır emanet edildiğinde, örneğin bir savaş durumunda yalan söyleyebilirler.
35. Müslümanları güvende tutmak için hileye başvurma adetidir.
36. Gerçeği yok ediyor ve kafa karışıklığı yaratıyor.
37. Din alimlerinin rehberliğine.
38. Din adamları insanların önünde birçok konuyu açmak ve tartışmak istemeseler dahi siz İslamiyet'i kendiniz inceleyebilirsiniz.
39. İsa Mesih'i ya da Muhammed'i takip etme seçimi.
40. İsa'nın.
41. Önceki peygamberlerin hayat tarzını (*şeriat*)
42. Allah tarafından İsa'ya indirilen kitaptı.

43. İsa döndüğü zaman Hristiyanlığı yok edecek ve herkesi zorla Müslüman yapacak.
44. Müslümanlara, Muhammed'i takip etmekle İsa Mesih'i takip ettikleri öğretilir.
45. Bu öğretiş Tanrı'nın kurtuluş tasarısını gizler ve Müslümanların gerçek İsa'yı takip etmelerine engel olur.
46. Biz gerçek İsa'yı Müjde kitaplarına bakarak tanıyabiliriz.
47. Yalnızca Müjde kitaplarındaki İsa Mesih aracılığıyla ruhsal tutsaklıklardan özgür olabiliriz.

Ders 4 yanıtları

1. Üç büyük acı: 1. Babasının ölümü. 2. Annesinin ölümü. 3. Amcası için çobanlık yaparak geçirdiği mütevazi çocukluk (Ayrıca büyük babasının ölümü.)
2. Muhammed'i hakir görmesiyle.
3. Altı eşsiz yön: 1) Hatice onun patronuydu. 2) Ondan daha yaşlıydı. 3) Hatice ona evlilik teklifi yaptı. 4) O zamana kadar başından iki evlilik geçmişti. 5) Kudretli ve varlıklı bir kadındı. 6) Muhammed'le evliliği için babasından onay almak için onu sarhoş etti.
4. Çocuklarının çoğu öldü ve Muhammed'in erkek bir varisi olmadı.
5. Muhammed'in amcası Ebu Talib ve karısı Hatice.
6. 40 yaşındaydı ve o denli sıkıntı çekiyordu ki intiharı bile düşünüyordu.
7. Muhammed'in deli değil de bir peygamber olduğunu ilan etti.
8. Muhammed sahtekâr olarak reddedilmekten korkuyordu.
9. Hatice ve Muhammed'in genç kuzeni, Ali.
10. Muhammed, Mekke ilahlarıyla alay ediyordu.
11. Muhammed'i öfkeli Mekkelilerden korudu.

12. Tam bir boykota dönüştü. Savunmasız Müslümanlar zulüm gördü, Muhammed taciz edildi.
13. 83 Müslüman erkek, aileleriyle birlikte Abisinia'ya (bugünkü Etiyopya) kaçtı.
14. Hem Allah'a hem de Mekke ilahlarına tapınmak.
15. Allah'ın üç kızı olan Al-Lat'a, Al-Uzza'ya ve Manat'a dua edilmesine onay verildi.
16. Bütün gerçek peygamberler arada sırada yanlış yönlendirilebilir.
17. Övünmeler: 1) Atalarından gayrimeşru olan kimse yoktu. 2) En hayırlı insan kendisiydi. 3) En iyi oymaktan (Haşim) gelmeydi. 4) En iyi kabileden gelmeydi (Kureyş). 5) En iyi milletten (Araplar) gelmeydi.
18. Savaşta başarı.
19. Hem Hatice hem de koruyucusu Ebu Talib öldü. Ta'if onu reddettikten sonra Medineli Araplar onu koruma sözü verdiler.
20. Bir *cin* topluluğu Müslüman oldu.
21. *Cinlerin* İslamiyet'e geçmiş olması. Kur'an'a ve *hadislere* göre herkesin *karin* adlı yardımcı bir ruha sahip olması.
22. Resule tam biat ederek savaşa girmek.
23. Engelsiz bir şekilde vaaz etmesi ve Medineli Arapların İslamiyet'e geçmeleri.
24. İslamiyet'i reddedenler için ahirette işkenceler.
25. Katliam.
26. *Fitne.*
27. İslamiyet'e karşı *fitne.*
28. İnsanların İslamiyet'e geçmelerine engel olan şeyler.
29. Size karşı savaş açılmasını ve öldürülmeyi hak ederseniz.
30. Çünkü İslamiyet'i reddetme suçu, ölümden daha kötüdür.
31. Milyonlarca Müslüman ölüyor ama gayrimüslimlerden ölenlerin sayısı sadece onları buluyor.

32. Ölmüş olan kişilerden bile teyit ve intikam almak istediğini

33. Reddedilmeye yönelik nefretinin.

34. Suçlu olarak yaftalanıp aşağı seviye olarak hâkimiyet altına girmeyi.

35. *Fitneye* karşı saldırgan tepkiler.

36. Allah o antlaşmaya bağlı kalmasını yasaklamıştı.

37. Onları buldukları yerde katletmelidirler.

38. Bazıları inanıyordu, bazıları inanmıyordu. Ama İslamiyet onları kutsamalıydı.

39. Yahudiler gibi dua etmeyi ve zekât vermeyi teşvik ediyordu. Namazı Şam'a (Yerulaşim'e) dönerek kılıyordu. Öğretişlerinin onlarla aynı olduğunu söylüyordu.

40. Onların çoğalan eleştirileri karşısında kendisini tasdik etmek için.

41. Yahudilere aldatıcılar dedi ve kendi ayetlerini tahrif etmekle suçladı.

42. Yahudi karşıtı mesajlar:

    - S4:46. Yahudiler lanetleniyor.
    - S7:166 vb. Yahudilerin maymunlara ve domuzlara döndürülmesi.
    - S5:70. Yahudiler peygamber katilidir.
    - S5:13. Yahudilerin kalbini Allah kapattı.
    - S2:27. Yahudiler zarara uğrayanlardır.

43. Musevilik.

44. Onları tehdit etti ve ardından sürdü.

45. Onları öldürüyordu ve onları koruyabilecek tek şey İslamiyet'i kabul etmeleriydi.

46. Onları suçladı, saldırdı, sürdü ve mallarını ganimet olarak aldı.

47. Onları kuşattı, erkekleri katletti, kadınları ve çocukları köleleştirdi.

48. Onları işgal etti, fethetti ama üçüncü bir seçenek sundu: *zimmi* olarak yaşayacaklardı.

49. Yahudiler ve Hristiyanlar.

50. Kendi reddetme, kendini tasdik etme ve saldırganlık.

51. Kâfirlerin yenilmesi ve aşağılanması.

52. Bir ideoloji ve bir askeri progam.

53. Muhammed sadece bir 'uyarıcı' olmaktan çıkıp müminlerin komutanı haline geldi ve hayat tarzlarına müdahale etmeye başladı.

54. Allah'a itaat etmenin yolu, Muhammed'e itaat etmekti.

55. Muhammed'in reddedilme karşısında verdiği tepkilerin ilerlemiş haline.

56. Muhammed'in problemleri, *şeriat* yoluyla dünya problemlerine dönüştü.

57. *Kelime-i şehadetin* sözleri.

58. Kur'an'ın Allah'ın sözü olduğu ve Kur'an'ın Muhammed hakkında söylediği şeyler.

59. *Kelime-i şehadeti* okumak, Muhammed'in ruhsal problemlerinin ve güçlerinin Müslümanlara geçmesine izin verir.

60. [Katılımcılar, karşılaştıkları olumsuz yönleri daire içine alacaklardır.]

61. İnkâr ediyorlar.

62. Tahrif edildiğini söylüyorlar.

63. Onları yok edecektir.

64. Kur'an'ın Tanrı'nın sözü olduğu inancını.

65. Dengesizlik, korku, savunmasızlık ve güvensizlik.

Ders 5 yanıtları

1. Reddedilme.
2. Dört açı: 1) Gayrimeşruluğun utancı. 2) Son derece mütevazi bir doğum. 3) Hirodes'in onu öldürme girişimi. 4) Ana babasının mülteciler gibi Mısır'a kaçmaları.
3. Ferisiler İsa Mesih'e aşağıdaki sorularla saldırdılar.:
   - Markos 3:2 vb. Şabat yasalarını çiğnemek.
   - Markos 11:28 vb. O'nun yetkisi.
   - Markos 10:2 vb. Boşanma.
   - Markos 12:15 vb. Sezar'a vergi verme.
   - Matta 22:36. En büyük buyruk.
   - Matta 22:42. Mesih olması.
   - Yuhanna 8:19. İsa Mesih'in kökeni.
   - Matta 22:23-28 vb. Diriliş.
   - Markos 8:11 vb. Mucizeler.
   - Markos 3:22 vb. Şeytan'ın gücüyle mucizeler yapmak.
   - Matta 12:2 vb. Öğrencilerinin davranışları.
   - Yuhanna 8:13. Geçersiz bir tanıklık vermek.
4. İsa Mesih'in maruz kaldığı reddedilme:
   - Matta 2:16. Hirodes O'nu öldürmeye çalıştı.
   - Markos 6:3 vb. Nasıralılar O'nu öldürmeye çalıştı.
   - Markos 3:21. Ailesi ona hakaret etti.
   - Yuhanna 6:66. Takipçilerinin çoğu O'nu terk etti.
   - Yuhanna 10:31. Kalabalık onu taşlamaya kalktı.
   - Yuhanna 11:50. Din adamları onu öldürmek için düzen kurdu.
   - Markos 14:43-45 vb. Yahuda'nın ihanetine uğradı.

- Mark 14:66-72 vb. Petrus tarafından inkâr edildi.
- Markos 15:12-15 vb. Kalabalık O'nun ölümünü talep etti.
- Markos 14:65 vb. Yahudi din adamları O'nunla alay etti.
- Markos 15:16-20 vb. Askerlerden işkence gördü.
- Markos 14:53-65 vb. Haksız yere ölüme mahkûm edildi.
- Yasa'nın Tekrarı 21:23. Çarmıha gerilerek lanetli oldu.
- Markos 15:21-32 vb. Haydutlarla birlikte ıstırap verici bir ölüme mahkûm oldu.

5. Altı tepki: İsa Mesih 1) saldırganlığa başvurmadı; 2) zorbaca davranmadı; 3) intikam almaya kalkmadı; 4) kavgacı ve gürültücü değildi. 5) suçlamalar karşısında sessiz kaldı ve 6) onu öldürmek isteyenlerin bulunduğu yerlerden ayrıldı.
6. Ayartıyı alt etti ve reddedilmeye kapılmadı.
7. Çünkü son derece güvenliydi ve kendisinden emindi.
8. Yeşaya peygamberde bildirilen elem çeken kul olarak reddedilmekti.
9. Çarmıhta ölmek.
10. Amacına ulaşmak için kaba kuvvete başvurmayı.
11. Aileler arasındaki ayrılıkları ve muhtemelen zulmü.
12. Mesih'in şiddete, askeri kuvvete ya da siyasal seçeneklere başvurduğu düşüncesini – yani egemenliğinin fiziksel olduğunu reddetti.
13. Adam öldürmelerine izin verilmedi.
14. İsa Mesih başkalarına nasıl muamele edilmesi gerektiği hakkında aşağıdakileri öğretti:
    - Matta 5:38-42, kötülükle ilgili olarak: iyilikle karşılık vermek.
    - Matta 7:1-5, yargıyla ilgili oalrak: başkalarını yargılamamak.
    - Matta 5:43, düşmanlarla ilgili olarak: onları sevmek.

- Matta 5:5, yumuşak huylulukla ilgili olarak: o zafer kazanacaktır.
- Matta 5:9, barış yapanlarla ilgili olarak: onlara Tanrı oğulları denecek.
- 1. Korintliler 4:11-13, vb. zulümle ilgilli olarak: Hristiyanlar büyük denemelere göğüs germeli ve karşılık vermemelidir.
- 1. Petrus 2:21-25, örneğimizle ilgili olarak: insanları sevmekle ilgili örneğimiz İsa Mesih'tir.

15. Kamçılanacaklar, nefrete, ihanete ve ölüme maruz kalacaklardır.
16. Acılığa kapılmadan yoluna devam etmeyi.
17. Bir Samiriye köyü tarafından reddedildiği zaman.
18. Şiddetle zulüm gördükleri zaman: 1) Başka bir yere kaçmaları gerekiyordu. 2) Kaygılanmak yerine Kutsal Ruh'a güvenmeliydiler. 3) Korkuya kapılmamalıydılar.
19. Zulüm gördükleri zaman sevinmeliydiler.
20. Sonsuz yaşam umuduna sahiptiler.
21. Üç sonuç: 1) İnsanlar Tanrı'ya ve birbirlerine karşı yabancılaşmıştır. 2) İnsanlar Tanrı'nın huzurundan kovulmuştur. 3) İnsanlar günahın lanetine maruz kalmıştır.
22. İsa Mesih'in beden alması ve çarmıhtaki ölümü.
23. İsa Mesih'in çarmıha teslim olması.
24. İsa saldırganların nefretini soğurdu ve dünyanın günahları için kendi canını kurban olarak sundu.
25. Günaha kefaret etmek için kan dökülmesi ve Yeşaya peygamberin 53. bölümdeki elem çeken kul bildirisi.
26. Tanrı'yla barışı.
27. İnsanların, meleklerin ya da cinlerin suçlamalarını.
28. Barıştırma hizmeti.
29. Kaba kuvvetle kendi hakkını aramayı.
30. Ölümden dirilişiyle ve göğe alınmasıyla.

31. O'nu tasdik etmiştir.

32. Acı çektikleri zaman, bunu Mesih'in acılarına ortak olmak olarak görürler.

33. Muhammed haçları parçalıyordu ve İsa dünyaya döndüğü zaman O'nun da aynısını yapacağını söylüyordu.

34. Gayrimüslimlerin kendi inançlarına izin veren *zimmet* seçeneği ortadan kalkacaktır.

35. Elbisesindeki bütün dini simgeleri kaldırmaya mecbur bırakıldı.

Ders 6 yanıtları

1. Muhammed'in, "imanı kılıçla yaymayı buyurduğunu" söylemişti.

2. İslamiyet'e geçmenin ve kılıcın yanında üçüncü bir seçenek olduğunu söylemişti. Bu da İslami koruma altında yaşamaktı.

3. İslamiyet'e geçmek, ölmek ya da teslim olmak (ve aşağılanarak yaşamak).

4. İnsanlar yalnızca Allah'a ibadet edip Muhammed'in O'nun resulü olduğunu kabul edene (*kelime-i şehadet*) dek onlarla savaşmak.

5. Ya İslamiyet'i kabul et, ya *cizye* ödemeyi kabul et ya da canını ver.

6. Haraç ödemek (*cizye*) ve aşağılanmak (hor görülmek)

7. *Zimmet* antlaşması.

8. *Zimmi.*

9. İki ilke 1) İslamiyet diğer dinlerden üstün olmalıdır. 2) Müslümanlar İslamiyet'i zorla kabul ettirecek konumda olmalıdır.

10. *Cizye*, kelle vergisidir. Onların, galip gelen Müslümanlara kellelerini borçlu olduklarını kabul ettiklerini gösterir. Kılıçla katledilmemenin telafisidir.

11. Müslümanların yararına.

12. O yıl kafalarının vücutlarının üzerinde kalmasına izin verilmesinin telafisidir.
13. Yeniden *cihad* başlar: savaş, yağmalama, tecavüz ve ölüm.
14. Başkaldıranların ve asilik edenlerin cezası *cihattır*.
15. Bu kişiler serbestçe yakalanabilir ya da öldürülebilirdi.
16. *Zimmet* antlaşmasını çiğneme suçlamalarının sonucunda yaşanan katliamlar.
17. Sultan, Baş vezirliğe Yahudileri atamıştı.
18. Hristiyanlar itaatkâr statülerinden vazgeçmekle suçlandılar ve böylece artık koruma altında olmadıkları ilan edildi. Bazıları canlarını kurtarmak için İslamiyet'e geçtiler.
19. *Cizye* ödemesi yapılırken bu adete uyulurdu. Boyna iki kez vurma işareti yapılır, bazen de boğma ritüeli yapılırdı.
20. *Zimmi* toplumun *zimmet* şartlarını çiğnedikleri taktirde cihadı kabul ettiklerini gösteriyordu. Erkeklerin kafalarının kesilmesi de buna dahildi.
21. Kellesini kaybetme laneti.
22. Okült cemiyetlerde olduğu gibi bir kan antlaşmasıyla ya da kan yeminiyle kendilerini bağlıyorlar.
23. Kendisini lanetlemiş ve kendi ölüm cezasına izin vermiş oluyor.
24. Minnettarlık ve mahçup bir alt seviye tutumu.
25. Örnekler:
    - *Zimmi* tanıklar: *şeriat* mahkemelerinde kabul edilmezlerdi.
    - *Zimmilerin* evleri: Müslümanların evlerinden yüksek olamazdı.
    - *Zimmilerin* atları: *zimmilerin* ata binmelerine izin yoktu.
    - *Zimmiler* yolda Müslümanlara yol vermek zorundaydılar.
    - *Zimmilerin* kendilerini savunmaları: buna izin yoktu.
    - *Zimmilerin* dini simgeleri: halk arasında taşımaları yasaktı.

- *Zimmilerin* kiliseleri: tamir edilemez, yeni kilise binaları yapılamazdı.
- *Zimmilerin* İslamiyet'i eleştirmeleri: bu yasaktı.
- *Zimmilerin* elbiseleri: Müslümanlara benzer giyinmeleri yasaktı.
- *Zimmilerin* evlilikleri: *zimmi* bir erkek Müslüman bir kadınla evlenemezdi. Eğer Müslüman bir erkek *zimmi* bir kadınla evlenecekse, çocuklar Müslüman olmalıydı.

26. *Cizye* ödemeleri ve mahçup görünmeleri gerekirdi.
27. Kişinin öldürülmesi.
28. *Zimmet* antlaşmasının bütün şartlarını.
29. İtaatkâr bir tutumla aşağılanmaya.
30. Aşağılık duygulara, gizliliğe, kurnazlığa, utanca ve korkuya.
31. Efendilerin ve yöneticilerin dini.
32. Sahte üstünlük duyguları ve dini korumacılık, Müslümanları zayıflatır ve onların gerçeği kabullenmelerini zorlaştırır.
33. Kölelikle: Kölelik, Amerikan iç savaşıyla birlikte son buldu, ama tacizci ırkçılık yüzyıldan fazla sürdü.
34. Batı'nın, uygarlık için İslamiyet'e borçlu olduğu iddiasına.
35. Avrupa ulusları.
36. *Şeriat* uyanışı.
37. Beş sonuç: 1) Yaralı bir ruh. 2) Gücenme ruhu. 3) Mağdur zihniyet. 4) Şiddet ruhu. 5) Başkalarına hâkim olma arzusu.
38. Muhammed'in baskı görmüş ruhsal durumu, başkalarının aşağılanmasını istiyordu.
39. Gücenmeyi, şiddete başvurmayı, başkalarına hâkimiyet taslamayı ve yaralı bir ruhu benimsemeyi reddetti.
40. Hristiyanların hiçbiri ruhsal tutsaklıklarını anlamıyordu. Hepsi özgür olmak için dua etti ve bu gerçekleştiğinde sevinçle coştular.

41. Cihat saldırılarının korkusu, geçmiş mücahit travması, ailesine yönelik geçmiş tehditler.
42. Öncelikle *zimmet* antlaşmasını iptal etmek, hayatlarımız üzerindeki taleplerini kırmak ve *zimmetten* kaynaklanan bütün lanetleri kaldırmak için.
43. İnsanların bu etkilerden özgür olmalarına yardımcı olacaktır.

Ders 7 yanıtları

1. Gerçeği sevme ve söyleme kanaati.
2. Çünkü ilişki Tanrı'nın doğasında vardır.
3. Yalan söylemeye.
4. Allah insanları saptırır.
5. İzin verilen yalan türleri: savaş şartlarındaki yalanlar, kendi eşine söylenen yalanlar, ümmeti korumak ve tehlikeden korunmak için söylenen yalanlar (takiyye).
6. İmanını inkar ediyor gibi görünmek.
7. Üstünlük ve gayrimüslimlerden daha hayırlı olmak.
8. Muhammed.
9. Onur ve utanç kavramları.
10. Üstün hissetmeye dayalı duygusal dünya görüşü.
11. Çünkü hadislerde bedduayla ilgili çelişkili cümleler vardır.
12. Gayrimüslimlere beddua etmek.
13. Nefret, heyecan ve ruhsal enerji.
14. İki insanı bağlayan bir antlaşma.
15. Bağışlamamak, iki insan arasındaki can bağını devam ettirir.
16. (Öğrenciler dua üzerinde düşünürler ve adımların uygulanacağı noktaları tespit ederler.)
17. Reddedilenler: başkalarına beddua etme günahı, bunlardan kaynaklanan lanetler, hissedilen duygular, nefret ve beddua cinleri, imamlar ve diğer insanlarla Tanrı yoluna aykırı bütün

bağlantılar, bu can bağlarını devam ettiren cinler. Kırılanlar: Tanrı yoluna aykırı ruhsal güçler, lanetler, Tanrı yoluna aykırı can bağları.

18. Lanetlerden özgürlük, esenlik, uysallık, kutsama yetkisi. Bu bereketler, lanetlerin ve onların arkasındaki nefretin tersidir.
19. Atalar, baba, imamlar, Müslüman din adamları ve kendimi lanetlememde katkısı bulunan herkes.
20. Evinin lanet altında olabileceğini düşünüyordu.
21. Laneti nasıl kıracağını bilmiyordu.
22. İsa Mesih'in adında yetkisini kullanıp evine karşı olan bütün lanetlerin gücünü kırmalıydı.
23. Lanetlerle karşılaşıyorlar.
24. Dokuz adım: 1) İtiraf edin ve tövbe edin. 2) Tanrı yoluna aykırı bütün nesneleri kaldırın. 3) İnsanları ve kendinizi bağışlayın. 4) Mesih'teki yetkinizi talep edin. 5) Laneti reddedin ve iptal edin. 6) İsa Mesih'te özgür olduğunuzu ilan edin. 7) Cinlere çıkmalarını buyurun (onları kovun). 8) Kutsamaları ilan edin. 9) Tanrı'yı övün.

Ders 8 yanıtları

1. Dört gerçekçe: 1) Toplumdaki çevresini kaybetmek. 2) İslamiyet'in koyduğu engeller ve köstekler. 3) Doğrudan zulüm görmek. 4) Hristiyanlardan ve kiliseden ötürü hayal kırıklığına uğramak.
2. Kiliseler korkudan ve *zimmet* kurallarından ötürü İslamiyet'ten gelenleri geri çeviriyor.
3. *Zimmet* antlaşmasını anlamalı ve reddetmeli.
4. Korku, güvensizlik hissi, para sevgisi, reddedilme duyguları, mağduriyet hissi, gücenmek, insanlara güvensizlik, duygusal acılar, cinsel günahlar, dedikodular ve yalan söylemek.
5. İslamiyet'in kontrolcü etkisi.
6. Diğerleri kıskançlığa kapılabilir.

7. Hristiyanlara gücendi.
8. Kiliseler birbirlerinden daha iyi olduklarını zannederek rekabete girebilirler.
9. Açık kalan kapı ve evin boş olması.
10. Sağlıklı Hristiyanlara.
11. Alışkanlıklar ve düşünce tarzı değişmelidir.
12. Elçi Pavlus, Titus'un gelişmeye devam etmesini istiyor.
13. Elçi Pavlus, Hristiyanlardan nefret ediyordu.
14. Sevgide, bilgide, anlayış derinliğinde ve ürün vermede gelişerek doldurabilir.
15. [Katılımcılar, gözlemledikleri olumsuz etkileri bildirmelidir.]
16. Soyağacından gelen bir laneti reddetti ve iptal etti. Ayrıca kaygılanma eğilimi şifa buldu.
17. *Bütün* kapıları kapatmak.
18. Şeytan'ın imanlıya karşı kullandığı kapıları kapatmak.
19. İnsanın canı yaşam suyunu tutmalıdır ama eğer delikler varsa tutması gerektiği kadar su tutamayacaktır.
20. İslamiyet'ten gelen ve Mesih'te yaşamak isteyenlerin karşılaştığı benzer engeller ve can hasarları.
21. Kendilerini daha üstün hissetmelerine yardım eder.
22. Kiliseler birlikte çalışmakta zorluk çekerler. Hizmette ilerleyen kişilere kıskançlık duyulur. Önder oldukları taktirde saldırıya uğrayacaklarını düşünürler.
23. Altı öğretiş: 1) Hizmetkâr yüreğe değer vermek. 2) Kendi söylediklerinize ve yaptıklarınıza, başkalarının sizin hakkınızda düşündüklerine ve söylediklerine değil de Mesih'e dayanan kimliğinizi bulmak. 3) Zayıflıklarınızla övünmeyi öğrenmek. 4) İnsanların başarılarıyla sevinmeyi, acılarıyla kederlenmeyi öğrenmek. 5) Gerçeği sevgiyle söylemeyi öğrenmek. 6) Dedikodunun yıkıcı etkilerini öğrenmek.
24. İnsanlar sorunlarını sakladıkları ve yardım istemedikleri için olgunlaşamaz.

25. Altı alan: 1) İnsanları bağışlama. 2) Reddedilme ve gücenme. 3) Güven oluşturma. 4) Büyücülüğü reddetme. 5) Kadınların ve erkeklerin, birbirlerine saygı duymaları ve gerçeği söylemeleri. 6) Ana babaların çocuklarına beddua etmek yerine onları kutsamaları.
26. İnsanların dünya görüşlerinin tamamını yeniden oluşturabilmeleri için.
27. Steve insanları çabucak Mesih'e kazandırıyor ama onların Mesih'te kalmalarını sağlayamıyordu. Cheri'nin yaklaşımı daha iyiydi, çünkü insanlar kendilerini İsa Mesih'e adamanın ne demek olduğunu iyi anladıktan sonra O'nu takip etme kararı veriyorlardı.
28. Altı adım: 1) İki itiraf. 2) Terk etme. 3) Dilekler. 4) Teslimiyeti aktarma. 5) Söz vermek ve adamak. 6) İlan.
29. 4-6 adımlarını.
30. Şeytan.
31. '*Kelime-i Şehadeti* Reddetme ve Gücünü Kırma Duasını ve İlanını' okuyarak İslamiyet'i reddetmelidir.
32. En büyük ihtiyaç, İslamiyet geçmişi olan olgun pastörlerdir.
33. En iyi kişiye sahip olduğunuzdan emin olmak ve onun önderliğe hazırlanmasına yardımcı olmak.
34. Alçakgönüllülüğü öğrenmezler ve başkaları tarafından reddedilebilirler.
35. Düzenli olarak: haftada en az bir kez.
36. Kutsal Kitap'ı günlük hayatın pratik zorluklarına uygulamaktır. Böylece insanların olgunlaşmalarına ve karakterlerinin Mesih'in benzerliğine dönüşmesine yardımcı olur.
37. Yetişen kişiye şeffaflığı örneklemek için.
38. Utançtan kaçınmak için.
39. Çetin sorunlarla baş etmeyi öğrenmesi için.
40. Eğer tutsaklıklar kaldırılmazsa ve yaralar iyileşmezse, kişinin hizmetteki verimliliği sınırlanacaktır. Ayrıca özgür kılınan bir kişi, başkalarının özgür kılınmasına nasıl yardım edeceğini bilir.

41. Ruhsal hizmette dayanıklı ve güvenilir olmak için.
42. Hizmet yüreğiyle karşılıklı sevgi ve saygıya.
43. Eleştiriye açık olmak ve olgunlaşmak için.
44. Yetişen kişilere öz farkındalık örneği oluşturmak için.
45. Çünkü bundan kaçınamazlar.
46. Tanrı'yı onurlandırmak, Tanrı'nın kilise için bereketlerini almak ve alçakgönüllülüğü öğrenmek için.